KB203669

우리말
팔천송반야경

우리말
팔천송반야경

반야부 경전 중 가장 오래되어,
대승불교의 근본이 되는 경전

박이오 역

운주사

머리말

18세기의 유명한 티베트 불교학자인 잠양 셰바Jamyangshepa의 일화이다. 이를 통해 우리는 반야경의 중요성을 다시 한 번 생각해보게 된다.

　어떤 사람이 잠양 셰바에게 물었다.
　"당신은 반야경에 정통한 사람으로 유명합니다. 이 말은 당신이 중관사상 같은 다른 분야는 잘 알지 못한다는 뜻인가요?"
　잠양 셰바가 답했다.
　"반야경의 철학적 견지는 중관사상과 통하고, 반야경의 실천적 윤리는 불교의 인식론과 통하며, 반야경의 실재에 대한 분류법은 곧 아비달마에 연결되지요."
　곧 반야경은 다른 모든 불교 분야에 대한 이해의 근본이 된다는 말인 셈이다.

　반야경의 중요성은 불교에 관심 있는 사람이라면 누구나 공감할 것이다. 불교사에서 석가모니 당시 및 사후 일정 기간에 걸친 초기 불교를 지나 대승불교의 문을 본격적으로 연 것이 바로 반야경의 출현이기 때문이다. 이전의 불교적 흐름에 일대 변혁을 가져온 대승사상은 불교사에 있어 일대 사건이 분명하다. 그리고 이를 밑바닥에서부터 추동하고 이끌어갔던 것이 일련의 반야경이었다는 점은 누구도 부정할 수 없는 사실일 것이다.

지금도 우리나라의 불자들 사이에 가장 널리 유통되고 있는 것은 반야경이다. 더 좁게 말해 『반야심경』, 『금강경』 등이 그것이다. 각종 불교 행사에서 반야심경이 빠질 수는 없다. 덕분에 나이가 많든 적든 불자라면 반야심경은 글자를 보지 않고도 외우는 것이 보통이다. 금강경 역시 사찰의 법당에서 이루어지는 각종 법요와 떼려야 뗄 수 없는 관계이다. 반야경에 속하는 이 두 경은 그만큼 한국불교와 깊은 인연을 맺고 있다.

하지만, 본격적인 반야경 강독이나 독송은 아주 드물고도 무관심한 것이 사실이다. 결과적으로, 이에 관한 강의나 교재도 찾아보기가 어렵다. 반면, 금강경 및 반야심경 번역이나 그에 관한 해설서는 불교 서적 가운데 양적으로 가장 풍부하다. 그러고 보니, 이것이 오히려 반야경에 대한 관심을 가로막은 결과가 되지 않았나 싶다. 반야경은 사실 분량도 방대하고 종류도 복잡해서 다가서기가 쉽지 않다. 내용도 난해하고 반복되는 구절이 많아 지루한 감도 없지 않다. 그러니, 가볍고 명쾌한 금강경이나 반야심경이 이들을 대신한 것은 어찌 보면 당연한 일이다. 다만 그에 담긴 깊은 뜻이 가려지고 희석되는 것이 안타까울 뿐이다.

이 책은 기존의 반야경 번역을 좀 더 새롭게 해보자는 의도에서 쓰였다. 한역경전에서 번역된 그동안의 몇몇 반야경에서 벗어나보

자는 의도의 반영인 셈이다. 이를 위해 필자는 팔천송반야경의 산스크리트 원본 및 그 영역본을 집중적으로 참고하였다. 한글대장경 및 시중의 관련 번역서도 많은 도움이 되었다. 아울러 문장에 있어 딱딱한 문어체보다는 일상적 대화체로 표현하고자 노력하였다. 필자는 이미 『소품반야경』을 번역한 경험이 있어 내용 해독에 큰 어려움은 없었다. 하지만 중간중간 오독이 있었다는 사실을 늦게 확인할 때마다 부끄러움과 함께 많은 후회가 뒤따랐다. 공부가 얇다는 자책감이었다.

이제 다시 『팔천송반야경』 번역을 내놓으면서 더욱 공부의 고삐를 다잡으리라 다짐해본다. 거듭 독자 여러분들의 질정을 기대하며, 이로써 반야경에 대한 관심이 더욱 고조되는 계기가 되었으면 하는 바람도 함께 피력해본다.

서울 남산 기슭에서 필자 씀

해제

우리가 보통 '반야경'이라 부르는 경전은 단순히 한 부의 불교경전을 말하는 것은 아니다. 그것은 대장경 가운데 수적으로 매우 방대한 경전군을 이르는 통칭이다. 반야경이 아닌 반야부, 곧 '대승불교의 반야 사상을 설하는 부류의 경전들'이라고 부르는 이유도 여기에 있다.

이들은 대장경 전체 분량 중 3분의 1을 차지한다. 흔히 말하는 반야부 600권이 그것이다. 그 중 4분의 3이 대반야경이다. 대장경에는 반야부 외에 아함부, 법화부, 화엄부, 중관부 등의 경전 무리들도 포함되어 있다. 사전, 전기, 계율, 선종 등의 전적도 각각의 부류를 이루고 있음은 물론이다.

대반야경의 분량이 반야부의 대부분을 차지하는 이유는 그것이 같은 성격의 경서류를 한데 모은 전서의 성격을 띠고 있기 때문이다. 이른바, 다종다양한 반야경의 집대성인 셈이다. 일본의 히카타 류쇼 박사는 그 가운데 비교적 중요한 경전으로서 27종을 든다. 영국의 에드워드 콘제는 후대 밀교의 영향하에 성립된 주문 및 의례 등을 포함한 40종의 경전을 열거하고 있다. 그 가운데 팔천송반야는 디그나가 및 하리브하드라의 말처럼 '길지도 짧지도 않으면서 반야경으로서 갖추어야 할 내용을 완비하고 있다'는 점에서 인도, 한국, 중국, 일본, 티베트 등의 대승불교권에서 일찍부터 존중받아 오는 동안 다수의 주석서가 저술되었다.

팔천송이라 할 때의 '송'이란 본래 인도에서 44구 32음절로 이루어진 산스크리트 시형의 하나인 '쉴로까'를 말하는데, 동시에 산문 경전의 길이를 헤아리는 단위로 쓰이기도 한다. 따라서 '팔천송으로 이루어진 반야경'이란 '32음절의 8천 배 길이를 가진 반야경'을 뜻한다. 현존 산스크리트 원본은 모두 32장으로 구성되어 있다.

반야경군은 다시 크게 4부류로 나누어진다.

① 원시반야경: 팔천송반야경의 원형. 기원전 10~기원후 100년경 성립.

② 확대반야경: 십만송반야경, 이만오천송, 일만팔천송. 원시반야경의 내용을 부연 증강하여 확대한 것. 기원후 200~300년경 성립.

③ 개별적 반야경: 금강반야경, 선용맹반야경, 인왕반야경, 반야심경 등. 대부분 특정 보살을 중심으로 하며, 형식면에서 원시반야경 및 확대반야경과 관계가 있어 분량이 비교적 짧다. 기원후 300~500년경 성립.

④ 밀교적 반야경: 이취경 등. 기원후 600~1200년경 성립.

이러한 연대비정은 콘제의 것으로서 학계에서는 이견이 있으나 참고할 필요는 있다고 본다.

연대의 정확도는 어쨌든, 전체 반야경군이 이러한 순서로 성립되었다는 것은 오늘날 학계의 통설로 자리잡았다고 생각된다. 그러나, 특히 1과 2 가운데 어느 것이 먼저인지 하는 문제에 대해서는 거의 반세기에 걸쳐 학자들 사이에 논쟁이 이어져온 것이 사실이기도 하다.

고대 인도 및 중국의 학승들은 십만송, 이만오천송, 일만팔천송 등의 거대 반야경이 먼저 성립되었고, 그것을 요약하여 팔천송이 이루어졌다고 생각해온 것으로 보인다. 8세기 말 내지 9세기 초 팔천송을 주석한 하리브하드라는 가장 상세한 설명을 바라는 사람들을 위해서는 십만송, 모든 교의에 대한 설명을 한눈에 파악하면서 중간 길이의 내용을 좋아하는 사람들을 위해서는 이만오천송, 모든 교의를 간략히 이해하면서 간결한 내용을 좋아하는 사람들에게는 팔천송을 설했다는 의미로 이를 구분하고 있다. 디그나가 역시 『반야경의 요의』 제7송에서, 팔천송은 십만송에 설해진 내용을 누락하고 있지 않다는 의미로 말하고 있다. 주사행(203~282)은 『도행반야경』(팔천송 최초의 한역)이 의미가 부족하지 않은 것은 그것이 원래 대부 반야경의 초역이기 때문이라고 생각하고 있었다.

이들 고대 불교연구가들의 말은, 받아들이기에 따라 팔천송은 십만송 및 이만오천송의 요약임을 밝히는 것으로 볼 수 있을 것이다. 하지만 금세기에 들어서면서부터 선구적인 인도 학자 윈테르니츠를 필두로 오히려 팔천송 쪽이 대부 반야경보다 오래되었다는 견해를 지지하는 학자들이 증가하는 추세에 있다. 그리고 오늘날에는 콘제, 히카타, 윈테르니츠 등의 권위있는 학자들이 팔천송 원형설을 속속 확인하기에 이르고 있다.

이들 각종 반야경은 대부분 중국에서 한역되었는데, 더욱이 중요한 것은 한 번이 아닌 여러 번에 걸쳐 한역작업이 이루어졌다는 점이다. 현장 역『대반야바라밀다경』은 십만송, 이만오천송, 일만팔천송, 팔천송을 제1에서 제5분 사이에 수록하고, 이하 제16분까지는 그 외의 다른 주요한 개별적 반야경을 수록한 집성판이다.

팔천송에 한정해 본다면, 이 경전은 179년 지루가참에 의해『도행반야경』이라는 이름으로 한역된 것을 시작으로 지겸 역『대명도무극경』(225~57), 담마비·축불념 공역『마하반야경초』(382), 구마라집 역『마하반야바라밀경』(소품으로 통칭, 408), 현장 역『대반야바라밀다경 제4분』(660~663, 제5분은 팔천송의 한 이본을 한역한 것임), 시호 역『불모출생삼법장반야바라밀다경』(980년 이후)과 같이 계속하여 개역되어 왔다.

이와 같이 여러 번에 걸쳐 한역이 계속된 것은, 중국불교 자체의 발전에 의해 이전의 낡은 번역에 만족할 수 없었던 사정도 있지만, 다른 한편으로는 팔천송의 산스크리트 원본이 시대와 함께 점차 증광·변용되어 감에 따라 고역이 더 이상 신역의 산스크리트본과 일치하지 않았던 이유도 있다. 따라서 팔천송이 가장 오래된 반야경이라는 것이 곧 현존 산스크리트본 그 자체가 가장 오래된 것이라는 것을 의미하지는 않는다. 가장 초기의 팔천송반야경 혹은 반야경의 원형이라는 것은 최고의 한역인『도행반야경』에 가깝거나 그보다 더욱 간결했을 것이 분명하다. 콘제, 히카타 및 와이디야 등도 그러한 원형의 추정을 위해 노력하고 있지만, 그에 대해서는 여기에서 더 이상 자세히 설하지 않겠다.

팔천송반야경의 현존 산스크리트본은 시호 역과 형식 및 내용면에서 아주 일치한다. 시호는 북인도 사람으로 980년에 중국에 도착했다. 하리브하드라가 팔천송에 주석 작업을 하던 당시 지금의 산스크리트본을 알고 있었다는 것은 그의 주석문만으로도 충분히 짐작할 수 있다. 시기적으로는 800년 무렵이라는 것이 거의 확실시되고 있다. 한편, 현존 산스크리트본의 경우, 나집 역이 현장 역보다 그 내용을 더욱 충실히 전하고 있는 것으로 보인다. 이상과 같은 점을 고려할 때, 현존 산스크리트본은 현장이 인도로부터 중국으로 돌아온 645년부터 800년 사이에 성립된 것으로 보아도 좋을 것이다.

팔천송의 제12장을 비롯하여 각종 반야경에서는 그 지역에 따른 반야경의 유포 순서를 언급하고 있기도 하다. 산스크리트 및 티베트 역 팔천송에서는 여래의 사후 반야경이 남방에 전해지고 이후 동방을 거쳐 북방에 이른다고 밝히고 있다. 이에 대한 기술은 차이가 많아서 시호 역에서는 남-서-북, 현장 역에서 동남-남-서남-서북-북-동북, 나집 역에서 남-서-북으로 제각각이다. 단, 반야경이 남인도에서 성립하여 점차 북인도로 전해졌다는 내용만큼은 서로 차이가 없다. 이러한 사실은 반야경의 최초 발생지를 추적하는 데에 유용하다는 점에서 고대 및 현대의 학자들 사이에 매우 중시되고 있다.

불교교단은 석가모니 입멸 후 100년경 보수적인 상좌부와 진보적인 대중부로 분열된다. 그리고 대중부의 주력은 점차 남하하여 남인도의 키스나트강 유역 안드라 왕국에 기반을 두고 대규모 승원을 거점으로 몇 개인가의 지파를 발전시킨다. 이 대중부의 견해는 후일 대승불교의 주요한 교의에 가까웠다는 점 및 그들이 쁘라끄리크로 쓰여진 반야경을 가지고 있었으며, 그것이 나중에 산스크리트본 반야경으로 발전했다고 생각된다는 점 등, 대승불교의 원형으로서 반야경이 안드라 왕국에서 성립되었음을 보여주는 자료는 그 외에도 상당히 많다. 또한 반야경의 사상을 계승하여 불교 철학의 기초를 확립한 나가르쥬나가 안드라 왕국에서 활약했다는 점을 아울러 고려한다면, 반야경이 남인도에서 기원했다는 것은 더 이상 의심의 여지가 없는 것으로 보인다. 물론 라모뜨 교수와 같이 이 설에 비판적인 유력 학자가 전혀 없는 것은 아니지만 말이다.

각종 반야경에 대해서는 역사상 다수의 주석서가 등장하였다. 실제로 나가르쥬나, 아상가, 바수반두 등을 비롯한 대승불교의 거장들이 다투어 이에 대한 주석서를 기술하였다. 하지만, 그 가운데에서도 후대에까지 압도적인 영향력을 미친 것은 단연 『현관장엄론』이다. 하리브하드라에 의하면 이 현관장엄론에 대해서도 아상가, 바수반두, 아루나위묵띠세나, 브하단타위묵띠세나 등이 주석에 나섰다고 한다. 하리브하드라 자신도 이 저술에 대해 대소 두 종류의 주석을 저술하고 있다. 뿐만 아니라, 현관장엄론은 이만오천송반야경의 해설서이면서 반대로 반야경의 텍스트 그 자체에 영향을 미치고 있다. 이만오천송의 현존 산스크리트본은 현관장엄론의 구성에 따라 8장 70절 1,200항목의 표제어를 포함한다. 팔천송 제1장의 제목은 산스크리트, 티베트, 시호의 역본에서 모두 "모든 양상에 통하는 불지의 추구"로 표기되는데, 이것은 현관장엄론 제1장의 제목에서 취한 것이다. 하리브하드라의 팔천송 주석은 『현관장엄광

명』이라고 불리며 현광장엄론에 의거하여 경을 주석하고 있다. 이러한 주석 방식은 라트나까라샨띠 및 아바야까라굽타의 팔천송 주석에도 계승되고 있다.

팔천송반야경 八千頌般若經

팔천송반야경

八千頌般若經

1

초품

석가모니, 그가 인도 땅 마가다국 왕사성 근처의 한 산기슭에 머무르고 있을 때의 일이었다.

함께 따라온 제자는 1,250인. 모두가 더 배우고 더 이루어야 할 것이 없는 최고의 성자들이었다. 이들은 능숙한 조련사가 코끼리를 다루듯 자신을 잘 다스려 어떤 근심도 없었다. 부지런히 수행하여 만족을 얻고 죽음의 공포를 벗어났다. 바른 지혜로써 온갖 고통에서 풀려나 마음이 자유로웠다. 하지만 아난만은 그렇지 못했다.

그때 석가모니가 한 제자에게 말했다. 수보리였다.

"지혜의 완성(반야바라밀)을 향해 보살은 어떻게 나아가야 할까? 자네의 번뜩이는 말솜씨로 그들에게 가르쳐주기를 바라네."

순간, 다른 제자가 속으로 생각했다. 사리불이었다.

'수보리 님이 이에 답한다면 그것은 과연 그 자신의 지혜와 통찰력 덕분일까, 아니면 부처님들의 능력 덕분일까?'

이를 알아챈 수보리가 사리불에게 넌지시 말했다.

"부처님의 제자들이 말하거나 설하거나 이야기하거나 설명하는 것은 모두 부처님들의 빼어난 능력 덕분이지요. 부처님 말씀을 배우는 이들은 항상 그 가르침대로 사물의 본성을 파악한 다음 그 경험을 말하거나 설하거나 이야기하거나 설명합니다. 그때마다 이들의 말에 어긋남이 없는 것은 그것이 부처님들의 가르침으로부터 저절로 흘러넘친 것이기 때문이지요."

그러고 나서 수보리는 석가모니에게 말했다.

"스승님께서는 방금 제게 '보살은 지혜의 완성을 향해 어떻게 나아가야 할까? 자네의 번뜩이는 말솜씨로 이들에게 가르쳐주기를 바라네'라고 말씀하셨습니다. 하지만 스승님, 보살이라니요. 그것이 도대체 무슨 말씀인지요? 지금까지 저는 당최 그러한 이들을 본 적이 없습니다. 지혜의 완성이라는 것도 마찬가지고요. 그러니 스승님, 보살은 물론 그 비슷한 것조차 알지도 보지도 못하고, 지혜의 완성 또한 알지도 보지도 못한 제가 도대체 누구에게 무엇을 가르쳐줄 수 있겠습니까?

혹시 저들이 보살도 지혜의 완성도 알지 못한다는 제 말이나 이야기나 설명을 듣고도 놀라거나 움츠러들거나 실망하거나 낙담하거나 겁내거나 슬퍼하거나 두려워하거나 불안해하거나 공포를 느끼지 않는다면 지혜의 완성을 가르쳐줄 수도 있을 겁니다. 이야말로 그들이 바라는 지혜의 완성이고 그 가르침이기 때문입니다. 실제로 이들이 보살도 지혜의 완성도 알 수 없다는 점에 놀라지 않는다면 비로소 제가 그들을 제대로 가르친 셈이 되겠지요.

그런데 스승님, 지혜의 완성을 배우는 이들이 먼저 알아야 할 것은 최고의 깨달음을 추구한다는 이유로 스스로 마음이 교만해져서는 안 된다는 점입니다. 마음이란 그러한 마음이 아닙니다. 그것은 무엇에도 물들지 않고 투명하게 비치는 것이기 때문입니다."

그때 사리불이 수보리에게 이렇게 물었다.

"그러한 마음이 아닌 마음이라니, 그것은 과연 있는 걸까요?"

수보리가 되물었다.

"그러한 마음이 아닌 마음에 있다느니 없다느니 하는 것이 있을까요? 혹은 그러한 생각이 일어날 수 있을까요?"

사리불이 답했다.

"없겠습니다."

수보리가 말했다.

"그렇다면 '그러한 마음이 아닌 마음이라니, 그것은 과연 있는 걸까요?'라는 사리불 님의 물음은 타당할까요?"

사리불이 물었다.

"그렇다면 그러한 마음이 아닌 마음이란 어떤 것입니까?"

수보리가 답했다.

"이리저리 변하지 않고 이런저런 분별을 떠난 것이지요."

그러자 사리불이 수보리를 마냥 칭송했다.

"참으로 대단하십니다, 수보리 님! 수보리 님은 진정 모든 근심에서 벗어난 이들 가운데 제일이라는 스승님의 말씀 그대로이시군요.

보살은 수보리 님이 말한 바로 그러한 이유에서 더없이 완전한 깨달음의 길로부터 뒤로 물러나지 않으며 또한 지혜의 완성으로부터 떠나는 일이 없다고 알고 있습니다.

마찬가지 이유에서, 혼자만의 깨달음을 추구하는 성문의 경지에 대해 배우려는 사람 역시 이러한 지혜의 완성을 듣고 익히고 기억하고 외우고 이해하고 널리 펴야 합니다. 배우고 노력해야 합니다. 혼자만의 깨달음을 추구하는 독각의 경지에 대해 배우려는 사람 역시 이러한 지혜의 완성을 듣고 익히고 기억하고 외우고 이해하고 널리 펴야 합니다. 배우고 노력해야 합니다. 혼자만이 아닌 모든 이웃의 깨달음을 찾는 보살의 경지에 대해 배우려는 사람 역시 이러한 지혜의 완성을 듣고 익히고 기억하고 외우고 이해하고 널리 펴야 합니다.

지혜의 완성을 향해 나아가면서 동시에 모든 사람들을 구원하기 위한 방편을 구비한 사람은 혼자만이 아닌, 모든 이웃의 깨달음을 찾는 보살의 자질을 갖추기 위해 노력해야 합니다. 지혜의 완성에는 그러한 사람들이 배우고 본받아야 할 모든 점들이 상세히 설해져 있기 때문입니다.

더없이 완전한 깨달음을 배우려는 사람들 역시 이러한 지혜의 완성을 듣고 익히고 기억하고 외우고 이해하고 널리 펴야 합니다. 이러한 지혜의 완성을 향해 나아가면서 동시에 모든 사람들을 구원하기 위한 방편을 구비한 사람은 부처님들의 모든 특성을 얻기 위해 노력해야 합니다. 왜냐하면 이러한 지혜의 완성에는 모든 이웃의 깨달음을 추구하는 보살들이 배우고 본받아야 할 부처님들의 특성들이 상세히 설해져 있기 때문입니다."

그때 수보리가 석가모니에게 이렇게 말했다.

"스승님, 저는 보살이라는 말을 알지도 못하고 이해하지도 못하고 본 적도 없습니다. 지혜의 완성이라는 것도 역시 알지도 못하고 이해하지도 못하고 본 적도 없습니다. 그런 제가 도대체 어느 보살에게 어떤 지혜의 완성을 가르칠 수 있겠습니까? 스승님, 그들이 실제로 누구인지 알지도 못하고 이해하지도 못하고 본 적도 없는데, 만일 제가 보살이라는 이름만을 듣고 그에 대해 아는 듯 말한다면 반드시 후회할 일이 있으리라고 봅니다.

그런데 스승님, 보살이라는 말은 실제의 대상과 연결되어 있지도 않고 연결되어 있지 않은 것도 아니며, 떠나 있지도 않고 떠나 있지 않은 것도 아닙니다. 그러한 말 자체가 존재하지 않기 때문입니다. 이와 같이 어떤 말도 실제의 대상과 연결되어 있지도 않고 연결되어 있지 않은 것도 아니며, 떠나 있지도 않고 떠나 있지 않은 것도 아닙니다.

깊은 뜻을 가진 지혜의 완성을 이렇게 알고 듣고 배우더라도 보살의 마음이 놀라거나 움츠러들거나 실망하거나 낙담하거나 겁내거나 슬퍼하거나 두려워하거나 불안해하거나 공포를 느끼지 않고 오히려 강한 믿음을 갖는다면 그 보살은 지혜의 완성으로부터 떠나는 일이 없습니다. 그 보살은 뒤로 물러남이 없는 경지에 올라 머무르는 일 없이 거기에 머무릅니다.

또한 스승님, 지혜의 완성을 추구하고 또 그것을 배우는 보살은 주위의 어떤 느낄거리에도 빠져서는 안 됩니다. 그와 마주쳐 좋다 싫다 느끼는 일에도 빠져서는 안 됩니다. 느껴서 이리저리 연상하는 일에도 빠져서는 안 됩니다. 연상하여 이럴까 저럴까 의도하는 일에도 빠져서는 안 됩니다. 의도했던 결과를 이러니저러니 분별하는 일에도 빠져서는 안 됩니다. 혹시 느낄거리에 빠지게 되면 그것을 즐기기 위한 일을 만들고 지혜의 완성은 소홀해집니다. 감각하고 표상하고 의도하는 일도 마찬가지이며, 분별하는 일 또한 그에 빠지게 되면 그에 따른 일을 만들고 지혜의 완성은 소홀해집니다. 그러한 사람은 지혜의 완성을 바라지 않고 지혜의 완성에 힘쓰지 않고 지혜의 완성을 이루지 못합니다.

　지혜의 완성을 바라지 않는 사람은 구해지지 않는 것을 구하려 합니다. 모든 것을 꿰뚫는 지혜로 나아가지도 않습니다. 지혜의 완성에서 느낄거리는 실재하지 않으며 구해지지도 않습니다. 감각도 표상도 의도도 분별도 지혜의 완성에서는 실재하지 않으며 구해지지도 않습니다. 느낄거리를 구하지 않으면 그것은 더 이상 느낄거리라고 말할 수 없습니다. 감각·표상·의도 또한 마찬가지이며, 분별 역시 구하지 않으면 그것을 더 이상 분별이라고 말할 수 없습니다. 지혜의 완성조차도 구하는 일이 없습니다. 보살은 이러한 자세로 지혜의 완성을 추구해야 합니다. 이것이 바로 보살의 '어떤 것도 구하지 않는 삼매'입니다. 그것은 광대하고 고귀하고 한량없으며, 보살이 성문 및 독각과 다른 점입니다.

　모든 것을 꿰뚫는 지혜 역시 구해지지 않습니다. 어떤 모양에 의해서도 파악되지 않기 때문입니다. 만약 그것이 모양에 의해 파악되는 것이라면, 일찍이 자신이 따르던 가르침 안에서 이를 찾아 해탈하고자 했으나 그러지 못해 절망하던 방랑 수행자 슈레니까가 이에 대해 믿음을 갖지 못했을 겁니다. 실제로 그는 모든 것을 꿰뚫는 지혜를 믿고 그 가르침을 따르면서부터 한정된 앎으로부터 큰 지혜로 깨달아 들어갈 수 있었습니다.

그때 그는 어떤 느낄거리도 구하지 않고 마찬가지로 감각, 표상, 의도, 분별 또한 구하지 않았습니다. 모든 것을 꿰뚫는 지혜조차 몸으로도 마음으로도 즐겨 바라보지 않았습니다. 그것을 자기 안의 느낄거리로도 바라보지 않았습니다. 자기 밖의 느낄거리로도 바라보지 않았습니다. 자기 안팎이 만나는 곳의 느낄거리로도 바라보지 않았습니다.

느낄거리와 다른 것에서도 그것을 보지 않았습니다. 자기 안의 감각, 표상, 의도, 분별작용에 그것이 속하는 것으로도 바라보지 않았습니다. 그것이 다른 사람의 분별작용에 속한다거나, 그 사람의 안팎이 만나는 곳의 분별작용에 속한다거나, 그 사람의 분별작용과 다른 것에 있다고도 바라보지 않습니다.

슈레니까는 이러한 방식의 가르침에 믿음이 갔습니다. 그 가르침을 따르는 사람이 되었습니다. 그리고 어느 경우에도 사물의 본성을 염두에 두고 모든 것을 꿰뚫는 지혜에 집중했습니다. 어떤 것도 분별하거나 버리거나 받아들이지 않았습니다. 열반조차도 생각하지 않았습니다.

스승님, 느낄거리도 구하지 않고 감각, 표상, 의도, 분별 또한 구하지 않는 것이 바로 보살의 지혜의 완성이라고 알지 않으면 안 됩니다. 부처님들만이 가진 열 가지 지혜의 능력(십력十力), 네 가지 두려움 없는 마음(사무소외四無所畏), 열여덟 가지 특성(십팔불공법十八不共法)의 완성을 미루고 도중에 세상을 떠나 완전한 열반에 들어가지 않는 것, 이 또한 보살의 지혜의 완성이라고 알아야 합니다.

또한 스승님, 지혜의 완성을 추구하고 배우는 보살은 늘 다음과 같이 생각하고 다음과 같이 돌아보아야 합니다. '지혜의 완성이란 무엇일까? 지혜의 완성이란 누구의 것일까? 존재하지도 인식되지도 않는 것을 과연 지혜의 완성이라고 할 수 있을까?' 만약 이와 같이 생각하고 이와 같이 돌아보면서 놀라거나 움츠러들거나 실망하거나 낙담하거나 겁내거나 슬퍼하거나 두려워하거나 불안해하거나 공포를 느끼지 않는다면 그 보살은 지혜의 완성에서 벗어나지 않았다고 알아야 합니다."

그때 사리불이 수보리에게 이렇게 물었다.

"느낄거리에서도 느낄거리로서의 본성을 보지 않고, 감각과 연상과 의도와 분별에서도 그 본성을 보지 않으며, 지혜의 완성에서도 그 본성을 보지 않고, 모든 것을 꿰뚫는 지혜에서도 그러할 때 보살은 비로소 지혜의 완성에 가까워진다는 말은 무슨 뜻인지요?"

수보리가 사리불에게 답했다.

"그렇습니다. 정말로 그렇습니다. 어떤 느낄거리도 본성을 떠나 있고, 감각과 연상과 의도와 분별 역시 본성을 떠나 있으며, 지혜의 완성 역시 본성을 떠나 있고, 모든 것을 꿰뚫는 지혜도 본성을 떠나 있습니다. 지혜의 완성은 지혜의 완성으로서의 특징을 떠나 있고, 그 특징은 특징으로서의 본성을 떠나 있으며, 특징 지워진 것은 또 특징 지워진 것으로서의 본성을 떠나 있고, 본성 또한 본성으로서의 특징을 떠나 있습니다."

사리불이 물었다.

"만약에 보살이 이렇게 배운다면 모든 것을 꿰뚫는 지혜를 성취할 수 있겠습니까?"

수보리가 답했다.

"보살이 이와 같이 배운다면 모든 것을 꿰뚫는 지혜를 성취할 수 있습니다. 왜냐하면 그로부터 새로 생겨나거나 만들어지는 것은 아무 것도 없기 때문입니다. 만약 보살이 이와 같이 배운다면 모든 것을 꿰뚫는 지혜에 바로 다가서게 될 것입니다."

그때 수보리가 사리불에게 말했다.

"만약 보살이 온갖 느낄거리를 추구하면 이는 헛된 일에 빠지는 것입니다. 느낄거리를 새로 만들어내도 헛된 일에 빠지는 것입니다. 느낄거리를 거부해도 헛된 일에 빠지는 것입니다. 느낄거리를 파괴해도 헛된 일에 빠지는 것입니다. 느낄거리가 텅 비었다고 해도 헛된 일에 빠지는 것입니다. 나는 이러한 것을 추구한다느니 뭐라느니 해도 역시 헛된 일에 빠지는 것입니다.

감각과 연상과 의도와 분별을 추구해도 헛된 일에 빠지는 것입니다. 분별작용을 새로 만들어내는 것도 헛된 일에 빠지는 것입니다. 분별작용을 거부해도 헛된 일에 빠지는 것입니다. 분별작용을 파괴해도 헛된 일에 빠지는 것입니다. 분별작용을 텅 비었다고 해도 헛된 일에 빠지는 것입니다. 나는 이러한 것을 추구한다느니 뭐라느니 해도 역시 헛된 일에 빠지는 것입니다.

이렇게 하는 것이 지혜의 완성을 배우는 것이라고 생각해도 또한 헛된 일에 빠지는 것입니다. 이러한 보살은 아직 방편이 능수능란하지 못한 것입니다."

사리불이 물었다.

"보살은 이제 어떻게 해야 지혜의 완성을 배운다고 말할 수 있을까요?"

수보리가 답했다.

"만약 보살이 어떤 느낄거리도 추구하거나 만들어내거나 거부하거나 파괴하거나 텅 비었다고 하지 않고, 감각과 연상과 의도와 분별도 추구하거나 만들어내거나 거부하거나 파괴하거나 텅 비었다고 하지 않으면 지혜의 완성을 배운다고 할 수 있습니다.

지혜의 완성을 배운다고도 생각하지 않고 배우지 않는다고도 생각하지 않으며, 배우지도 배우지 않는다고도 생각하지 않으며, 또한 배우는 것도 아니고 배우지 않는 것도 아니라고 생각하지 않는다면 비로소 지혜의 완성을 배운다고 할 수 있습니다. 왜냐하면 어떤 대상도 이처럼 좋다 싫다 느끼지 않기 때문이니, 이것이 곧 '어떤 대상도 좋다 싫다 느끼지 않는 보살의 삼매'입니다. 그것은 드넓고 아득하여 어디에도 얽매어 있지 않습니다.

여기에서 수보리가 부처님들의 능력을 빌어 말했다.

"만약 보살이 삼매를 배우면서도 내가 반드시 삼매에 들어가야 한다거나, 내가 지금 들어간다거나, 이미 들어갔다고 생각하거나 분별하지 않는다면 이 보살은 이미 여러 부처님으로부터 최고의 바른 깨달음을 얻으리라는 예언을 받은 것입니다."

사리불이 수보리에게 물었다.

"보살이 이러한 삼매를 배우면 여러 부처님으로부터 최고의 바른 깨달음을 얻으리라는 예언을 받는다는데, 그렇다면 이 삼매는 모양을 볼 수 있습니까, 없습니까?"

수보리가 답했다.

"사리불 님, 볼 수 없습니다. 왜냐하면 여느 평범한 사람들은 이러한 삼매를 알아보지 못하니, 여기에는 아무 것도 알아볼 만한 모양이 없기 때문입니다."

사리불이 석가모니에게 물었다.

"스승님, 보살은 이와 같이 배우되 진실로 무엇을 배워야 합니까?"

석가모니가 답했다.

"이와 같이 배우되 배울 것이 없는 것을 배워야 하네. 이것은 여느 평범한 사람들이 집착하여 추구하는 것과 같지 않기 때문이지."

사리불이 물었다.

"스승님, 그것은 어떻게 존재합니까?"

석가모니가 답했다.

"아무 것도 없는 모습으로 존재한다네. 모든 것이 이처럼 아무 것도 없는 모습으로 존재하는 줄 모르는 것이 바로 무명이지. 여느 평범한 사람들은 그러한 것을 괜히 분별하고 탐욕으로 집착하여 양극단에 빠진다네. 모든 것이 아무 것도 없는 모습으로 존재한다는 것을 알지 못하고 보지 못하여 죽음의 굴레를 벗어나지 못하고 바른 가르침을 믿지 못하고 진정한 깨달음에 이르지 못하지. 그리하여 결국 탐욕으로 집착하는 여느 평범한 사람이 되고 마는 것이라네."

수보리가 물었다.

"스승님, 보살은 이와 같이 배우되 모든 것을 꿰뚫는 지혜는 별도로 배워야 합니까?"

석가모니가 답했다.

"보살이 이와 같이 배우면 모든 것을 꿰뚫는 지혜는 따로 배우지 않아도 되네. 이와 같이 배우는 것이 바로 모든 것을 꿰뚫는 지혜를 배우는 것이고 그것을 성취하는 것이기 때문이지."

수보리가 물었다.

"부처님, 만약에 '마술 속 허깨비 인간이 모든 것을 꿰뚫는 지혜를 배운다면 그것을 성취할 수 있겠는가 없겠는가?'라고 누군가 제게 묻는다면 어떻게 대답해야 합니까?"

석가모니가 되물었다.

"내가 그대에게 물을 테니 대답해 보게. 어떻게 생각하는가? 그 마술 속 허깨비 인간이 온갖 느낄거리와 다르고, 온갖 느낄거리가 마술 속 허깨비 인간과 다르며, 또한 감각과 연상과 의도와 분별과도 각각 그렇겠는가 아니겠는가?"

수보리가 답했다.

"마술 속 허깨비 인간은 느낄거리와 다르지 않고 느낄거리와 마술 속 허깨비 인간은 다르지 않으니, 마술 속 허깨비 인간이 바로 느낄거리이고 느낄거리가 바로 마술 속 허깨비 인간입니다. 마술 속 허깨비 인간은 감각과 연상과 의도와 분별과 다르지 않고, 감각과 연상과 의도와 분별은 마술 속 허깨비 인간과 다르지 않으니, 마술 속 허깨비 인간이 바로 감각과 연상과 의도와 분별이고 이것이 곧 마술 속 허깨비 인간입니다."

석가모니가 물었다.

"수보리여, 어떻게 생각하는가? 보살이라는 말은 우리가 나 자신이라고 느끼는 다섯 요소에 붙인 가짜 이름이나 명칭이 아닐까?"

수보리가 답했다.

"그렇습니다. 정말로 그렇습니다. 그러니까 지혜의 완성을 배우는 보살은 스스로 마술 속 허깨비 인간인 듯 더없이 완전한 깨달음을 구하고 배우지 않으면 안 됩니다. 왜냐하면 우리가 자신이라고 느끼는 다섯 요소란 마술 속 허깨비 인간과 다르지 않다고 알지 않으면 안 되기 때문입니다. 온갖 느낄거리란 마술 속 허깨비 인간과 같다는 부처님들 가르침이 바로 그것이지요. 우리의 눈·귀·코·혀·몸·생각의 이 여섯 가지 감각기관과 우리가 자신이라고 느끼는 다섯 요소 또한 마찬가지입니다. 감각, 표상, 의도 역시 마술 속 허깨비 인간과 같으며 분별 또한 그러하고요. 그런데 스승님, 혹시 대승에 처음 들어온 보살이 이러한 가르침을 듣는다면 놀라거나 공포를 느끼지 않겠습니까?"

석가모니가 답했다.

"처음 배우는 보살이 저열한 스승을 섬기고 있다면 틀림없이 놀라거나 움츠러들거나 실망하거나 낙담하거나 겁내거나 슬퍼하거나 두려워하거나 불안해하거나 공포를 느끼겠지. 하지만 훌륭한 스승을 섬기고 있다면 이러한 가르침을 들어도 결코 놀라거나 움츠러들거나 실망하거나 낙담하거나 겁내거나 슬퍼하거나 두려워하거나 불안해하거나 공포를 느끼지 않을 걸세."

수보리가 물었다.

"스승님, 저열한 스승이란 무엇입니까?"

석가모니가 답했다.

"지혜의 완성을 멀리하고 깨달음을 즐거워하지 않도록 가르치

며, 헛된 일을 따르고 분별하도록 가르치며, 문장을 번잡하게 꾸미
도록 가르치며, 석가모니의 가르침을 직접 듣고 수행한 성문이나
홀로 궁리하여 수행한 벽지불의 조잡한 경전을 가르치며, 그릇된
무리들과 어울리도록 부추기는 자를 보살의 저열한 스승이라고 한
다네."

수보리가 물었다.

"스승님, 그렇다면 보살의 훌륭한 스승이란 무엇입니까?"

부처님이 답했다.

"보살에게 6가지 완성(육바라밀)을 가르쳐주거나 이것은 악마의
소행이고 저것은 악마의 잘못이라고 자세히 설명해주는 사람들이
니, 이러한 이들은 위대한 공덕의 갑옷을 입고 커다란 수레에 올라
대승의 가르침으로 들어가는 보살의 선지식이라고 알아야 하네."

수보리가 물었다.

"스승님, 그렇다면 보살이라는 말은 어떤 뜻입니까?"

석가모니가 답했다.

"모든 대상을 배워 아무런 걸림이 없고 그대로 진실하게 아는 이
를 보살이라고 한다네."

수보리가 물었다.

"부처님, 모든 대상을 아는 이가 보살이라면 마하살은 또 어떤 뜻
입니까?"

석가모니가 답했다.

"대중을 위해 항상 앞장서기 때문에 마하살이라고 하지."

사리불이 부처님에게 말했다.

"부처님, 저도 마하살의 뜻을 말씀드려 보겠습니다."

석가모니가 답했다.

"좋을 대로 하게."

사리불이 말했다.

"스승님, 보살은 우리 육신과 느낌과 연상과 의도와 분별의 이 다섯 요소에 나라는 실체가 있다는 생각을 끊고, 다섯 요소에 의해 자신이 생겨났다는 생각을 끊고, 자신에게 일정한 수명이 있다는 생각을 끊고, 인간만이 우월하다는 생각을 끊고, 있다는 생각을 끊고, 없다는 생각을 끊고, 유한하다는 생각을 끊고, 무한하다는 생각 등을 끊으라고 가르치기에 마하살이라고 합니다. 또한 그 가운데 어느 것에도 마음이 집착하지 않기에 마하살이라고 합니다."

부루나가 말했다.

"스승님, 보살은 자신의 수행과 공덕으로 세상을 아름답게 장식하려고 발원합니다. 또한 모든 중생을 태울 수 있는 큰 수레를 부럽니다. 이러한 까닭에 마하살이라고 합니다."

수보리가 물었다.

"부처님, 보살은 자신의 수행과 공덕으로 세상을 아름답게 장식하려고 발원한다는데, 아름답게 장식한다는 것은 어떤 뜻입니까?"

석가모니가 답했다.

"보살은 반드시 더 이상 구원할 수 없을 때까지 무한한 중생을 구원하리라 다짐한다네. 부처님의 가르침에 따르면 이는 아주 당연한 일. 비유하자면 길거리에서 마술사가 술법으로 허깨비 인간을 만들어낸 다음 차례대로 그 목을 자르는 것과 같으니, 그대 생각

에 이 마술 속 허깨비 인간들이 실제로 다치거나 죽는 일이 있겠는
가 없겠는가?"

수보리가 답했다.

"없겠습니다."

석가모니가 말했다.

"보살 역시 이와 같이 더 이상 구원할 중생이 없을 때까지 무한
한 중생을 구원한다네. 만약 보살이 이와 같이 듣고도 놀라지 않고
두려워하지 않는다면 이 보살은 자신의 수행과 공덕으로 세상을
아름답게 장식하려고 발원한 줄 알아야 하네."

수보리가 말했다.

"스승님 말씀대로라면, 이 보살은 자신의 수행과 공덕으로 세상
을 아름답게 장식하려고 발원하여 스스로 그렇게 합니다. 왜냐하
면 모든 것을 꿰뚫는 지혜란 따로 일으키거나 만들어낸 것이 아니
라 보살이 중생을 위해 자신의 덕행과 법력으로 세상을 크게 장식
하려고 발원한 결과이기 때문입니다. 중생들 역시 새로 지어내거
나 만들어낸 것이 아니고요. 어떤 대상도 본래 묶이거나 풀려 있지
않으며, 감각과 연상과 의도와 분별 또한 본래 묶이거나 풀려 있지
않기 때문입니다."

부루나가 수보리에게 물었다.

"어떤 대상이 본래 묶이거나 풀려 있지 않고, 감각과 연상과 의도
와 분별도 본래 묶이거나 풀려 있지 않습니까?"

수보리가 답했다.

"어떤 대상도 본래 묶이거나 풀려 있지 않고, 감각과 연상과 의도

와 분별도 본래 묶이거나 풀려 있지 않습니다."

부루나가 물었다.

"어떤 대상도 본래 묶이거나 풀려 있지 않다는 말은 어떤 뜻입니까? 감각과 연상과 의도와 분별 또한 본래 묶이거나 풀려 있지 않다는 말은 어떤 뜻입니까?"

수보리가 답했다.

"마술 속 허깨비 인간의 몸뚱이는 본래 묶이거나 풀려 있지 않으며, 그의 느낌과 연상과 의도와 분별 또한 묶이거나 풀려 있지 않습니다. 있다고 할 것이 없기에 묶이거나 풀려 있지 않습니다. 모든 것을 떠났기에 묶이거나 풀려 있지 않습니다. 새로 생겨나지 않기에 묶이거나 풀려 있지 않습니다. 이것을 가리켜 보살마하살이 자신의 수행과 공덕으로 세상을 아름답게 장식하고자 발원하여 스스로 그렇게 한다고 말합니다."

수보리가 석가모니에게 물었다.

"큰 수레, 곧 대승이란 무엇입니까? 보살이 대승을 향해 나아간다는 것은 어떤 뜻입니까? 큰 수레는 어디에서 와 어느 곳에 머뭅니까?"

석가모니가 답했다.

"대승이란 한없이 크고 헤아릴 수 없는 수레를 가리키는 말이네. 어디에서 와 어느 곳에 머무느냐고? 그것은 욕망과 물질과 물질 너머의 세계로부터 와서 모든 것을 꿰뚫는 지혜 가운데 머물지. 이 수레를 타고 오는 이는 없다네. 어떤 사람이나 어떤 대상도 생겨나지 않는데, 새삼 무엇이 다시 오겠는가?"

수보리가 석가모니에게 말했다.

"대승은 하늘과 인간과 악마 등의 모든 세계를 훌쩍 뛰어넘습니다. 부처님, 대승은 마치 허공과 같습니다. 허공이 무한한 중생을 품듯이 대승 역시 한량없이 많은 중생을 받아들입니다. 허공이 온 곳도 간 곳도 머무르는 곳도 없듯이 대승 역시 시작도 알 수 없고 중간도 알 수 없고 끝도 알 수 없으니, 이 수레는 과거·현재·미래 모든 곳에 두루 걸쳐 있습니다. 그렇기에 대승이라고 합니다."

그때 부루나가 석가모니에게 말했다.

"스승님께서는 처음에 수보리 님으로 하여금 지혜의 완성을 설하게 하시더니 지금은 대승을 설하도록 하시는군요."

수보리가 석가모니에게 물었다.

"제가 말씀드린 것이 혹시 지혜의 완성의 본뜻에서 벗어나지는 않았는지요?"

석가모니에게 말했다.

"그렇지 않네. 그대가 말한 것은 지혜의 완성의 본뜻에 잘 들어맞네."

여기에서 수보리가 다시 석가모니에게 말했다.

"스승님, 아무리 해도 저는 과거의 보살도 찾을 수 없고 미래의 보살도 찾을 수 없고 또 현재의 보살도 찾을 수가 없습니다. 온갖 대상이 무한한 까닭에 보살 또한 무한하며, 감각과 연상과 의도와 분별이 무한한 까닭에 보살 또한 무한합니다.

스승님, 이와 같이 어느 곳에서도 어느 시간에서도 어느 대상에서도 보살을 찾을 수 없는데 어떻게 제가 보살들에게 지혜의 완성을 가르칠 수 있겠습니까? 보살을 찾을 수도 볼 수도 없는데 어떻게 지혜의 완성을 가르칠 수 있겠습니까?

스승님, 그러니 보살이란 단지 누군가를 부르는 이름에 지나지 않습니다. '나'라고 말할 때 나라는 존재가 새로 생겨나지 않는 것과 마찬가지로요.

스승님, 이와 같이 어떤 것에도 변함없는 본성이란 없습니다. 그럼에도 찾을 수도 없고 생겨나지도 않는 것이란 어떤 것일까요? 찾을 수도 없고 생겨나지도 않는 감각과 연상과 의도와 분별이란 어떤 것일까요? 어떤 대상도 이 보살과 같아서 찾을 수가 없습니다. 감각과 연상과 의도와 분별 역시 이 보살과 같아서 찾을 수가 없습니다. 찾을 수 없다는 그것조차 또한 찾을 도리가 없습니다.

스승님, 이와 같이 저는 어떤 곳에서도 어떤 시간에서도 어떤 대상에서도 보살을 찾을 수가 없습니다. 그런데 어떻게 그들에게 지혜의 완성을 가르칠 수 있겠습니까?

스승님, 그러니 보살이란 단지 누군가를 부르는 이름에 지나지 않습니다. '나'라고 말할 때 나라는 존재가 생겨나지 않는 것과 마찬가지로요.

스승님, 이와 같이 어떤 것에도 변함없는 본성이란 없습니다. 그럼에도 찾을 수도 없고 생겨나지도 않는 것이란 어떤 것일까요? 찾을 수도 없고 생겨나지도 않는 감각과 연상과 의도와 분별이란 어떤 것일까요? 모든 것의 이러한 본성 역시 생겨난 것이 아닙니다. 생겨난 것이 아니라는 그것조차 생겨난 것이 아닙니다.

스승님, 저는 이제 생겨나지 않는 것으로써 지혜의 완성을 향해 나아가라고 보살들에게 가르쳐야 하나요? 생겨나지 않는 것이 아니면 보살이 바라는 최고의 바른 깨달음을 이룰 수 없기 때문입니다. 혹시 보살이 이러한 가르침을 듣고도 놀라지 않고 두려워하지 않는다면 이 보살은 지혜의 완성을 배우고 있다고 알아야 할 것입니다.

스승님, 보살이 지혜의 완성을 배울 때는 어떤 것도 느낄거리로 보아서는 안 됩니다. 어떤 느낄거리도 생겨난 적이 없으므로 느낄거리라고 할 수 없으며, 어떤 느낄거리도 사라지는 일이 없으므로 느낄거리라고 할 수 없기 때문입니다. 생겨남과 사라짐은 둘이 아니며 다르지 않습니다. 어떤 느낄거리도 둘이 없다는 말이 그것입니다.

보살은 지혜의 완성을 배울 때 감각과 연상과 의도와 분별을 일으키지 않습니다. 분별은 생겨난 적이 없으므로 분별이라고 할 수 없으며, 분별은 사라지는 일이 없으므로 분별이라고 할 수 없기 때문입니다. 생겨나지 않는 것과 사라지지 않는 것은 둘이 아니며 다르지 않습니다. 분별은 둘이 없다는 말이 그것입니다."

사리불이 수보리에게 물었다.

"수보리 님이 말한 대로라면 보살은 결코 생겨나지 않습니다. 그렇다면 보살이 중생을 위해 궂은일을 하면서 고통을 받는 이유가 무엇일까요?"

수보리가 답했다.

"나 자신도 보살이 궂은일 하는 것을 바라지 않습니다. 힘들다느니 괴롭다느니 생각하면 한량없이 많은 중생을 보살이 이롭게 할 수 없기 때문입니다. 친밀히 여기고 즐거이 여기며 부모처럼 여기고 자식처럼 여기고 내 일처럼 여겨야만 많은 중생을 이롭게 할 수 있습니다. 어느 곳에서도 어느 시간에서도 어느 대상에서도 나라는 존재를 찾을 수 없듯이 보살은 안팎의 모든 것에 대해 반드시 이렇게 생각해야 합니다. 보살이 이와 같이 마음 쓰는 것도 역시 굳은 일입니다.

사리불 님, 그대 말대로 보살은 생겨나지 않습니다. 보살은 결코 생겨나지 않습니다."

사리불이 말했다.

"보살이 생겨나지 않는다면 모든 것을 꿰뚫는 지혜도 생겨나지 않습니다."

수보리가 답했다.

"모든 것을 꿰뚫는 지혜도 생겨나지 않습니다."

사리불이 말했다.

"모든 것을 꿰뚫는 지혜가 생겨나지 않으면 깨닫지 못한 여느 남녀들도 생겨나지 않습니다."

수보리가 말했다.

"깨닫지 못한 여느 남녀들도 생겨나지 않습니다."

사리불이 수보리에게 말했다.

"보살이 생겨나지 않으면 보살의 본성 같은 것도 생겨나지 않으며, 모든 것을 꿰뚫는 지혜가 생겨나지 않으면 모든 것을 꿰뚫는 지혜의 본성 같은 것도 생겨나지 않으며, 깨닫지 못한 여느 남녀가 생겨나지 않으면 그들의 그러한 본성 같은 것도 생겨나지 않습니다. 이제 생겨나지 않는 것으로 생겨나지 않는 것을 얻으니, 이로써 보살은 모든 것을 꿰뚫는 지혜를 얻습니까?"

수보리가 말했다.

"나는 지금 생겨나지 않는 대상에서 무언가를 얻고자 하는 것이 아닙니다. 생겨나지 않는 대상은 찾을 수도 없기 때문입니다."

사리불이 말했다.

"생겨나지 않는 것으로 생겨나지 않는 것을 깨달을 수 있습니까? 아니면 생겨나는 것으로 생겨나지 않는 것을 깨달을 수 있습니까? 수보리 님은 생겨난다느니 생겨나지 않는다느니 하는 말씀을 즐겨 하시는군요."

수보리가 말했다.

"어떤 것도 생겨나지 않습니다. 생겨나지 않는다는 것도 역시 생겨나지 않습니다. 그렇기에 즐겨 말할 뿐입니다."

사리불이 말했다.

"참으로 훌륭하십니다. 수보리 님은 가르침을 전하는 사람 가운데 제일입니다. 어떤 질문에도 능숙하게 답하시니 말입니다."

수보리가 말했다.

"모든 것이 원래 그러하기 때문입니다. 부처님의 제자들은 상대의 질문에 답하기 위해 어떤 것에도 의지하지 않습니다. 확정되어 있는 것은 아무 것도 없기 때문이지요."

사리불이 물었다.

"참으로 훌륭하십니다. 이것은 어떤 능력입니까?"

수보리가 답했다.

"지혜의 완성에 의한 능력입니다. 사리불 님, 만약 어떤 보살이 이와 같이 설하고 이와 같이 이야기하는 것을 듣고 의심하지 않고 후회하지 않고 어려워하지 않는다면 이 보살은 지혜의 완성을 잊지 않고 배우고 있는 줄 알아야 합니다."

사리불이 말했다.

"만약에 보살이 지혜의 완성을 잊지 않고 배운다면 모든 중생 역시 그것을 잊지 않고 배울 것입니다. 그렇다면 모든 중생이 곧 보살과 같겠지요. 어떤 중생도 이에 대한 생각이 떠나지 않을 테니 말입니다."

수보리가 말했다.

"참으로 훌륭하십니다, 사리불 님. 그런데 수보리 님은 제 말을 잘못 이해하시는군요. 왜냐하면 제 말은 중생 역시 변함없는 본성이란 없기에 그 생각 역시 본성이 없다는 뜻이기 때문입니다. 중생을 여의기에 생각 역시 여읩니다. 중생을 찾을 수 없기에 생각 역시 찾을 수 없습니다. 사리불 님, 나는 이러한 생각으로 보살들이 지혜의 완성을 배웠으면 합니다."

2
제석천품

그때 그 자리에는 4만 명의 하늘중생을 거느린 제석천과 2만 명의 하늘중생을 거느린 사천왕, 그리고 2만 명의 범천을 거느린 사바세계의 주재자 범천왕과 정거천의 무수한 중생들이 함께 있었다. 이들의 몸에서 나오는 업보의 광명은 부처님의 몸에서 비추는 신묘한 광명에 가려 더는 빛나지 않았다.

그때 제석천이 수보리에게 물었다.

"여기에 모인 무수한 하늘중생들은 지혜의 완성에 대해 수보리님의 가르침을 듣고자 합니다. 보살은 지혜의 완성을 어떻게 배워야 합니까?"

수보리가 제석천과 하늘중생들에게 답했다.

"제석천 님, 나는 지금 부처님의 능력을 빌어 지혜의 완성을 설하고 있습니다. 혹시 모든 하늘중생들이 아직도 최고의 바른 깨달음에 대해 마음을 내지 않았다면 지금 당장 마음을 내도록 하십시오. 혹시 부처님의 육성을 듣고 배운 성문으로서 이미 열반에 든 이가 있다면 이러한 이는 그렇게 하기 어려울 겁니다. 나고 죽는다는 생각으로 이미 깨달음을 막는 벽을 만들었기 때문입니다. 그럼에도 그러한 이마저 최고의 바른 깨달음에 대해 마음을 낸다면 마찬가지로 나는 크게 기뻐할 것입니다. 그 공덕이 길이 이어질 테니, 훌륭한 사람은 반드시 훌륭한 법을 구하기 때문입니다.”

그때 석가모니가 수보리를 이렇게 칭찬했다.

“참으로 훌륭하네. 이처럼 능수능란하게 권유하여 모든 보살들을 즐겁게 하다니.”

수보리가 말했다.

“스승님, 저는 당연히 부처님들의 은혜를 갚아야 합니다. 과거 여러 부처님과 불제자들이 여래께서는 모든 것이 텅 비었다고 가르치며, 여러 가지 완성을 가르치며, 여래 역시 이 법을 배워 최고의 완전한 깨달음을 얻었다고 찬탄하는 것과 같습니다.

스승님, 저도 이제 이처럼 여러 보살들을 수호하고 마음에 되새기겠습니다. 저의 수호와 되새김에 의해 여러 보살들은 신속히 최고의 완전한 깨달음을 얻을 것입니다.”

수보리가 제석천에게 말했다.

“제석천 님, 그대는 보살이 어떻게 지혜의 완성을 배우는지 일심으로 들으십시오. 보살은 온 세상을 자신의 수행과 덕행으로 아름답게 장식하리라고 발원합니다. 그리하여 모든 중생을 태울 수 있는 큰 수레를 타고 모든 것이 텅 비었다는 가르침으로써 지혜의 완성을 배웁니다. 어떤 느낄거리도 추구하지 않으며, 그것을 감각하고 연상하고 의도하고 분별하는 일도 추구하지 않습니다. 영원하든 영원하지 않든 어떤 느낄거리도 추구하지 않으며, 영원하든 영원하지 않든 그것을 감각하고 연상하고 의도하고 분별하는 어떤 일도 추구하지 않습니다.

즐겁든 괴롭든 어떤 느낄거리도 추구하지 않으며, 즐겁든 괴롭든 그것을 감각하고 연상하고 의도하고 분별하는 어떤 일도 추구하지 않습니다. 청정하든 청정하지 않든 어떤 느낄거리도 추구하지 않으며, 청정하든 청정하지 않든 그것을 감각하고 연상하고 의도하고 분별하는 어떤 일도 추구하지 않습니다. 나라는 것이 있든 없든 어떤 느낄거리도 추구하지 않으며, 나라는 것이 있든 없든 그것을 감각하고 연상하고 의도하고 분별하는 어떤 일도 추구하지 않습니다. 텅 비었든 아니든 어떤 느낄거리도 추구하지 않으며, 텅 비었든 아니든 그것을 감각하고 연상하고 의도하고 분별하는 어떤 일도 추구하지 않습니다.

성인의 맨 처음 단계인 수다원의 경지도 추구하지 않으며, 한 차례 외에 더는 윤회가 없는 사다함의 경지도 추구하지 않으며, 욕망의 세계에 다시 태어나지 않는 아나함의 경지도 추구하지 않으며, 부처님의 육성을 듣고 배운 성문의 최고 지위인 아라한의 경지도 추구하지 않으며, 홀로 배우고 깨닫는 벽지불도 추구하지 않으며, 부처님의 가르침조차도 추구하지 않으며, 수다원이 더는 수행이 필요 없는 경지라도 이를 추구하지 않으며, 수다원이 무한한 복을 짓는 터전이라도 이를 추구하지 않으며, 수다원이 일곱 차례만 생사를 반복하면 되는 경지인데도 이를 추구하지 않습니다.

사다함이 더는 수행이 필요하지 않은 경지인데도 이를 추구하지 않으며, 사다함이 무한한 복을 짓는 터전이라도 이를 추구하지 않으며, 사다함이 한 번만 윤회하면 모든 고통이 사라지는 단계인데도 이를 추구하지 않으며, 아나함이 더는 수행이 필요하지 않은 경지라도 이를 추구하지 않으며, 아나함이 무한한 복을 짓는 터전인데도 이를 추구하지 않으며, 아나함이 금생에 열반을 얻는 단계인데도 이를 추구하지 않습니다.

아라한이 더는 수행이 필요 없는 경지인데도 이를 추구하지 않으며, 아라한이 무한한 복의 터전이라도 이를 추구하지 않으며, 아라한이 완전한 열반을 얻는 경지라도 이를 추구하지 않으며, 벽지불이 더는 수행이 필요하지 않은 경지라도 이를 추구하지 않으며, 벽지불이 무한한 복을 짓는 터전이라도 이를 추구하지 않으며, 성문의 지위를 뛰어넘어 완전한 열반을 얻는 경지라도 이를 추구하지 않으며, 부처님의 가르침이라도 이를 추구하지 않고 무수한 중생을 이롭게 하여 무수한 중생을 열반에 들도록 합니다."

그때 사리불이 마음속으로 생각했다.
'보살은 어떻게 머무르는 걸까?'
이를 알아챈 수보리가 사리불에게 물었다.
"어떻습니까? 부처님은 어떻게 머무르는지 생각해 보았습니까?"
사리불이 말했다.
"부처님은 머무르는 곳도 없고 머무른다는 마음도 없기에 부처님이라고 합니다. 부처님은 행위의 원인과 결과가 끊임없이 되풀이되는 삶도 따르지 않고, 행위의 원인과 결과가 더 이상 되풀이되지 않는 삶도 따르지 않습니다. 사리불 님, 보살마하살은 반드시 부처님이 모든 대상에 머무르되 머무르는 것도 아니고 머무르지 않는 것도 아닌 것처럼 머물러야 합니다."

그때 그곳에 있던 하늘대중들이 마음속으로 생각했다.

'야차들의 말은 알아듣기 쉬운데 수보리 님의 말은 알아듣기 어렵구나!'

수보리가 하늘대중들의 생각을 알아채고 이렇게 말했다.

"이 자리에는 가르침을 말한 이도 없고 가르침을 내보인 이도 없고 가르침을 들은 이도 없습니다."

하늘대중들은 다시 마음속으로 이렇게 생각했다.

'수보리 님은 우리를 위해 쉽게 말하려고 하지만 그럴수록 뜻이 더욱 깊고 미묘하구나!'

수보리가 다시 하늘대중들의 생각을 알아채고 말했다.

"만약에 수행자가 수다원과를 얻고자 하거나 사다함과와 아나함과와 아라한과를 얻고자 하거나 벽지불도를 얻고자 하거나 부처님의 가르침을 얻고자 할 때도 이러한 지혜를 여의어서는 안 됩니다."

그때 모든 하늘중생들이 마음속으로 생각했다.

'수보리 님의 말을 알아들을 수 있는 이는 누구일까?'

수보리가 하늘대중들의 생각을 알아채고 말했다.

"마술 속 허깨비 인간이라면 나의 말을 알아들을 수 있습니다. 이들은 듣지도 않고 깨닫지도 않기 때문입니다."

하늘중생들이 다시 생각했다.

'마술 속 허깨비 인간이라면 알아들을 수 있다니, 그렇다면 모든 중생이 마술 속 허깨비 인간과 같다는 것일까? 수다원부터 벽지불

까지 마술 속 허깨비 인간과 같다는 것일까?'

수보리가 이들의 생각을 알아채고 말했다.

"나는 모든 중생을 마술 속 허깨비 인간이나 꿈과 같다고 봅니다. 수다원도 마술 속 허깨비 인간과 같고 꿈과 같습니다. 사다함도 아나함도 아라한도 벽지불도 마술 속 허깨비 인간과 같고 꿈과 같습니다."

하늘중생들이 말했다.

"수보리 님, 부처님들의 가르침 역시 마술 속 허깨비 인간과 같고 꿈과 같습니까?"

수보리가 말했다.

"부처님들의 가르침 역시 마술 속 허깨비 인간과 같고 꿈과 같습니다. 열반조차도 그렇습니다."

하늘중생들이 놀라 물었다.

"수보리 님, 열반조차도 그렇다는 말입니까?"

수보리가 말했다.

"열반보다 더 훌륭한 것이 있다 해도 그 역시 마술 속 허깨비 인간과 같고 꿈과 같다고 나는 말할 것입니다. 마술 속 허깨비 인간과 꿈과 열반은 둘이 아니며 서로 다르지 않습니다."

그때 사리불과 부루나와 마하구치라와 마하가전연이 수보리에게 물었다.

"지혜의 완성에 대해 이같이 말하면 누가 알아들을 수 있을까요?"

아난이 답했다.

"깨달음의 길에서 물러남이 없는 보살과 바른 견해를 갖춘 사람과 모든 발원을 성취한 아라한들은 잘 알아들을 수 있습니다."

수보리가 말했다.

"지혜의 완성이 무엇인지 알아듣는 이는 없습니다. 왜냐하면 지혜의 완성에는 따로 배울 것이 없어서 그것을 보여줄 수도 없고 알아듣는 이도 없기 때문입니다."

그때 제석천이 마음속으로 생각했다.

'수보리 님이 가르침의 비를 내려주시니, 마술로 꽃을 만들어 수보리 님에게 뿌려드려야겠구나.'

그리고 바로 마술로 꽃을 만들어 수보리의 머리 위에 흩뿌렸다.

수보리가 마음속으로 생각했다.

'제석천이 뿌려주는 이 꽃은 그가 사는 도리천에서도 본 적이 없는데, 그렇다면 이 꽃은 내 생각 속의 나무에서 피어난 것이지 여느 나무들의 것은 아니다.'

제석천이 수보리의 생각을 알아채고 말했다.

"이 꽃은 진짜 꽃도 아니고 생각 속의 나무에서 피어난 것도 아닙니다."

수보리가 제석천에게 말했다.

"제석천 님, 그대는 이 꽃이 진짜 꽃도 아니고 생각 속의 나무에서 피어난 것도 아니라고 말하는군요. 생겨나지 않은 것은 꽃이라고 할 수 없다는 뜻이군요."

제석천이 마음속으로 생각했다.

'수보리 님의 지혜는 정말로 깊고 깊구나. 이름뿐인 꽃에서 이렇

게나 깊은 뜻을 헤아리다니.'

제석천이 수보리에게 말했다.

"정말로 그렇습니다, 수보리 님. 말씀하신 대로입니다. 보살은 반드시 이와 같이 배워야 합니다. 보살이라면 수다원과 사다함과 아나함과 아라한과 벽지불의 경지 따위는 배우지 않습니다. 이렇게 하면 부처님들의 가르침을 배우고 모든 것을 꿰뚫는 지혜를 배운다고 할 만합니다. 부처님들의 가르침을 배우고 모든 것을 꿰뚫는 지혜를 배운다면 이것은 곧 끝없이 넓고 큰 부처님들의 가르침을 배우는 것입니다.

만일 끝없이 넓고 큰 부처님들의 가르침을 알게 되면 느낄거리를 배우는 데에 부족함이 없으며, 감각과 연상과 의도와 분별을 배우는 데에도 부족함이 없습니다. 느낄거리를 배우더라도 좋다 싫다 느낄 것이 없으며, 감각과 연상과 의도와 분별을 배우더라도 좋다 싫다 느낄 것이 없습니다. 이러한 사람은 어떤 대상도 받아들이지 않고 또 버리지도 않는 까닭에 참되게 배운다고 할 수 있습니다."

사리불이 수보리에게 말했다.

"수행자는 모든 것을 꿰뚫는 지혜를 받아들이지도 않고 버리지도 않기에 참되게 배운다고 할 수 있습니다."

수보리가 답했다.

"정말로 그렇습니다. 사리불 님, 보살은 모든 것을 꿰뚫는 지혜를 받아들이지도 않고 버리지도 않기 때문에 참되게 배운다고 할 수 있습니다. 이렇게 보아야만 모든 것을 꿰뚫는 지혜를 배워 성취할 수 있습니다."

그때 제석천이 사리불에게 물었다.

"보살마하살은 지혜의 완성을 어디에서 구해야 합니까?"

사리불이 말했다.

"지혜의 완성은 반드시 수보리 님의 가르침에서 구해야 합니다."

제석천이 수보리에게 물었다.

"그것은 누구의 능력입니까?"

수보리가 답했다.

"부처님의 능력입니다. 제석천 님, 그대는 지혜의 완성을 어디에서 구해야 되느냐고 물었지요? 그것은 느낄거리에서 구해도 안 되고 감각·표상·의도·분별에서 구해도 안 되며, 또한 느낄거리를 떠나서 구해도 안 되고 감각·표상·의도·분별을 떠나서 구해도 안 됩니다. 느낄거리도 지혜의 완성이 아니고 그것을 떠난 것도 지혜의 완성이 아니며, 감각·표상·의도·분별도 지혜의 완성이 아니고 그것을 떠난 것도 지혜의 완성이 아니기 때문입니다."

제석천이 말했다.

"위대한 완성이란 곧 지혜의 완성이고, 한량없는 완성도 곧 지혜의 완성이며, 끝없는 완성 역시 지혜의 완성입니다."

수보리가 말했다.

"정말로 그렇습니다, 제석천 님. 위대한 완성이란 곧 지혜의 완성이고, 한량없는 완성도 곧 지혜의 완성이며, 끝없는 완성 역시 지혜의 완성입니다. 제석천 님, 느낄거리가 한량없기에 지혜의 완성도 한량없습니다. 감각과 연상과 의도와 분별이 한량없기에 지혜의 완성도 한량없습니다. 모든 현상의 조건이 끝없기에 지혜의 완성도 끝없습니다. 중생이 끝없으므로 지혜의 완성도 끝없습니다.

제석천 님, 모든 현상의 조건이 끝없기에 지혜의 완성이 끝없는 이유가 무엇일까요? 모든 대상은 시작도 없고 중간도 없고 끝도 없는 까닭에 현상의 조건이 끝없으므로 지혜의 완성도 끝없는 것입니다. 또한 제석천 님, 모든 대상은 끝이 없으니 지난 시간에서도 찾을 수 없고 현재의 시간에서도 찾을 수 없고 다가오는 시간에서도 찾을 수 없습니다. 이러한 까닭에 현상의 조건이 끝없으면 지혜의 완성도 끝없습니다."

제석천이 물었다.

"수보리 님, 중생이 끝없으면 지혜의 완성도 끝없는 이유가 무엇입니까?"

"제석천 님, 중생의 수가 끝이 없어 헤아릴 수 없으므로 중생이 끝없으면 지혜의 완성도 끝없습니다."

제석천이 물었다.

"수보리 님, 중생이란 무엇입니까?"

수보리가 답했다.

"중생이란 이 온갖 대상들과 같습니다. 어떻습니까? 그대는 중생을 무엇이라고 생각합니까?"

제석천이 답했다.

"중생은 대상이 아니며 대상이 아님도 아닙니다. 단지 실없는 글자일 뿐입니다. 여기에는 본질도 없고 이유도 없습니다. 억지로 이름을 붙여 중생이라고 부를 뿐입니다."

수보리가 물었다.

"어떻습니까? 그 가운데 진짜 중생이 있다거나 보여줄 수 있겠습니까?"

제석천이 답했다.

"그럴 수 없습니다."

수보리가 말했다.

"제석천 님, 만약에 중생이 있다고 할 수도 없고 보여줄 수도 없다면 중생이 끝없으므로 지혜의 완성 역시 끝없다는 말은 어떤 뜻일까요? 제석천 님, 부처님은 갠지스 강의 모래알처럼 많은 세월 동안 중생을 말하지만 실제로 중생이 있어서 나거나 죽는 일이 있습니까, 없습니까?"

제석천이 답했다.

"없습니다. 왜냐하면 중생이란 본래 없기 때문입니다."

수보리가 말했다.

"제석천 님, 바로 그러한 까닭에 중생이 끝없으면 지혜의 완성도 끝없습니다."

탑품

그때 제석천과 범천왕과 자재천왕과 중생주와 천녀 등이 모두 크게 기뻐하면서 세 번 찬탄해 말했다.

"통쾌하고 통쾌합니다. 수보리 님이 이토록 능수능란하게 말할 수 있는 것은 모두 석가모니께서 세상에 나신 덕분입니다."

그때 모든 하늘중생들이 석가모니에게 말했다.

"스승님, 만약 어떤 보살이 지혜의 완성을 배우기를 멀리하지 않는다면 이 사람을 부처로 보는 것이 마땅할 것입니다."

석가모니가 모든 하늘중생들에게 말했다.

"참으로 옳은 말이네. 실제로 나는 일찍이 중화성에서 지혜의 완성을 닦고 있었지. 그런데 그곳에 있는 연등 부처님으로부터 오랜 미래에 내가 석가모니라는 이름의 여래·응공·정변지·명행족·선서·세간해·무상사·조어장부·천인사·불세존이 되리라는 예언을 받은 적이 있다네."

모든 하늘중생들이 석가모니에게 말했다.

"놀랍습니다, 스승님. 모든 보살마하살의 지혜의 완성이 실제로 일체를 꿰뚫는 지혜를 가져다준다니 말입니다."

석가모니가 물질세계의 모든 하늘중생과 비구·비구니·우바새·우바이 등을 모두 둘러본 다음 제석천에게 말했다.

"제석천이여, 만약 선남자와 선여인이 그대의 말처럼 지혜의 완성을 지니고 독송한다면 사람이나 사람 아닌 것이 그를 붙잡을 수도 없고 결코 억울한 죽음을 당하지도 않으니, 이들이 지혜의 완성을 지니고 독송하기 때문이지. 도리천의 중생들 모두 최고의 완전한 깨달음에 마음을 냈으나 아직 지혜의 완성을 지니고 독송하지 않는 이들은 이를 가까이해야 하네.

또한 제석천이여, 선남자와 선여인이 지혜의 완성을 지니고 독송하면 혹시 빈집에 홀로 있거나 길거리에 있거나 길을 잃었을 때라도 두려울 것이 없다네."

그때 사천왕이 석가모니에게 말했다.

"스승님, 만약 선남자와 선여인이 지혜의 완성을 지니고 독송하면서 말씀대로 행한다면 저희들이 반드시 이들을 잊지 않고 수호하겠습니다."

제석천도 석가모니에게 말했다.

"스승님, 만약 선남자와 선여인이 지혜의 완성을 지니고 독송하면서 말씀대로 행한다면 저도 반드시 이들을 잊지 않고 수호하겠습니다."

범천왕과 모든 천자들도 석가모니에게 말했다.

"스승님, 만약 선남자와 선여인이 지혜의 완성을 지니고 독송하면서 말씀대로 행한다면 저희들도 반드시 이들을 잊지 않고 수호하겠습니다."

제석천이 석가모니에게 말했다.

"놀랍습니다, 스승님. 선남자와 선여인이 지혜의 완성을 지니고 독송한다면 이와 같이 현세에 공덕을 얻습니다. 지혜의 완성을 지니고 되새기는 이는 곧 모든 완성을 지니는 것이 됩니다."

석가모니가 말했다.

"옳고도 옳은 말이네. 제석천이여, 지혜의 완성을 지니는 이는 곧 모든 완성을 지니는 것이네.

또한 제석천이여, 이제 그대를 위해 선남자와 선여인이 지혜의 완성을 지니고 독송하면 공덕을 얻는다는 것을 더 말해줄 테니 잘 들어보게."

귀 기울여 듣고 있는 제석천에게 석가모니가 말했다.

"제석천이여, 누구든 나의 이 가르침을 헐뜯고 훼손하고자 해도 그런 마음이 점차 사라져서 생각대로 되지 않을 것이네. 선남자와 선여인이 지혜의 완성을 지니고 독송하면 이 가르침을 헐뜯고 훼손하여 일어나는 모든 혼란이 반드시 스러지고 말기 때문이지. 그러한 까닭에 누구든 이들을 마음대로 할 수가 없다네.

제석천이여, 선남자와 선여인이 지혜의 완성을 지니고 독송하면 이와 같이 현세에 공덕을 얻는다네. 마치 어떤 뱀이 배가 고파 조그만 벌레를 잡아먹으려고 하는데, 이 벌레가 마혜라는 약초 가운데로 피하게 되면 뱀이 그 냄새를 맡고 물러나는 것과 같지. 그 약초가 뱀독을 제거하기 때문이라네.

제석천이여, 선남자와 선여인도 이와 같다네. 그들이 지혜의 완성을 지니고 독송하면 설령 그것을 헐뜯고 훼손하는 온갖 혼란이 일어나더라도 그것이 저절로 스러진다네.

또한 제석천이여, 만약에 완전한 지혜를 깊이 명심하고 독송하면 세상을 수호하는 동서남북 하늘의 천왕이 반드시 이를 마음에 두고 지켜줄 것이네.

또한 제석천이여, 이러한 사람은 언제든 이익이 되지 않는 이야기는 하지 않으며 모든 사람들이 그의 말을 믿고 따른다네. 성을 내거나 한을 품지도 않으며 교만하지도 않고 남을 화나게 하지도 않는다네.

불법을 따르는 남녀들이 만일 성이 날 때는 '내가 성을 내면 눈·귀·코·혀·몸·마음 모두 사나워지고 얼굴빛이 변하니 내가 구하고자 하는 최상의 바른 깨달음이 어찌 여기에 깃들겠는가?' 하고 뉘우치면서 즉시 바른 마음으로 돌아가야 한다네.

제석천이여, 불법을 따르는 남녀들이 완전한 지혜를 깊이 명심하고 독송하면 이와 같은 공덕을 현세에 얻는다네."

제석천이 부처님에게 말했다.

"놀랍습니다, 부처님. 완전한 지혜를 향해 나아가는 목적을 모든 것을 꿰뚫는 지혜를 얻는 데에 둠으로써 정작 보살의 마음은 교만해지지 않는군요."

석가모니가 말했다.

"제석천이여, 선남자와 선여인이 지혜의 완성을 깊이 명심하고 독송하되, 설령 전쟁터에서라도 지혜의 완성을 잊지 않고 독송하면 전투에 나가든 나가지 않든 목숨을 잃거나 부상을 당하는 일이 없으며, 칼과 화살에 맞서더라도 결코 다치는 일이 없을 것이네. 왜냐하면 지혜의 완성이야말로 거룩한 주문이며 더 나은 것이 없는 주문이기 때문이지.

선남자와 선여인이 이 주문을 배우면 자신이 악하다거나 남이 악하다거나, 자신도 남도 모두 악하다거나 하는 생각을 품지 않게 되며, 최고의 완전한 깨달음을 얻고 모든 것을 꿰뚫는 지혜를 얻어서 모든 중생의 마음을 들여다볼 수 있다네.

또한 제석천이여, 지혜의 완성이 모셔져 있거나 이를 독송하는 곳에서는 사람이나 사람 아닌 것이 해를 끼치려 해도 마음대로 되지 않네. 그것을 읽거나 설하거나 외우지 않더라도 반드시 좋은 일이 일어나기 때문이지.

제석천이여, 이는 마치 청정한 수행처 주변에 살게 되면 사람이든 짐승이든 괴로움을 당하지 않는 것과 같다네. 왜냐하면 과거와 미래와 현재의 모든 부처님들이 이로부터 이미 깨달음을 얻었거나 지금 얻거나 앞으로 얻을 테니, 그렇게 되면 당대의 모든 중생들도 무서움과 두려움을 여의고 함께 괴로움에서 벗어날 수 있기 때문이지.

제석천이여, 지혜의 완성을 모셔두거나 독송하면 이러한 곳은 모든 하늘중생들이 공경하고 공양하고 예배한다네."

제석천이 석가모니에게 말했다.

"스승님, 어떤 선남자와 선여인은 지혜의 완성을 베껴 쓰고 잘 모시고 공경하고 존중하며 경탄하고, 아름다운 꽃·좋은 향·영락·바

르는 향·사르는 향·가루향·잡향·비단·해 가리개·깃발로써 공
양하고, 또 어떤 사람은 여래의 사리를 공양하고 공경하며 존중하
고 찬탄하며, 아름다운 꽃·좋은 향·영락·바르는 향·사르는 향·잡
향·비단·해 가리개·깃발로써 공양한다면 그 복은 각각 얼마나 되
겠습니까?"

석가모니가 말했다.

"제석천이여, 내가 반대로 그대에게 묻겠으니 생각대로 말해 보
게. 그대 생각에 여래는 어떤 도를 수행하여 모든 것을 꿰뚫는 지혜
와 훌륭한 특징을 갖춘 육신과 최고의 완전한 깨달음을 얻었다고
생각하는가?"

제석천이 말했다.

"스승님, 여래께서는 지혜의 완성을 배운 까닭에 훌륭한 육신과
최고의 완전한 깨달음을 얻으셨습니다."

석가모니가 말했다.

"제석천이여, 여래는 이 육신 때문에 여래라고 일컫는 것이 아니
라 모든 것을 꿰뚫는 지혜를 얻었기에 여래라고 부르네. 제석천이
여, 여러 부처님의 모든 것을 꿰뚫는 지혜는 지혜의 완성으로부터
태어나며, 그 육신은 모든 것을 꿰뚫는 지혜가 깃들어 있는 바탕이
네. 그러한 까닭에 여래는 이 육신에 의해 모든 것을 꿰뚫는 지혜를
얻으며 최고의 완전한 깨달음을 성취한다네. 이 육신에 모든 것을
꿰뚫는 지혜가 깃들어 있기 때문에 내가 열반한 뒤 사리를 통해 나
를 공양하는 것이라네.

제석천이여, 만약 선남자와 선여인이 지혜의 완성을 베껴 쓰고

잘 모시고 독송하고 공경하며 존중하고 찬탄하며, 아름다운 꽃·좋은 향·영락·바르는 향·사르는 향·가루향·잡향·비단·해 가리개·깃발로써 공양한다면 이 선남자와 선여인은 곧 모든 것을 꿰뚫는 지혜를 공양하는 것이 되네. 그러한 까닭에 만일 지혜의 완성을 베껴 쓰고 공양하고 공경하며 존중하고 찬탄하는 사람들은 반드시 커다란 복과 덕을 받는 줄 알아야 하네. 왜냐하면 이들이 공양하는 것은 바로 모든 것을 꿰뚫는 지혜이기 때문이지.”

제석천이 석가모니에게 말했다.

“스승님, 이 지상세계에 사는 사람들이 지혜의 완성을 공양하고 공경하며 존중하고 찬탄하지 않는 것은 여래께서 주시는 큰 이익을 모르기 때문입니까?”

석가모니가 말했다.

“제석천이여, 이 지상세계에 사는 사람들 가운데 부처님을 굳게 믿는 사람은 얼마나 되며, 불법을 굳게 믿는 사람은 얼마나 되며, 또 출가자들을 굳게 믿는 사람들은 얼마나 된다고 보는가?”

제석천이 말했다.

“얼마 안 되는 사람들만이 부처님을 굳게 믿고 불법을 굳게 믿고 출가자들을 굳게 믿는다고 봅니다, 스승님. 이 지상세계에 사는 사람들 가운데 적은 숫자만이 수다원과와 사다함과와 아나함과와 아라한과를 얻으며, 벽지불도를 얻는 사람은 점차 줄어들고 보살도를 닦는 사람도 자꾸 줄어들고 있습니다.”

석가모니가 말했다.

“정말로 그렇다네, 제석천이여. 지상에 사는 사람들 가운데 부처님을 굳게 믿는 사람은 아주 적으며, 나아가 모든 것을 꿰뚫는 지혜에 마음을 내거나 보살도를 닦는 사람도 자꾸 줄어들고 있다네.

제석천이여, 아득히 많아 셀 수 없는 중생들이 모든 것을 꿰뚫는 지혜의 마음을 내더라도 정작 그 가운데 한 사람이나 두 사람만이 부처를 이루는 길에 머무를 수 있을 뿐이네. 이러한 까닭에 선남자와 선여인은 반드시 모든 것을 꿰뚫는 지혜의 마음을 내어 지혜의 완성을 잘 모시고 독송하고 공양하며 공경하고 존중하며 찬탄해야 함을 명심하게. 왜냐하면 이러한 사람들은 과거세에 여러 석가모니가 보살의 길을 닦을 때 그로부터 배웠고 나 역시 그로부터 배웠으니, 지혜의 완성이야말로 나의 스승이라고 생각하기 때문이네.

제석천이여, 금생에 내가 열반에 든 뒤라도 보살은 항상 지혜의 완성에 의지해야 할 것이니, 만약 선남자와 선여인이 내가 열반에 든 뒤라도 여래를 위해 7보탑을 세워서 목숨이 다할 때까지 아름다운 꽃·좋은 향·영락·바르는 향·가루향·의복·깃발로써 공양한다면 이러한 선남자와 선여인은 그 인연으로 복을 많이 받겠는가, 받지 못하겠는가?"

제석천이 말했다.

"아주 많이 받습니다, 스승님."

석가모니가 말했다.

"제석천이여, 만약 선남자와 선여인이 지혜의 완성을 공양하고 공경하고 존중하고 찬탄하며, 아름다운 꽃·좋은 향·영락·바르는 향·가루향·의복·깃발로써 공양한다면 이 복은 그보다 훨씬 크다네.

제석천이여, 위의 탑 이야기는 그렇다 치고, 만약 선남자와 선여인이 이 지상세계에 가득히 7보탑을 세우고 목숨이 다할 때까지 아름다운 꽃·좋은 향 내지는 음악으로써 이 탑에 공양한다면, 그대의 생각은 어떠한가? 이 사람은 그 인연으로 복을 많이 받겠는가, 받지 못하겠는가?"

제석천이 말했다.

"정말로 많이 받습니다, 스승님."

석가모니가 말했다.

"제석천이여, 만약 선남자와 선여인이 지혜의 완성을 공경하고 존중하고 찬탄하며 아름다운 꽃·좋은 향·영락·바르는 향·가루 향·의복·깃발로써 공양한다면 이 복은 그보다 훨씬 크다네.

제석천이여, 이 지상세계에 가득히 7보탑을 세우는 이야기는 그렇다 치고, 만약 사람들이 4천하에 7보탑을 가득히 세우고 목숨이 다할 때까지 꽃과 향과 내지는 음악으로써 공양하더라도 만일 어떤 사람이 지혜의 완성을 공양한다면 이 복은 그보다 훨씬 크다네.

제석천이여, 4천하에 7보탑을 가득히 세우는 이야기는 그렇다 치고, 만약 사람들이 이 지상세계와 4천하가 속한 소천세계에 7보탑을 가득히 세우고 목숨이 다할 때까지 아름다운 꽃·좋은 향과 내지는 깃발로써 공양하더라도 만일 어떤 사람이 지혜의 완성을 공양한다면 이 복은 그보다 훨씬 크다네.

제석천이여, 이 지상세계와 4천하가 속한 소천세계에 7보탑을 가득히 세우는 이야기는 그렇다 치고, 만약 사람들이 이 지상세계와 4천하가 속한 이 천중세계에 7보탑을 가득히 세우고 목숨이 다할 때까지 꽃과 향과 내지는 깃발로써 공양하더라도 만일 어떤 사람이 지혜의 완성을 공양한다면 이 복은 그보다 훨씬 크다네.

제석천이여, 이 천중세계에 가득히 7보탑을 세우는 이야기는 그렇다 치고, 만약에 이 지상세계와 4천하가 속한 삼천대천세계에 7보탑을 가득히 세우고 선남자와 선여인이 목숨이 다할 때까지 꽃과 향과 내지는 깃발로써 공양한다면, 그대의 생각은 어떠한가? 이 사람은 그 인연으로 복을 많이 받겠는가, 받지 못하겠는가?"

제석천이 말했다.

"정말로 많이 받습니다, 스승님."

석가모니가 말했다.

"제석천이여, 만약 다시 어떤 사람이 지혜의 완성을 공경하고 존중하고 찬탄하며 꽃과 향과 내지는 깃발로써 공양한다면 이 복은 그보다 훨씬 크다네.

제석천이여, 삼천대천세계에 7보탑을 가득히 세우는 이야기는 그렇다 치고, 만약 삼천대천세계에 속한 중생들이 한꺼번에 인간의 몸을 얻어 각자 7보탑을 세우고 목숨이 다할 때까지 모든 아름다운 꽃·이름 높은 향·깃발·음악·가무로써 이 탑에 공양한다면 제석천이여, 그대의 생각은 어떠한가? 이 사람은 그 인연으로 복을 많이 받겠는가, 받지 못하겠는가?"

"정말로 많이 받습니다, 스승님."

석가모니가 말했다.

"제석천이여, 만약 선남자와 선여인이 지혜의 완성을 공양하고 공경하고 존중하고 찬탄하며 꽃과 향과 깃발로써 공양한다면 이 복은 그보다 훨씬 크다네."

제석천이 말했다.

"참으로 옳으신 말씀입니다, 스승님. 이 사람들이 지혜의 완성을 공양하는 것은 곧 과거와 현재와 미래의 모든 부처님과 모든 것을 꿰뚫는 지혜를 공양하고 공경하는 것이기 때문입니다.

스승님, 삼천대천세계에 속한 중생들이 한꺼번에 인간의 몸을 얻어 각자 7보탑을 세우는 이야기는 그렇다 치고, 만일 시방의 갠지스 강 모래알만큼 많은 세계에 속하는 중생들이 한꺼번에 인간의 몸을 얻어 각자 7보탑을 세우고 1겁의 세월이 다할 때까지 아름다운 꽃·이름 있는 향과 내지는 음악으로써 이 탑에 공양한다고 해도, 만일 어떤 사람이 지혜의 완성을 공양하고 공경하며 존중하고 찬탄하며 꽃과 향과 음악으로써 공양한다면 이 복이 그보다 훨씬 큽니다."

석가모니가 말했다.

"옳고도 옳은 말이네, 제석천이여. 이 선남자와 선여인은 이와 같이 지혜의 완성을 공양하는 까닭에 그 복이 끝없이 아득하고 헤아릴 수 없을 정도로 크다네. 왜냐하면 제석천이여, 모든 보살의 모든 것을 꿰뚫는 지혜는 모두 지혜의 완성에서 생겨나기 때문이지.

제석천이여, 이러한 까닭에 만약 선남자와 선여인이 지혜의 완성을 공양하고 공경하고 존중하고 찬탄하며 꽃과 향과 음악으로써 공양한다면 그 공덕이 탑을 쌓고 공양하는 것에 비해 백 배, 아니 천 배, 아니 만 배, 아니 백천만억 배, 아니 숫자로 말할 수 없을 정도로 아주 크다고 할 것이네."

명주품

그때 법회장에 함께 있던 4만의 천자들이 제석천에게 말했다.

"제석천이시여, 반드시 지혜의 완성을 모시고 독송해야 합니다."

석가모니가 제석천에게 말했다.

"제석천이여, 그대는 반드시 지혜의 완성을 모시고 독송해야 하네. 만약에 아수라가 도리천의 여러 천자들과 싸우려고 하거든 그대는 즉시 지혜의 완성을 마음속으로 불러야 하네. 그렇게 하면 아수라의 나쁜 마음이 바로 움츠러들 것이네."

제석천이 석가모니에게 말했다.

"스승님, 지혜의 완성은 크게 밝은 주문이며, 지혜의 완성은 이보다 높은 것이 없는 주문이며, 지혜의 완성은 이에 비할 것이 없는 주문입니다."

석가모니가 말했다.

"참으로 옳은 말이네. 제석천이여, 지혜의 완성은 크게 밝은 주문이며, 지혜의 완성은 이보다 높은 것이 없는 주문이며, 지혜의 완성은 이에 비할 것이 없는 주문이네. 왜냐하면 제석천이여, 과거세의 모든 부처님이 이 밝은 주문에 의해 최고의 완전한 깨달음을 얻었으며, 미래세의 모든 부처님도 이 주문에 의해서 최고의 완전한 깨달음을 얻으며, 지금 온 시방에 계신 부처님들도 이 주문에 의해 최고의 완전한 깨달음을 얻기 때문이지.

제석천이여, 이 밝은 주문에 의해 몸과 입과 마음으로 짓는 10선도가 이 세상에 펼쳐지는 것이라네. 그리고 4선정, 4무량심, 4무색정, 5신통도 세상에 펼쳐지는 것이라네. 보살을 의지해 몸과 입과 마음으로 짓는 10선도, 4선정, 4무량심, 4무색정, 5신통 역시 세상에 펼쳐지는 것이라네.

설령 부처님들이 세상에 나오지 않더라도 단지 보살만을 의지해 몸과 입과 마음으로 짓는 10선도, 4선정, 4무량심, 4무색정, 5신통이 세상에 펼쳐지니, 이는 마치 달이 뜨지 않을 때 별무리의 빛이 온 세상을 비추는 것과 같다네.

제석천이여, 이와 같이 세상에 부처님이 안 계실 때는 갖가지 착한 행위와 바른 행동은 모두 보살에게서 비롯되며, 이 보살의 방편력은 모두 지혜의 완성에서 생겨난다네.

또한 제석천이여, 만약 선남자와 선여인이 지혜의 완성을 공경하고 존중하고 찬탄하고 공양하면 현세에 많은 복과 덕을 얻는다네."

제석천이 석가모니에게 말했다.

"스승님, 현세에 어떤 복과 덕을 받습니까?"

석가모니가 말했다.

"제석천이여, 이 선남자와 선여인은 독을 먹어도 탈이 나지 않고 불속에 들어가도 타지 않아서 결코 비명횡사하지 않는다네. 또한 관청과의 사이에 나쁜 일이 벌어져도 지혜의 완성을 마음속으로 부르면 일이 바로 소멸되어 아무리 허물을 캐려 해도 마음대로 되지 않는다네. 지혜의 완성이 이들을 지켜주기 때문이지.

또한 제석천이여, 선남자와 선여인이 지혜의 완성을 마음속으로 부르면 혹시 임금이나 왕자나 대신 앞에 나아가더라도 모두가 기쁜 얼굴로 함께 이야기를 주고받게 된다네. 왜냐하면 제석천이여, 지혜의 완성은 모든 중생들에게 자비를 베풀기 때문이니, 이러한 까닭에 누군가가 허물을 캐려 해도 뜻대로 되지 않는 것이라네."

그때 다른 가르침을 따라 출가한 외도들이 법회장에 몰려와 석가모니의 말에서 트집을 잡으려 하였다.

여기에서 제석천이 생각했다.

'외도들이 스승님 계신 곳으로 와서 허물을 찾아내려 하는구나. 그렇다면 스승님으로부터 배운 지혜의 완성을 마음속으로 불러 외도들이 설법을 훼방하지 못하도록 해야겠다.'

그리고는 바로 석가모니로부터 배운 지혜의 완성을 마음속으로 불렀다. 그러자 외도들은 석가모니 근처에서 우왕좌왕하다가 이내 멀리 물러가는 것이었다.

사리불이 이것을 보고 궁금해하였다.

'무슨 까닭에 저 외도들이 스승님 주위에서 우왕좌왕하다가 슬슬 빠져나가는 것일까?'

그러자 이를 알아챈 석가모니가 수보리에게 말했다.

"이것은 제석천이 마음속으로 지혜의 완성을 부른 덕분이네. 외도 가운데 착한 마음을 가진 자는 하나도 없으며 한결같이 부처님을 헐뜯기 위해 이곳에 왔다가 슬슬 달아나고 만 것이지."

그때 악마가 마음속으로 생각하였다.

'석가모니 앞에 앉아 있는 비구·비구니·우바새·우바이 및 모든 욕망을 여읠 단계의 천자들과 색의 대상을 여읠 단계의 천자들 가운데에도 장차 최고의 완전한 깨달음을 얻으리라는 예언을 받을 보살이 반드시 있을 것이니, 내가 그것을 훼방 놓아야겠군.'

그리고는 그 자리에서 마술로 네 종류의 군사를 일으켜 석가모니를 향해 달려들도록 하였다.

제석천이 생각했다.

'네 종류의 군사들 모습을 보니 마가다국의 빈바사라왕의 휘하도 아니고 교살라국의 파사닉왕의 휘하도 아니고 여러 천자들의 휘하도 아니고 여차족의 것도 아니니, 그렇다면 저 군사들은 악마가 꾸며낸 것이 분명하다. 그는 오랜 세월 동안 부처님을 헐뜯고 중생들을 괴롭혀 왔으니, 이제 내가 지혜의 완성을 마음속으로 불러야겠구나.'

그리고는 바로 나지막하게 지혜의 완성을 부르기 시작하였다. 그러자 이 소리를 들은 악마들도 그곳에서 슬슬 달아나기 시작했다.

그때 도리천의 모든 천자들이 신통력으로 공중에 하늘 꽃을 피워내어 석가모니 몸 위에 흩뿌리면서 마음속으로 이렇게 기원했다.

'스승님, 지혜의 완성이 이 땅에 오래도록 머무르게 해주소서. 그리하여 이 땅의 모든 사람들이 독송하고 배우도록 해주소서.'

다른 모든 천자들도 석가모니 몸 위에 하늘 꽃을 흩뿌리면서 이렇게 말했다.

"스승님, 만약 중생들이 지혜의 완성을 닦거나 지혜의 완성을 배운다면 악마는 어느 것도 자기 뜻대로 할 수가 없을 것입니다."

그때 제석천이 석가모니에게 말했다.

"스승님, 만약 어떤 사람이 지혜의 완성을 부르는 소리만 들어도 모든 부처님에게 이미 가까워진 것이고 또 적지 않은 공덕이 있는데, 하물며 이를 잘 모시고 독송하는 일을 이와 같이 배우고 이와 같이 가르치고 이와 같이 행한다면 더 말할 나위가 있겠습니까? 왜냐하면 스승님, 모든 보살은 바로 이 지혜의 완성에서 모든 것을 꿰뚫는 지혜를 얻기 때문입니다, 스승님. 이는 마치 바다 속에서 큰 보물을 찾아내는 것과 같으니, 모든 부처님과 보살은 큰 보물이며 이들은 반드시 지혜의 완성에서 생겨납니다."

석가모니가 말했다.

"참으로 옳은 말이네, 제석천이여. 모든 부처님과 모든 것을 꿰뚫는 지혜는 모두 지혜의 완성에서 생겨난다네."

그때 아난이 석가모니에게 말했다.

"스승님, 세존께서는 단바라밀의 이름도 찬탄하여 말씀하시지 않으시고, 시라바라밀·찬제바라밀·비리야바라밀·선바라밀의 이름도 찬탄하여 말씀하시지 않으시고, 오직 지혜의 완성만을 찬탄하여 말씀하시는 이유가 무엇입니까?"

석가모니가 아난에게 말했다.

"지혜의 완성은 나머지 5바라밀의 인도자이기 때문이지. 아난이여, 만약 보시의 목적을 모든 것을 꿰뚫는 지혜를 얻는 데에 두지 않는다면 단바라밀이 완성되겠는가, 안 되겠는가?"

아난이 말했다.

"안 됩니다, 스승님."

석가모니가 말했다.

"만약 지계·인욕·정진·선정·지혜를 닦는 목적을 모든 것을 꿰뚫는 지혜를 얻는 데에 두지 않는다면 지혜의 완성이 이루어지겠는가, 안 되겠는가?"

아난이 말했다.

"안 됩니다, 스승님."

석가모니가 말했다.

"아난이여, 그러한 까닭에 지혜의 완성이 나머지 5바라밀의 인도자라고 하는 것이라네. 아난이여, 비유하건대 이것은 땅에 씨앗을 뿌린 뒤 모든 조건이 갖추어지면 바로 싹이 트지만, 정작 땅에 의지하지 않고는 어떤 싹도 자라날 수 없는 것과 마찬가지라네.

아난이여, 이와 같이 5바라밀은 지혜의 완성 가운데에서 자라나니, 지혜의 완성이 이들을 수호하여 모든 것을 꿰뚫는 지혜를 향하도록 하기 때문이지. 아난이여, 이와 같은 까닭에 지혜의 완성이 5바라밀의 인도자라고 하는 것이라네."

그때 제석천이 석가모니에게 말했다.

"스승님, 선남자와 선여인이 지금까지 배운 대로 지혜의 완성을 지니고 독송하면 반드시 공덕을 얻는다는 것만으로 말씀이 모두 끝난 것은 아니시지요?"

석가모니가 제석천에게 말했다.

"나는 단지 이 사람들이 지혜의 완성을 지니고 독송하는 것만으로 공덕을 얻는다고 말하지는 않네. 제석천이여, 아울러 나는 선남자와 선여인이 지혜의 완성을 공경하고 존중하고 찬탄하며, 아름다운 꽃·좋은 향·깃발 등을 공양하면 공덕을 얻는다고 말한다네."

제석천이 말했다.

"스승님, 저 역시 반드시 지혜의 완성을 공경하고 존중하고 찬탄하며, 아름다운 꽃·좋은 향·깃발 등을 공양하는 선남자와 선여인을 잊지 않고 보호하겠습니다."

석가모니가 말했다.

"제석천이여, 선남자와 선여인이 지혜의 완성을 지니고 독송하면 혹시 수십만 명이나 되는 모든 하늘대중들을 위해 법사들이 설법할 때 사람 아닌 것이 그 힘을 북돋워주며, 또한 법사들이 힘이 들어 설법을 못하게 되더라도 모든 하늘대중들이 법을 공경하여 설법을 무사히 마칠 수 있도록 도와준다네. 제석천이여, 이것이 이 선남자와 선여인이 금생에 누리는 공덕이라네.

또한 제석천이여, 선남자와 선여인이 비구·비구니·우바새·우바이의 4부 대중에게 지혜의 완성을 말할 때 설령 어려운 질문이나 헐뜯는 말을 듣더라도 그 마음에 아무런 두려움이 일어나지 않는다네. 왜냐하면 이 사람이 지혜의 완성을 지키고 명심하기 때문이니, 어느 누구도 지혜의 완성을 헐뜯는 일이 없으며 아무도 비난하지 않고 이를 받아들인다네. 이 사람이 이와 같이 지혜의 완성을 지키고 명심하기 때문에 설령 어려운 질문이나 헐뜯는 말을 듣더라도 아무런 두려움이 없는 것이지. 제석천이여, 이것이 이 선남자와 선여인이 금생에 누리는 공덕이라네.

또한 제석천이여, 이 선남자와 선여인은 지혜의 완성을 지니고 독송하는 덕분에 부모로부터 사랑 받고, 친척과 스승과 스님과 바라문으로부터 존경받으며, 모든 번뇌와 다툼과 소송이 끊어지고, 부처님의 가르침대로 해탈에 이른다네. 제석천이여, 이것이 이 선남자와 선여인이 금생에 누리는 공덕이라네.

또한 제석천이여, 지혜의 완성을 모셔 놓은 곳에서는 사천왕과 천상계의 모든 천자들 가운데 최고의 완전한 깨달음에 마음을 낸 자들이 모두 그곳으로 와서 지혜의 완성을 지니고 독송하며 극진한 예의로 공양하고 돌아간다네. 도리천·야마천·도솔타천·화락천·타화자재천의 모든 천자들 가운데 최고의 완전한 깨달음에 마음을 낸 자들도 모두 그곳으로 와서 지혜의 완성을 지니고 독송하며 극진한 예의로 공양하고 돌아간다네.

제석천이여, 그대는 무소천의 천자들만이 지혜의 완성을 공양하기 위해 온다고 말하지 말게. 이 땅과 하늘이 속한 작은 우주의 천 배의 천 배보다 천 배나 더 큰 세계 가운데 욕망뿐인 하늘나라와 색뿐인 하늘나라에 사는 모든 천자들 중에 최고의 완전한 깨달음에 마음을 낸 자들도 또한 모두 그곳으로 와서 지혜의 완성을 지니고 독송하며 극진한 예의로 공양하고 돌아간다네. 선남자와 선여인은 반드시 이렇게 생각하지 않으면 안 되네. 온 사방에 아득히 펼쳐진 셀 수 없을 정도로 많은 나라에 살고 있는 모든 천·용·야차·건달바·아수라·가루라·긴나라·마후라가 등 사람인 듯 아닌 듯한 무리들도 마찬가지로 그곳으로 와서 지혜의 완성을 지니고 독송하며 극진한 예의로 공양하고 돌아간다네.

그때 내가 이들 선남자와 선여인에게 지혜의 완성을 보시하여 이들이 그곳에 함께 있으면 그곳이 만일 큰 집이든 작은 방이든 결코 무너지지 않으며, 이로써 이전의 업을 제거하면 반드시 공덕을 받게 되니 제석천이여, 이 역시 이 선남자와 선여인이 금생에 받는 공덕이라네."

제석천이 석가모니에게 말했다.

"스승님, 이 선남자와 선여인은 모든 천자들이 찾아와 지혜의 완성을 지니고 독송하며 지극한 예의로 공양하는 때를 어떻게 알 수 있습니까?"

석가모니가 말했다.

"제석천이여, 만약 선남자와 선여인이 크나큰 빛을 본다면 곧 천·용·야차·건달바 등이 그곳에 오고 있다는 것을 알 수 있다네. 또한 제석천이여, 만약 선남자와 선여인이 아주 특이한 향 내음을 맡으면 모든 천자들이 그곳에 오고 있다는 것을 알 수 있다네.

또한 제석천이여, 이 선남자와 선여인이 사는 곳은 반드시 정결한 까닭에 사람 아닌 모든 것들이 크게 기뻐하며 그곳으로 찾아온다네. 그런데 그때 그곳에 먼저 자리 잡고 있던 작은 귀신들은 천자들의 큰 능력을 이길 수가 없어서 멀리 도망친다네. 그러다가 모든 천자들이 위대한 힘에 이끌려 그곳에 모여드는 것을 보고는 마음을 돌려 그 가르침을 기꺼이 따르게 되지. 그렇기에 지혜의 완성을 모셔 놓은 곳에 결코 더럽고 냄새나는 것들을 놓아두어서는 안 된다네.

또한 제석천이여, 이 선남자와 선여인은 몸이 피곤한 줄을 모르며, 눕든 일어나든 늘 편안하며, 나쁜 꿈을 꾸지 않는다네. 혹시 꿈을 꾸더라도 부처님과 그들의 사리탑만을 보며, 아라한과 보살의 무리가 6바라밀을 닦고 모든 것을 꿰뚫는 지혜를 배우고 부처님의 세계를 청정하게 하는 모습만을 보며, 또는 백천만억이나 되는 대중의 공경을 받으며 법을 설하는 어느 부처님의 이름을 듣기도 한다네.

제석천이여, 이 선남자와 선여인은 꿈속에서 이와 같이 보고 안락함을 느끼며 기운이 넘치고 몸이 가볍고 편안해진다네. 또 이 선남자와 선여인은 음식을 욕심내지 않는다네. 마치 삼매에서 깨어난 비구와 같으니, 이 비구는 선정을 닦는 까닭에 음식을 욕심내지 않는 것이라네. 왜냐하면 제석천이여, 사람 아닌 것이 그 기운을 북돋워 주기 때문이지. 이 선남자와 선여인은 지금까지 말한 대로 지혜의 완성을 지니고 독송하여 바로 금생에 이와 같은 공덕을 얻는다네.

제석천이여, 선남자와 선여인이 만약 지금까지 말한 대로 지혜의 완성을 지니고 독송할 수 없다면, 그 대신 이 경을 베껴 쓰고 공경하고 찬탄하고 존중하되, 아름다운 꽃·좋은 향·영락 바르는 향·가루향·사르는·향·잡향·의복·깃발·음악 등을 공양하도록 하게."

사리품

석가모니가 제석천에게 말했다.

"혹시 그대에게 이 지상을 가득 채울 만큼 많은 여래의 유골과 지혜의 완성을 베껴 쓴 것이 주어진다면 둘 가운데 어느 것을 택하겠는가?"

제석천이 답했다.

"저는 지혜의 완성을 택하겠습니다. 모든 부처님의 인도자인 지혜의 완성을 존경하기 때문입니다. 그것은 부처님의 진정한 몸입니다. 스승님은 이렇게 말씀하셨습니다. '모든 부처님은 진리의 몸으로 이루어져 있다. 비구들이여, 결코 이 물질적인 존재를 부처님들의 몸이라고 생각하지 말라. 내 몸은 진리 그 자체로 이루어져 있다고 보라.' 부처님들의 몸은 이와 같이 지혜의 완성이라는, 궁극의 진리 그 자체라고 보지 않으면 안 됩니다.

그렇다고 제가 부처님들의 유골을 경시하는 것은 아닙니다. 저역시 그것을 존중합니다. 다만 지혜의 완성을 통해 태어난 부처님들의 유골이기에 저는 그것을 공양할 뿐입니다. 그러니까 지혜의 완성을 공양함으로써 비로소 부처님들의 유골을 온전히 공양하는 것이지요.

예를 들어 제가 하늘나라의 제 궁전에 있는 옥좌에 앉아있으면 여러 신들이 다가와 제게 존경을 표합니다. 하지만 제가 자리에 없으면 그들은 저 대신 옥좌를 향해 예를 올린 다음 그 주위를 오른 방향으로 거듭 돕니다. '모든 신들의 왕인 제석천께서 이곳에 앉아 33천의 신들을 다스린다'는 생각에서이지요.

스승님, 지혜의 완성 역시 마찬가지입니다. 그것은 마땅히 공양받아야 합니다. 모든 부처님들에게 일체를 꿰뚫는 지혜를 가져다주기 때문입니다. 부처님들의 몸체는 그러한 지혜가 담겨있는 그릇입니다. 하지만 그 지혜를 낳은 직접적인 원인이나 결과는 아닙니다. 우리는 단지 그 몸체를 통해 지혜의 완성을 공양하는 것이지요.

이러한 까닭에 저는 둘 가운데 지혜의 완성을 택한 것입니다. 부처님들의 몸체를 경시해서가 아닙니다. 저는 존중합니다. 단 거기에 지혜의 완성이 깃들어있기에 공양할 뿐입니다.

스승님, 이 지상에 가득 채운 여래의 유골, 아니 4대주에 가득 채운 여래의 유골, 아니 소천세계, 아니 2천중천세계, 아니 3천대천세계에 가득 채운 여래의 유골과 지혜의 완성을 베껴 쓴 것을 제게 주면서 '둘 가운데 마음에 드는 것을 택하라'고 하더라도 저는 지혜의 완성을 택할 것입니다.

그렇다고 제가 부처님들의 유골을 경시하는 것은 아닙니다. 저는 존중합니다. 다만 그것은 지혜의 완성이 깃들어있기에 공양할 뿐입니다. 부처님들의 몸체는 그러한 지혜가 담겨있는 그릇이기 때문입니다. 모든 것을 꿰뚫는 그들의 지혜는 바로 이로부터 생겨난 것입니다. 그렇기에 저는 둘 가운데 지혜의 완성을 택한 것입니다. 제가 부처님들의 유골을 경시하는 것은 아닙니다. 저는 존중합니다. 다만 모든 부처님은 지혜의 완성을 통해 태어나며 그 몸체에는 지혜의 완성이 깃들어있기에 공양할 뿐입니다.

스승님, 예를 들어 값을 매길 수 없을 만큼 귀중한 어떤 보배구슬에 다음과 같은 능력이 있다고 가정해 보겠습니다.

그것이 있는 곳에서는 사람이나 사람 아닌 것들이 남의 약점을 캐려 해도 그리 할 수가 없습니다. 남자든 여자든 사람 아닌 것에 잡혀가려 할 때에 그 보배구슬을 지니고 있으면 저들이 모두 도망가 버리고 맙니다. 풍병으로 힘들어하는 사람의 부어오른 몸에 그것을 올려놓으면 그것이 진정되어 부어오르지 않고 가라앉습니다. 담즙으로 인한 열로 달아오른 사람의 몸에 그것을 올려놓으면 담즙이 억제되어 부어오르지 않고 가라앉습니다. 진물이 흐르면서 온갖 괴로움에 시달리는 사람의 몸에 그것을 올려놓으면 진물이 억제되어 부어오르지 않고 가라앉습니다. 이 세 가지가 합쳐진 병으로 괴로워하는 사람의 몸에 그것을 올려놓아도 모든 병이 억제되어 부어오르지 않고 가라앉습니다.

이 구슬은 아주 캄캄한 밤에 밝은 빛을 발하기도 합니다. 날이 더울 때 그것을 땅 위에 놓아두면 주변이 온통 시원해지고, 추울 때 그것을 땅 위에 놓아두면 주변이 온통 따뜻해지기도 하고요. 독사나 맹수가 나오는 곳에 이 보석을 놓아두면 짐승들이 모두 도망가 버립니다. 여자든 남자든 혹시 독사에 물린 경우는 그 구슬을 입으로 깨무는 동시에 모든 독이 사라져 버리고 말지요. 그 외에도 이 구슬에는 다음과 같은 여러 가지 능력이 있습니다.

사람들 눈이 침침하거나 종기, 안질, 백내장 등이 있을 때 이 구슬을 눈 위에 올려놓으면 바로 안질이 사라지고 병이 낫습니다. 물속에 그것을 놓아두면 그 물을 자신과 같은 색으로 물들입니다. 혹시 흰색 천으로 싸서 그것을 물속에 넣으면 그 물을 흰색으로 물들입니다. 파랑, 노랑, 빨강 혹은 그 외의 어떤 천으로 그 보석을 싸서 물속에 던져 넣어도 마찬가지로 각각의 색으로 그 물을 물들입니다. 혹시 그 물이 오염되었으면 그것을 깨끗이 정화하기도 하고요. 그것은 참으로 여러 가지 능력을 가지고 있습니다."

그때 아난다가 제석천에게 물었다.

"이러한 구슬은 신들의 세계에만 있나요, 아니면 이 지상세계에도 있나요?"

제석천이 답했다.

"신들의 세계에만 있습니다. 지상세계에도 있긴 하지만 이보다 못해서 무겁고 작습니다. 그 능력도 신들의 구슬에 비해 백분의 일도 되지 않습니다. 아니 그 천분의 일, 아니 백천분의 일, 아니 일 꼬띠분의 일, 아니 백 꼬띠분의 일, 아니 천 꼬띠분의 일, 아니 백천 꼬띠분의 일, 아니 백천 꼬띠늒따분의 일조차도 되지 않습니다. 합하는 것도, 나누는 것도, 세는 것도, 비유하는 것도, 견주는 것도, 짐작하는 것도, 비교하는 것도 불가능할 정도니까요.

신들이 가진 구슬은 가볍습니다. 그리고 모든 능력을 갖추고 있습니다. 그것을 자리 위나 아래에 놓았다가 치우더라도 자리에 매력이 더해지며, 그 덕분에 많은 사람들이 그것을 갖고 싶어 하게 됩니다.

이와 마찬가지로 지혜의 완성과 모든 것을 꿰뚫는 지혜에는 온 갖 능력이 갖추어져 있습니다. 그렇기에 공양을 받는 것이니, 완전한 깨달음을 얻은 부처님들이 완전한 열반에 들었을 때 모든 것을 꿰뚫는 지혜의 그릇이었다는 이유로 그 유골은 공양을 받습니다.

모든 세계에 있는 부처님들 가르침 역시 모두가 지혜의 완성의 결과이기에 공양을 받습니다. 그것을 가르쳐주는 사람들의 말 역시 지혜의 완성의 결과이기에 공양을 받습니다. 또한 왕자의 경우, 부왕의 권력 덕분에 군중을 조금도 두려워하지 않기에 공양을 받습니다. 불법을 가르쳐주는 사람 역시 진리의 힘 덕분에 군중을 조금도 두려워하지 않기에 공양을 받습니다. 그 가르침과 가르침을 펴는 사람들이 이처럼 공양 받는 것과 마찬가지로 부처님들의 유골 역시 공양 받습니다.

이러한 이유에서 혹시 삼천대천세계에 가득한 부처님들의 유골, 아니 갠지스 강의 모래알만큼 많은 부처님들의 유골과 지혜의 완성을 글로 써주면서 '둘 가운데 무엇을 택하겠는가?' 하고 묻는다면 저는 지혜의 완성을 택할 것입니다.

그렇다고 제가 부처님들의 유골을 경시하는 것은 아닙니다. 저는 존중합니다. 다만 모든 것을 꿰뚫는 지혜는 지혜의 완성으로부터 비롯되며, 부처님들의 유골에 대한 공양은 바로 이로부터 생겨난 것입니다. 따라서 지혜의 완성을 공양하면 곧 과거·현재·미래의 모든 부처님들을 공양하는 것입니다.

부처님들은 이미 한량없고 무수한 세계 안에 존재하고 견뎌내고 살아가고 있습니다. 이들을 '궁극의 진리'로서 찾으려 하는 사람들은 지혜의 완성을 추구하지 않으면 안 됩니다. 지혜의 완성을 위해 거듭 노력하지 않으면 안 됩니다. 지혜의 완성을 배우고 익히지 않으면 안 됩니다."

그때 제석천에게 석가모니가 말했다.

"그대로네, 제석천이여. 정말 그대로네. 과거 더없이 완전한 깨달음을 얻어 공양 받을 만한 부처님들이 있었는데 이 역시 지혜의 완성에 도달하여 그러한 깨달음을 얻었다네. 미래에도 완전한 깨달음을 얻어 공양 받을 만한 부처님들이 출현할 텐데 이 역시 지혜의 완성에 도달하여 그러한 깨달음을 얻을 것이네. 현재에도 한량없고 무수한 세계에 부처님들이 존재하고 견뎌내고 살아가고 있는데 이 역시 지혜의 완성에 도달하여 더없이 완전한 깨달음을 얻은 것이라네. 또한 지금 완전한 깨달음을 얻어 공양 받을 만한 나 자신 또한 지혜의 완성에 도달하여 더없이 완전한 깨달음을 얻었다네."

그때 제석천이 석가모니에게 말했다.

"지혜의 완성은 위대한 완성입니다. 완전히 깨달아 공양 받을 만한 부처님은 이로써 모든 생명체들의 마음의 움직임을 바로 알고 바로 보기 때문입니다."

석가모니가 말했다.

"그대로네, 제석천이여. 정말 그대로네. 보살은 오랫동안 지혜의 완성을 추구하며, 그 덕분에 지혜의 완성을 통해 모든 생명체들의 마음의 움직임을 바로 알고 바로 본다네."

그때 제석천이 석가모니에게 다음과 같이 말했다.

"보살은 오직 지혜의 완성만을 추구하고 다른 완성은 추구하지 않습니까?"

석가모니가 답했다.

"여섯 가지 완성 모두를 보살은 추구한다네. 하지만 그 가운데 제일 앞머리는 지혜의 완성이지. 보살이 보시를 베풀 때, 계율을 지킬 때, 인내할 때, 정진할 때, 선정에 들어갈 때, 혹은 가르침을 사유할 때도 보살에게는 지혜의 완성이 제일 먼저라네.

하지만 교묘한 방편으로써 지혜의 완성과 모든 것을 꿰뚫는 지혜를 향해 회향하는 이 여섯 가지 완성 사이에는 아무런 구별도 없고 차이도 없다네. 예를 들어 이 지상세계에는 온갖 색깔과 온갖 모양과 온갖 잎사귀와 온갖 꽃과 온갖 높이와 온갖 굵기를 가진 나무가 있지만, 그 그림자에는 서로 아무런 차이나 구별도 없는 것과 같지. 그림자란 그림자는 모두 같은 이름으로 불리지 않던가. 이와 마찬가지로 이 여섯 가지 완성은 교묘한 방편으로써 지혜의 완성과 모든 것을 꿰뚫는 지혜를 향해 회향할 때 서로 아무런 구별도 없고 차이도 없다네."

그때 제석천이 석가모니에게 이렇게 말했다.

"스승님, 지혜의 완성은 참으로 위대한 성품을 지니고 있습니다. 지혜의 완성은 한량없는 성품을 지니고 있습니다. 지혜의 완성은 가없는 성품을 지니고 있습니다."

그때 제석천이 석가모니에게 다음과 같이 말했다.

"스승님, 어떤 선남자 선여인은 지혜의 완성을 진심으로 믿어 마음이 맑아지고 깨달음을 향해 마음을 내며, 강한 열망으로 지혜의 완성을 듣고 배우고 외우고 소리 내어 읽고 이해하고, 선포하고 설하고 말하고 가르치고 독송하며, 또한 다른 사람에게 자세히 설명해 줍니다. 또한 지혜의 완성의 의미를 풀이하고 마음으로 음미하며 뛰어난 지식으로 깊은 뜻을 숙고합니다. 또한 바른 가르침을 오래 유지하기 위해 '부처님들의 인도자인 이 지혜의 완성이 단절되지 않도록, 바른 가르침이 소멸되지 않도록, 인도자가 사라지지 않고 보살들에게 도움을 줄 수 있도록' 하려는 생각으로 이 지혜의 완성을 책으로 만들어 보존하고 모셔둡니다. 또한 이 지혜의 완성에 대한 지금까지의 모든 가르침을 듣고 '지혜의 가르침은 참으로 이러한 효용과 이러한 이익이 있고 이처럼 위대한 결과를 낳는구나. 이처럼 위대한 과보를 가져다주는구나. 이처럼 많은 능력을 지녔구나. 그것을 버려서는 안 되겠다. 그것은 내가 지키지 않으면 안 되며 보존하지 않으면 안 된다. 이러한 것을 만나기란 쉬운 일이 아니기 때문이다'라고 믿습니다. 그리고 스스로 꽃, 향, 향료, 꽃다발, 바르는 향, 가루향, 옷, 일산, 깃발을 바치고 그 주위 또한 등불과 꽃다발로 장식하고 여러 방법으로 공양하면서 공경하고 존중하고 섬기고 찬탄하고 기원합니다.

한편, 다른 사람은 마찬가지로 이 지혜의 완성을 공양한 뒤에 책으로 만들어 그것을 구하고 바라고 청하는 선남자 선여인들에게 베풀고 건네주고 나누어주고 희사합니다. 그렇다면 이 둘 가운데 어느 쪽이 복덕을 더 많이 받는지요? 희사하는 쪽입니까, 그렇지 않은 쪽입니까?"

그러자 석가모니가 제석천에게 다음과 같이 말했다.

"그렇다면 그대에게 묻겠네. 생각대로 답해 보게. 어떻게 생각하는가? 어떤 선남자 선여인들은 부처님들이 완전한 열반에 들었을 때 그 유골을 공경하되 자기 혼자만이 그것을 섬기고 지키고 공경하고 존중하고 봉사하고 공양하고 찬탄하고 기원한다네. 다른 선남자 선여인들은 부처님의 유골을 스스로도 공경하고 존중하고 봉사하고 공양하고 찬탄하고 기원하면서 다른 사람들에게도 자세히 이를 가르쳐주며, 또한 이들을 위해 더욱 널리 공양하도록 하는 것이 좋겠다고 생각하여 그것을 이들에게 고루 나누어준다네. 자, 이 둘 가운데 어느 쪽이 많은 복덕을 받겠는가? 자신도 그것을 공양하고 다른 이들에게도 그것을 가르쳐주고 설해주고 나누어주는 쪽이겠는가, 아니면 자신만이 공양하는 쪽이겠는가?"

제석천이 답했다.

"스승님, 부처님의 유골을 자신도 공경하고 존중하고 봉사하고 공양하고 찬탄하고 기원하면서, 아울러 다른 사람들에게도 자세히 가르쳐주고 그것을 더욱 널리 공양하도록 나누어주는 쪽이 보다 많은 복덕을 받습니다."

석가모니가 답했다.

"그대로네. 제석천이여, 정말 그대로네. 이와 마찬가지로 어떤 선남자 선여인들은 이 지혜의 완성을 글로 써서 책으로 만들어 배우고 외우고 소리 내어 읽고 이해하고, 선포하고 설하고 말하고 가르치고 독송하며, 또한 다른 선남자 선여인들은 그 책을 구하고 바라고 청하는 다른 이들에게 그것을 베풀어주고 건네주고 나누어주고 희사한다네. 이 둘 가운데 다른 이들에게 도움을 주고 희사하는 마음을 가진 쪽이 보다 많은 복덕을 받는다네.

또한 어떤 선남자 선여인들은 이 지혜의 완성의 그릇인 다른 선남자 선여인들이 있는 곳이면 어디든 달려가 그들에게 지혜의 완성을 베풀고 나누어준다네. 이러한 사람들은 앞의 사람들보다 보다 더 많은 복덕을 받는다네."

좌조품

"또한 제석천이여. 어떤 선남자 선여인들은 이 지상의 모든 생명체들에게 열 가지 선한 행위를 권유하여 받아들이도록 한다네. 어떻게 생각하는가? 이 사람들은 이로 인해 복덕을 많이 받겠는가?"

제석천이 답했다.

"스승님, 많이 받습니다."

석가모니가 말했다.

"그런 사람들보다 다음과 같은 이들이 더욱 많은 복덕을 받는다네. 즉 이 사람들은 지혜의 완성을 책으로 만들어 신실하면서 또 신실하게 섬기고, 신뢰하면서 또 신뢰하고, 심취하면서 또 심취하고, 청정하면서 또 청정한 마음을 향하며, 깊은 소원을 지니면서 그것이 이루어지기를 바라며, 스스로 깨달음을 향해 마음을 내며, 또한 깨달음을 향해 마음을 낸 다른 보살에게 정성껏 이 지혜의 완성을 나누어주고자 한다네. 그리고 지혜의 완성을 베껴 쓰도록 하거나 소리 내어 읽도록 하기 위해 쉬지 않고 노력한다네. 또한 지혜의 완성을 다른 사람들에게 열심히 이해시키고 가르치고 배우도록 하며 그 일에 열의를 불태우고 즐거워하도록 한다네. 말로써 이끌고 훈련하며 지혜의 완성의 의미를 사람들에게 풀이해주고자 한다네. 이와 같이 사람들의 마음을 맑혀주고 의혹을 씻어준다네. 그리고 다시 '선남자 선여인들이여, 들으십시오. 그대들은 이 보살의 길을 배우십시오. 그대들이 만약 그것을 배우고 추구하고 노력한다면 속히 더없이 완전한 깨달음을 얻을 것입니다. 그런 다음 수없이 많은 생명체들을 진정한 궁극의 경지를 향해 나아가도록 이끌 것입니다'라고 말해준다면 보다 많은 복덕을 얻을 것이네. 이러한 선남자 선여인들은 그 회사하는 마음 덕분에 앞에 말한 사람들보다 더 많은 복덕을 얻을 것이네.

그런데 제석천이여, 이 지상세계 모든 생명체들의 경우는 그렇다 치고, 어떤 선남자 선여인들은 마찬가지로 4대주 세계의 모든 생명체들에게 열 가지 선한 행위의 길을 권유하여 받아들이도록 한다네. 4대주 세계의 모든 생명체들의 경우는 그렇다 치고, 어떤 선남자 선여인들은 마찬가지로 소천세계의 모든 생명체들에게 열 가지 선한 행위의 길을 권유하여 받아들이도록 한다네. 소천세계의 모든 생명체들의 경우는 그렇다 치고, 어떤 선남자 선여인들은 마찬가지로 2천중천세계의 모든 생명체들에게 열 가지 선한 행위의 길을 권유하여 받아들이도록 한다네. 2천중천세계의 모든 생명체들의 경우는 그렇다 치고, 어떤 선남자 선여인들은 마찬가지로 3천대천세계의 모든 생명체들에게 열 가지 선한 행위의 길을 권유하여 받아들이도록 한다네. 3천대천세계의 모든 생명체들의 경우는 그렇다 치고, 어떤 선남자 선여인들은 마찬가지로 갠지스 강의 모래알처럼 수많은 3천대천세계의 모든 생명체들에게 열 가지 선한 행위의 길을 권유하여 받아들이도록 한다네. 어떻게 생각하는가? 이 사람들은 이로 인해 복덕을 많이 받겠는가?"

제석천이 답했다.

"스승님, 많이 받습니다."

석가모니가 말했다.

"그런 사람들보다 다음과 같은 이들이 더욱 많은 복덕을 받는다네. 즉 이 사람들은 이 지혜의 완성을 책으로 만들어 신실하면서 또 신실하게 섬기고, 신뢰하면서 또 신뢰하고, 심취하면서 또 심취하고, 청정하면서 또 청정한 마음을 향하며, 깊은 소원을 지니면서 그것이 이루어지기를 바라며, 스스로 깨달음을 향해 마음을 내며, 또한 깨달음을 향해 마음을 낸 다른 보살에게 정성껏 이 지혜의 완성을 나누어주고자 한다네. 이 지혜의 완성을 베껴 쓰도록 하거나 소리 내어 읽도록 하기 위해 쉬지 않고 노력한다네. 지혜의 완성을 다른 사람들에게 열심히 이해시키고 가르치고 배우도록 하며 그 일에 열의를 불태우고 즐거워하도록 한다네. 말로써 이끌고 훈련하며 이 지혜의 완성의 의미를 사람들에게 풀이해주고자 한다네. 이와 같이 사람들의 마음을 맑혀주고 의혹을 씻어준다네. 그리고 다시 '선남자 선여인들이여, 들으십시오. 그대들은 이 보살의 길을 배우십시오. 그대들이 만약 그것을 배우고 추구하고 노력한다면 속히 더없이 완전한 깨달음을 얻을 것입니다. 그런 다음 여러분들은 수없이 많은 생명체들을 진정한 궁극의 경지를 향해 나아가도록 이끌 것입니다'라고 말해준다면 보다 많은 복덕을 얻을 것이네. 이러한 선남자 선여인들은 그 회사하는 마음 덕분에 앞에 말한 사람들보다 더 많은 복덕을 얻는다네.

또한 제석천이여, 어떤 선남자 선여인들은 이 지상의 모든 생명체들에게 네 단계의 선정을 권유하여 받아들이도록 한다네. 어떻게 생각하는가? 이 사람들은 이로 인해 복덕을 많이 받겠는가?"

제석천이 답했다.

"스승님, 많이 받습니다."

석가모니가 말했다.

"그런 사람들보다 다음과 같은 이들이 더욱 많은 복덕을 받는다네. 즉 이 사람들은 이 지혜의 완성을 책으로 만들어 신실하면서 또 신실하게 섬기고, 신뢰하면서 또 신뢰하고, 심취하면서 또 심취하고, 청정하면서 또 청정한 마음을 향하며, 깊은 소원을 지니면서 그것이 이루어지기를 바라며, 스스로 깨달음을 향해 마음을 내며, 또한 깨달음을 향해 마음을 낸 다른 보살에게 정성껏 이 지혜의 완성을 나누어주고자 한다네. 이 지혜의 완성을 베껴 쓰도록 하거나 소리 내어 읽도록 하기 위해 쉬지 않고 노력한다네. 지혜의 완성을 다른 사람들에게 열심히 이해시키고 가르치고 배우도록 하며 그 일에 열의를 불태우고 즐거워하도록 한다네. 말로써 이끌고 훈련하며 이 지혜의 완성의 의미를 사람들에게 풀이해주고자 한다네. 이와 같이 사람들의 마음을 맑혀주고 의혹을 씻어준다네. 그리고 다시 '선남자 선여인들이여, 들으십시오. 그대들은 이 보살의 길을 배우십시오. 그대들이 만약 그것을 배우고 추구하고 노력한다면 속히 더없이 완전한 깨달음을 얻을 것입니다. 그런 다음 여러분들은 수없이 많은 생명체들을 진정한 궁극의 경지를 향해 나아가도록 이끌 것입니다'라고 말해준다면 보다 많은 복덕을 얻을 것이네. 이러한 선남자 선여인들은 그 회사하는 마음 덕분에 앞에 말한 사람들보다 더 많은 복덕을 얻는다네.

그런데 제석천이여, 이 지상세계 모든 생명체들의 경우는 그렇다 치고, 어떤 선남자 선여인들은 마찬가지로 4대주 세계의 모든 생명체들에게 네 단계의 선정을 권유하여 받아들이도록 한다네. 4대주 세계의 모든 생명체들의 경우는 그렇다 치고, 어떤 선남자 선여인들은 마찬가지로 소천세계의 모든 생명체들에게 네 단계의 선정을 권유하여 받아들이도록 한다네. 소천세계의 모든 생명체들의 경우는 그렇다 치고, 어떤 선남자 선여인들은 마찬가지로 2천중천세계의 모든 생명체들에게 네 단계의 선정을 권유하여 받아들이도록 한다네. 2천중천세계의 모든 생명체들의 경우는 그렇다 치고, 어떤 선남자 선여인들은 마찬가지로 3천대천세계의 모든 생명체들에게 네 단계의 선정을 권유하여 받아들이도록 한다네. 3천대천세계의 모든 생명체들의 경우는 그렇다 치고, 어떤 선남자 선여인들은 마찬가지로 갠지스 강의 모래알처럼 수많은 3천대천세계의 모든 생명체들에게 네 단계의 선정을 권유하여 받아들이도록 한다네. 어떻게 생각하는가? 이 사람들은 이로 인해 복덕을 많이 받겠는가?"

제석천이 답했다.

"스승님, 많이 받습니다."

석가모니가 말했다.

"그런 사람들보다 다음과 같은 이들이 더욱 많은 복덕을 받는다네. 즉 이 사람들은 이 지혜의 완성을 책으로 만들어 신실하면서 또 신실하게 섬기고, 신뢰하면서 또 신뢰하고, 심취하면서 또 심취하고, 청정하면서 또 청정한 마음을 향하며, 깊은 소원을 지니면서 그것이 이루어지기를 바라며, 스스로 깨달음을 향해 마음을 내며, 또한 깨달음을 향해 마음을 낸 다른 보살에게 정성껏 이 지혜의 완성을 나누어주고자 한다네. 이 지혜의 완성을 베껴 쓰도록 하거나 소리 내어 읽도록 하기 위해 쉬지 않고 노력한다네. 지혜의 완성을 다른 사람들에게 열심히 이해시키고 가르치고 배우도록 하며 그 일에 열의를 불태우고 즐거워하도록 한다네. 말로써 이끌고 훈련하며 이 지혜의 완성의 의미를 사람들에게 풀이해주고자 한다네. 이와 같이 사람들의 마음을 맑혀주고 의혹을 씻어준다네. 그리고 다시 '선남자 선여인들이여, 들으십시오. 그대들은 이 보살의 길을 배우십시오. 그대들이 만약 그것을 배우고 추구하고 노력한다면 속히 더없이 완전한 깨달음을 얻을 것입니다. 그런 다음 여러분들은 수없이 많은 생명체들을 진정한 궁극의 경지를 향해 나아가도록 이끌 것입니다'라고 말해준다면 보다 많은 복덕을 얻을 것이네.

또한 제석천이여, 어떤 선남자 선여인들은 이 지상세계의 모든 생명체들에게 4무량심을 권유하여 받아들이도록 한다네. 마찬가지로 4무색정, 5신통을 권유하여 받아들이도록 한다네. 어떻게 생각하는가? 이 사람들은 이로 인해 복덕을 많이 받겠는가?"

제석천이 답했다.

"스승님, 많이 받습니다."

석가모니가 말했다.

"그런 사람들보다 다음과 같은 이들이 더욱 많은 복덕을 받는다네. 즉 이 사람들은 이 지혜의 완성을 책으로 만들어 신실하면서 또 신실하게 섬기고, 신뢰하면서 또 신뢰하고, 심취하면서 또 심취하고, 청정하면서 또 청정한 마음을 향하며, 깊은 소원을 지니면서 그 것이 이루어지기를 바라며, 스스로 깨달음을 향해 마음을 내며, 또한 깨달음을 향해 마음을 낸 다른 보살에게 정성껏 이 지혜의 완성을 나누어주고자 한다네. 이 지혜의 완성을 베껴 쓰도록 하거나 소리 내어 읽도록 하기 위해 쉬지 않고 노력한다네. 지혜의 완성을 다른 사람들에게 열심히 이해시키고 가르치고 배우도록 하며 그 일에 열의를 불태우고 즐거워하도록 한다네. 말로써 이끌고 훈련하며 이 지혜의 완성의 의미를 사람들에게 풀이해주고자 한다네. 이와 같이 사람들의 마음을 밝혀주고 의혹을 씻어준다네. 그리고 다시 '선남자 선여인들이여, 들으십시오. 그대들은 이 보살의 길을 배우십시오. 그대들이 만약 그것을 배우고 추구하고 노력한다면 속히 더없이 완전한 깨달음을 얻을 것입니다. 그런 다음 여러분들은 수없이 많은 생명체들을 진정한 궁극의 경지를 향해 나아가도록 이끌 것입니다'라고 말해준다면 보다 많은 복덕을 얻을 것이네.

그런데 제석천이여, 이 지상세계 모든 생명체들의 경우는 그렇다 치고, 어떤 선남자 선여인들은 마찬가지로 4대주 세계의 모든 생명체들에게 4무량심, 4무색정, 5신통을 권유하여 받아들이도록 한다네. 4대주 세계의 모든 생명체들의 경우는 그렇다 치고, 어떤 선남자 선여인들은 마찬가지로 소천세계의 모든 생명체들에게 4무량심, 4무색정, 5신통을 권유하여 받아들이도록 한다네. 소천세계의 모든 생명체들의 경우는 그렇다 치고, 어떤 선남자 선여인들은 마찬가지로 2천중천세계의 모든 생명체들에게 4무량심, 4무색정, 5신통을 권유하여 받아들이도록 한다네. 2천중천세계의 모든 생명체들의 경우는 그렇다 치고, 어떤 선남자 선여인들은 마찬가지로 3천대천세계의 모든 생명체들에게 4무량심, 4무색정, 5신통을 권유하여 받아들이도록 한다네. 3천대천세계의 모든 생명체들의 경우는 그렇다 치고, 어떤 선남자 선여인들은 마찬가지로 갠지스 강의 모래알처럼 수많은 3천대천세계의 모든 생명체들에게 4무량심, 4무색정, 5신통을 권유하여 받아들이도록 한다네. 어떻게 생각하는가? 이 사람들은 이로 인해 복덕을 많이 받겠는가?"

제석천이 답했다.

"스승님, 많이 받습니다."

석가모니가 말했다.

"그런 사람들보다 다음과 같은 이들이 더욱 많은 복덕을 받는다네. 즉 이 사람들은 이 지혜의 완성을 책으로 만들어 신실하면서 또 신실하게 섬기고, 신뢰하면서 또 신뢰하고, 심취하면서 또 심취하고, 청정하면서 또 청정한 마음을 향하며, 깊은 소원을 지니면서 그것이 이루어지기를 바라며, 스스로 깨달음을 향해 마음을 내며, 또한 깨달음을 향해 마음을 낸 다른 보살에게 정성껏 이 지혜의 완성을 나누어주고자 한다네. 이 지혜의 완성을 베껴 쓰도록 하거나 소리 내어 읽도록 하기 위해 쉬지 않고 노력한다네. 지혜의 완성을 다른 사람들에게 열심히 이해시키고 가르치고 배우도록 하며 그 일에 열의를 불태우고 즐거워하도록 한다네. 말로써 이끌고 훈련하며 이 지혜의 완성의 의미를 사람들에게 풀이해주고자 한다네. 이와 같이 사람들의 마음을 맑혀주고 의혹을 씻어준다네. 그리고 다시 '선남자 선여인들이여, 들으십시오. 그대들은 이 보살의 길을 배우십시오. 그대들이 만약 그것을 배우고 추구하고 노력한다면 속히 더없이 완전한 깨달음을 얻을 것입니다. 그런 다음 여러분들은 수없이 많은 생명체들을 진정한 궁극의 경지를 향해 나아가도록 이끌 것입니다'라고 말해준다면 보다 많은 복덕을 얻을 것이네.

또한 제석천이여, 어떤 선남자와 선여인들은 이 지혜의 완성을 베껴 쓰고 스스로 소리 내어 읽으며 다른 보살들에게 권유하는 사람들과 마찬가지로 그것을 베껴 써 이웃에게 나누어준다네. 그는 앞에서 무수한 생명체들에게 4무량심, 4무색정, 5신통을 권유하여 받아들이도록 하는 선남자 선여인들보다 더 많은 복덕을 얻을 것이네. 또한 어떤 선남자 선여인이 그 뜻을 잘 알고 지혜의 완성을 소리 내어 읽으면서 앞의 사람들과 마찬가지로 다른 사람들에게 베껴 써주고 그 의미를 풀이해주고 설명해주면 이 선남자 선여인들은 보다 많은 복덕을 받을 것이네."

"스승님, 이 지혜의 완성은 다른 사람들에게 설명해주지 않으면 안 됩니까?"

석가모니가 제석천에게 답했다.

"제석천이여, 이 지혜의 완성은 그것을 알지 못하는 사람들에게 자세히 설명해주지 않으면 안 된다네. 언젠가 미래에 가짜 지혜의 완성이 출현할 테니까 말이네. 이러한 사실을 알지 못하는 사람들이 혹시 더 없이 완전한 깨달음을 얻고자 하다가 가짜 지혜의 완성을 듣고 파멸하는 일이 없도록 하기 위해서이지."

그때 제석천이 석가모니에게 이렇게 말했다.

"언젠가 미래에 가짜 지혜의 완성이 나타나면 어떻게 그것을 알 수 있습니까?"

석가모니가 제석천에게 답했다.

"언젠가 미래에 모습도 바르지 않고 행동도 지혜도 바르지 않으며 귀 먹고 말 못하며 지혜가 없는 여러 비구들이 나타날 것이네. 그들은 '지혜의 완성을 설해주리라'고 말하면서 가짜 지혜의 완성을 설한다네. 즉 그들은 '모든 느낄거리가 무상한 것은 그것이 소멸하기 때문'이라고 설하지. '감각·표상·의도의 경우도 마찬가지이며, 분별이 무상한 것 역시 그것이 소멸하기 때문'이라고 설한다네. 아울러 '이와 같이 추구하는 것이 지혜의 완성을 배우는 것'이라고 말한다네. 이것이 바로 가짜 지혜의 완성이라고 알지 않으면 안 되네.

그러나 제석천이여, 모든 느낄거리가 무상한 것은 그것이 소멸하기 때문이라고 보아서는 안 되네. 감각·표상·의도의 경우도 마찬가지이며, 분별 또한 무상한 것은 그것이 소멸하기 때문이라고 보아서는 안 되네. 그렇게 본다면 가짜 지혜의 완성을 추구하는 것이 되고 말지. 이러한 까닭에 선남자와 선여인들은 지혜의 완성의 의미를 다른 사람들에게 자세히 설명해주어야 한다네. 그러한 사람들은 보다 많이 복덕을 받는다네.

또한 제석천이여, 어떤 선남자 선여인들은 이 지상세계의 모든 생명체들을 예류과에 이르도록 한다네. 어떻게 생각하는가? 이 사람들은 이로 인해 복덕을 많이 받겠는가?"

제석천이 답했다.

"스승님, 많이 받습니다."

석가모니가 말했다.

"그런 사람들보다 다음과 같은 이들이 더욱 많은 복덕을 받는다네. 즉 이 사람들은 이 지혜의 완성을 책으로 만들어 신실하면서 또 신실하게 섬기고, 신뢰하면서 또 신뢰하고, 심취하면서 또 심취하고, 청정하면서 또 청정한 마음을 향하며, 깊은 소원을 지니면서 그것이 이루어지기를 바라며, 스스로 깨달음을 향해 마음을 내며, 또한 깨달음을 향해 마음을 낸 다른 보살에게 정성껏 이 지혜의 완성을 나누어주고자 한다네. 이 지혜의 완성을 베껴 쓰도록 하거나 소리 내어 읽도록 하기 위해 쉬지 않고 노력한다네. 지혜의 완성을 다른 사람들에게 열심히 이해시키고 가르치고 배우도록 하며 그 일에 열의를 불태우고 즐거워하도록 한다네. 말로써 이끌고 훈련하며 이 지혜의 완성의 의미를 사람들에게 풀이해주고자 한다네. 이와 같이 사람들의 마음을 맑혀주고 의혹을 씻어준다네. 그리고 다시 '선남자 선여인들이여, 들으십시오. 그대들은 이 보살의 길을 배우십시오. 그대들이 만약 그것을 배우고 추구하고 노력한다면 속히 더없이 완전한 깨달음을 얻을 것입니다. 그런 다음 여러분들은 수없이 많은 생명체들을 진정한 궁극의 경지를 향해 나아가도록 이끌 것입니다'라고 말해준다면 보다 많은 복덕을 얻을 것이네.

나아가 그들은 '선남자들께서는 부디 지혜의 완성에 이르는 이러이러한 덕성들을 갖추십시오'라고 권유한다네. 이러한 사람들은 앞에서 모든 생명체들을 예류과에 이르도록 하는 선남자 선여인들보다 더 많은 복덕을 얻는다네. 예류과는 바로 이 지혜의 완성에서 시작되기 때문이지.

그런데 제석천이여, 이 지상세계 모든 생명체들의 경우는 그렇다 치고, 어떤 선남자 선여인들은 마찬가지로 4대주 세계의 모든 생명체들을 예류과에 이르도록 한다네. 4대주 세계의 모든 생명체들의 경우는 그렇다 치고, 어떤 선남자 선여인들은 마찬가지로 소천세계의 모든 생명체들을 예류과에 이르도록 한다네. 소천세계의 모든 생명체들의 경우는 그렇다 치고, 어떤 선남자 선여인들은 마찬가지로 2천중천세계의 모든 생명체들을 예류과에 이르도록 한다네. 2천중천세계의 모든 생명체들의 경우는 그렇다 치고, 어떤 선남자 선여인들은 마찬가지로 3천대천세계의 모든 생명체들을 예류과에 이르도록 한다네. 3천대천세계의 모든 생명체들의 경우는 그렇다 치고, 어떤 선남자 선여인들은 마찬가지로 갠지스 강의 모래알처럼 수많은 3천대천세계의 모든 생명체들을 예류과에 이르도록 한다네. 어떻게 생각하는가? 이 사람들은 이로 인해 복덕을 많이 받겠는가?"

제석천이 답했다.

"스승님, 많이 받습니다."

석가모니가 말했다.

"그런 사람들보다 다음과 같은 이들이 더욱 많은 복덕을 받는다네. 즉 이 사람들은 이 지혜의 완성을 책으로 만들어 신실하면서 또 신실하게 섬기고, 신뢰하면서 또 신뢰하고, 심취하면서 또 심취하고, 청정하면서 또 청정한 마음을 향하며, 깊은 소원을 지니면서 그

것이 이루어지기를 바라며, 스스로 깨달음을 향해 마음을 내며, 또한 깨달음을 향해 마음을 낸 다른 보살에게 정성껏 이 지혜의 완성을 나누어주고자 한다네. 이 지혜의 완성을 베껴 쓰도록 하거나 소리 내어 읽도록 하기 위해 쉬지 않고 노력한다네. 지혜의 완성을 다른 사람들에게 열심히 이해시키고 가르치고 배우도록 하며 그 일에 열의를 불태우고 즐거워하도록 한다네. 말로써 이끌고 훈련하며 이 지혜의 완성의 의미를 사람들에게 풀이해주고자 한다네. 이와 같이 사람들의 마음을 맑혀주고 의혹을 씻어준다네. 그리고 다시 '선남자 선여인들이여, 들으십시오. 그대들은 이 보살의 길을 배우십시오. 그대들이 만약 그것을 배우고 추구하고 노력한다면 속히 더없이 완전한 깨달음을 얻을 것입니다. 그런 다음 여러분들은 수없이 많은 생명체들을 진정한 궁극의 경지를 향해 나아가도록 이끌 것입니다'라고 말해준다면 보다 많은 복덕을 얻을 것이네.

나아가 그들은 '선남자들께서는 부디 지혜의 완성에 이르는 이러한 덕성들을 갖추십시오'라고 말을 건넨다네. 이러한 사람들은 앞에서 모든 생명체들을 예류과에 이르도록 하는 선남자 선여인들보다 더 많은 복덕을 얻는다네. 예류과는 바로 지혜의 완성에서 시작되기 때문이지.

또한 제석천이여, 어떤 선남자 선여인들은 이 지상세계의 모든 생명체들을 일래과에 이르도록 한다네. 어떻게 생각하는가? 이 사람들은 이로 인해 복덕을 많이 받겠는가?"

제석천이 답했다.

"스승님, 많이 받습니다."

석가모니가 말했다.

"그런 사람들보다 다음과 같은 이들이 더욱 많은 복덕을 받는다네. 즉 이 사람들은 이 지혜의 완성을 책으로 만들어 신실하면서 또 신실하게 섬기고, 신뢰하면서 또 신뢰하고, 심취하면서 또 심취하고, 청정하면서 또 청정한 마음을 향하며, 깊은 소원을 지니면서 그것이 이루어지기를 바라며, 스스로 깨달음을 향해 마음을 내며, 또한 깨달음을 향해 마음을 낸 다른 보살에게 정성껏 이 지혜의 완성을 나누어주고자 한다네. 이 지혜의 완성을 베껴 쓰도록 하거나 소리 내어 읽도록 하기 위해 쉬지 않고 노력한다네. 지혜의 완성을 다른 사람들에게 열심히 이해시키고 가르치고 배우도록 하며 그 일에 열의를 불태우고 즐거워하도록 한다네. 말로써 이끌고 훈련하며 이 지혜의 완성의 의미를 사람들에게 풀이해주고자 한다네. 이와 같이 사람들의 마음을 맑혀주고 의혹을 씻어준다네. 그리고 다시 '선남자 선여인들이여, 들으십시오. 그대들은 이 보살의 길을 배우십시오. 그대들이 만약 그것을 배우고 추구하고 노력한다면 속히 더없이 완전한 깨달음을 얻을 것입니다. 그런 다음 여러분들은 수없이 많은 생명체들을 진정한 궁극의 경지를 향해 나아가도록 이끌 것입니다'라고 말해준다면 보다 많은 복덕을 얻을 것이네.

나아가 그들은 '선남자께서는 부디 지혜의 완성에 이르는 이러한 덕성들을 갖추십시오'라고 말을 건넨다네. 이러한 사람들은 앞에서 모든 생명체들을 일래과에 이르도록 하는 선남자 선여인들보다 더 많은 복덕을 얻는다네. 일래과는 바로 이 지혜의 완성에서 시작되기 때문이지.

　그런데 제석천이여, 이 지상세계 모든 생명체들의 경우는 그렇다 치고, 어떤 선남자 선여인들은 마찬가지로 4대주 세계의 모든 생명체들을 일래과에 이르도록 한다네. 4대주 세계의 모든 생명체들의 경우는 그렇다 치고, 어떤 선남자 선여인들은 마찬가지로 소천세계의 모든 생명체들을 일래과에 이르도록 한다네. 소천세계의 모든 생명체들의 경우는 그렇다 치고, 어떤 선남자 선여인들은 마찬가지로 2천중천세계의 모든 생명체들을 일래과에 이르도록 한다네. 2천중천세계의 모든 생명체들의 경우는 그렇다 치고, 어떤 선남자 선여인들은 마찬가지로 3천대천세계의 모든 생명체들을 일래과에 이르도록 한다네. 3천대천세계의 모든 생명체들의 경우는 그렇다 치고, 어떤 선남자 선여인들은 마찬가지로 갠지스 강의 모래알처럼 수많은 3천대천세계의 모든 생명체들을 일래과에 이르도록 한다네. 어떻게 생각하는가? 이 사람들은 이로 인해 복덕을 많이 받겠는가?"

　제석천이 답했다.

　"스승님, 많이 받습니다."

　석가모니가 말했다.

　"그런 사람들보다 다음과 같은 이들이 더욱 많은 복덕을 받는다네. 즉 이 사람들은 이 지혜의 완성을 책으로 만들어 신실하면서 또 신실하게 섬기고, 신뢰하면서 또 신뢰하고, 심취하면서 또 심취하고, 청정하면서 또 청정한 마음을 향하며, 깊은 소원을 지니면서 그것이 이루어지기를 바라며, 스스로 깨달음을 향해 마음을 내며, 또한 깨달음을 향해 마음을 낸 다른 보살에게 정성껏 이 지혜의 완성을 나누어주고자 한다네. 이 지혜의 완성을 베껴 쓰도록 하거나 소리 내어 읽도록 하기 위해 쉬지 않고 노력한다네. 지혜의 완성을 다른 사람들에게 열심히 이해시키고 가르치고 배우도록 하며 그 일에 열의를 불태우고 즐거워하도록 한다네. 말로써 이끌고 훈련하며 이 지혜의 완성의 의미를 사람들에게 풀이해주고자 한다네. 이와 같이 사람들의 마음을 맑혀주고 의혹을 씻어준다네. 그리고 다시 '선남자 선여인들이여, 들으십시오. 그대들은 이 보살의 길을 배우십시오. 그대들이 만약 그것을 배우고 추구하고 노력한다면 속히 더없이 완전한 깨달음을 얻을 것입니다. 그런 다음 여러분들은 수없이 많은 생명체들을 진정한 궁극의 경지를 향해 나아가도록 이끌 것입니다'라고 말해준다면 보다 많은 복덕을 얻을 것이네.

나아가 그들은 '선남자께서는 부디 지혜의 완성에 이르는 이러한 덕성들을 갖추십시오'라고 말을 건넨다네. 이러한 사람들은 앞에서 모든 생명체들을 일래과에 이르도록 하는 선남자 선여인들보다 더 많은 복덕을 얻는다네. 일래과는 바로 지혜의 완성에서 시작되기 때문이지.

또한 제석천이여, 어떤 선남자 선여인들은 이 지상세계의 모든 생명체들을 불환과에 이르도록 한다네. 어떻게 생각하는가? 이 사람들은 이로 인해 복덕을 많이 받겠는가?"

제석천이 답했다.

"스승님, 많이 받습니다."

석가모니가 말했다.

"그런 사람들보다 다음과 같은 이들이 더욱 많은 복덕을 받는다네. 즉 이 사람들은 이 지혜의 완성을 책으로 만들어 신실하면서 또 신실하게 섬기고, 신뢰하면서 또 신뢰하고, 심취하면서 또 심취하고, 청정하면서 또 청정한 마음을 향하며, 깊은 소원을 지니면서 그것이 이루어지기를 바라며, 스스로 깨달음을 향해 마음을 내며, 또한 깨달음을 향해 마음을 낸 다른 보살에게 정성껏 이 지혜의 완성을 나누어주고자 한다네. 이 지혜의 완성을 베껴 쓰도록 하거나 소리 내어 읽도록 하기 위해 쉬지 않고 노력한다네. 지혜의 완성을 다른 사람들에게 열심히 이해시키고 가르치고 배우도록 하며 그 일에 열의를 불태우고 즐거워하도록 한다네. 말로써 이끌고 훈련하며 이 지혜의 완성의 의미를 사람들에게 풀이해주고자 한다네. 이와 같이 사람들의 마음을 맑혀주고 의혹을 씻어준다네. 그리고 다시 '선남자 선여인들이여, 들으십시오. 그대들은 이 보살의 길을 배우십시오. 그대들이 만약 그것을 배우고 추구하고 노력한다면 속히 더없이 완전한 깨달음을 얻을 것입니다. 그런 다음 여러분들은 수없이 많은 생명체들을 진정한 궁극의 경지를 향해 니아가기도록 이끌 것입니다'라고 말해준다면 보다 많은 복덕을 얻을 것이네.

나아가 그들은 '선남자들께서는 부디 지혜의 완성에 이르는 이러한 덕성들을 갖추십시오'라고 말을 건넨다네. 이러한 사람들은 앞에서 모든 생명체들을 불환과에 이르도록 하는 선남자 선여인들보다 더 많은 복덕을 얻는다네. 불환과는 바로 이 지혜의 완성에서 시작되기 때문이지.

그런데 제석천이여, 이 지상세계 모든 생명체들의 경우는 그렇다 치고, 어떤 선남자 선여인들은 마찬가지로 4대주 세계의 모든 생명체들을 불환과에 이르도록 한다네. 4대주 세계의 모든 생명체들의 경우는 그렇다 치고, 어떤 선남자 선여인들은 마찬가지로 소천세계의 모든 생명체들을 불환과에 이르도록 한다네. 소천세계의 모든 생명체들의 경우는 그렇다 치고, 어떤 선남자 선여인들은 마찬가지로 2천중천세계의 모든 생명체들을 불환과에 이르도록 한다네. 2천중천세계의 모든 생명체들의 경우는 그렇다 치고, 어떤 선남자 선여인들은 마찬가지로 3천대천세계의 모든 생명체들을 불환과에 이르도록 한다네. 3천대천세계의 모든 생명체들의 경우는 그렇다 치고, 어떤 선남자 선여인들은 마찬가지로 갠지스 강의 모래알처럼 수많은 3천대천세계의 모든 생명체들을 불환과에 이르도록 한다네. 어떻게 생각하는가? 이 사람들은 이로 인해 복덕을 많이 받겠는가?"

제석천이 답했다.

"스승님, 많이 받습니다."

석가모니가 말했다.

"그런 사람들보다 다음과 같은 이들이 더욱 많은 복덕을 받는다네. 즉 이 사람들은 이 지혜의 완성을 책으로 만들어 신실하면서 또 신실하게 섬기고, 신뢰하면서 또 신뢰하고, 심취하면서 또 심취하고, 청정하면서 또 청정한 마음을 향하며, 깊은 소원을 지니면서 그 것이 이루어지기를 바라며, 스스로 깨달음을 향해 마음을 내며, 또한 깨달음을 향해 마음을 낸 다른 보살에게 정성껏 이 지혜의 완성을 나누어주고자 한다네. 이 지혜의 완성을 베껴 쓰도록 하거나 소리 내어 읽도록 하기 위해 쉬지 않고 노력한다네. 지혜의 완성을 다른 사람들에게 열심히 이해시키고 가르치고 배우도록 하며 그 일에 열의를 불태우고 즐거워하도록 한다네. 말로써 이끌고 훈련하며 이 지혜의 완성의 의미를 사람들에게 풀이해주고자 한다네. 이와 같이 사람들의 마음을 맑혀주고 의혹을 씻어준다네. 그리고 다시 '선남자 선여인들이여, 들으십시오. 그대들은 이 보살의 길을 배우십시오. 그대들이 만약 그것을 배우고 추구하고 노력한다면 속히 더없이 완전한 깨달음을 얻을 것입니다. 그런 다음 여러분들은 수없이 많은 생명체들을 진정한 궁극의 경지를 향해 나아가도록 이끌 것입니다'라고 말해준다면 보다 많은 복덕을 얻을 것이네.

나아가 그들은 '선남자들께서는 부디 지혜의 완성에 이르는 이러한 덕성들을 갖추십시오'라고 말을 건넨다네. 이러한 사람들은 앞에서 모든 생명체들을 불환과에 이르도록 하는 선남자 선여인들보다 더 많은 복덕을 얻는다네. 불환과는 바로 지혜의 완성에서 시작되기 때문이지.

또한 제석천이여, 어떤 선남자 선여인들은 이 지상세계의 모든 생명체들을 아라한과에 이르도록 한다네. 어떻게 생각하는가? 이 사람들은 이로 인해 복덕을 많이 받겠는가?"

제석천이 답했다.

"스승님, 많이 받습니다."

석가모니가 말했다.

"그런 사람들보다 다음과 같은 이들이 더욱 많은 복덕을 받는다네. 즉 이 사람들은 이 지혜의 완성을 책으로 만들어 신실하면서 또 신실하게 섬기고, 신뢰하면서 또 신뢰하고, 심취하면서 또 심취하고, 청정하면서 또 청정한 마음을 향하며, 깊은 소원을 지니면서 그것이 이루어지기를 바라며, 스스로 깨달음을 향해 마음을 내며, 또한 깨달음을 향해 마음을 낸 다른 보살에게 정성껏 이 지혜의 완성을 나누어주고자 한다네. 이 지혜의 완성을 베껴 쓰도록 하거나 소리 내어 읽도록 하기 위해 쉬지 않고 노력한다네. 지혜의 완성을 다른 사람들에게 열심히 이해시키고 가르치고 배우도록 하며 그 일에 열의를 불태우고 즐거워하도록 한다네. 말로써 이끌고 훈련하며 이 지혜의 완성의 의미를 사람들에게 풀이해주고자 한다네. 이와 같이 사람들의 마음을 밝혀주고 의혹을 씻어준다네. 그리고 다시 '선남자 선여인들이여, 들으십시오. 그대들은 이 보살의 길을 배우십시오. 그대들이 만약 그것을 배우고 추구하고 노력한다면 속히 더없이 완전한 깨달음을 얻을 것입니다. 그런 다음 여러분들은 수없이 많은 생명체들을 진정한 궁극의 경지를 향해 나아가도록 이끌 것입니다'라고 말해준다면 보다 많은 복덕을 얻을 것이네.

나아가 그들은 '선남자께서는 부디 지혜의 완성에 이르는 이러한 덕성들을 갖추십시오'라고 말을 건넨다네. 이러한 사람들은 앞에서 모든 생명체들을 아라한과에 이르도록 하는 선남자 선여인들보다 더 많은 복덕을 얻는다네. 아라한과는 바로 이 지혜의 완성에서 시작되기 때문이지.

그런데 제석천이여, 이 지상세계 모든 생명체들의 경우는 그렇다 치고, 어떤 선남자 선여인들은 마찬가지로 4대주 세계의 모든 생명체들을 아라한과에 이르도록 한다네. 4대주 세계의 모든 생명체들의 경우는 그렇다 치고, 어떤 선남자 선여인들은 마찬가지로 소천세계의 모든 생명체들을 아라한과에 이르도록 한다네. 소천세계의 모든 생명체들의 경우는 그렇다 치고, 어떤 선남자 선여인들은 마찬가지로 2천중천세계의 모든 생명체들을 아라한과에 이르도록 한다네. 2천중천세계의 모든 생명체들의 경우는 그렇다 치고, 어떤 선남자 선여인들은 마찬가지로 3천대천세계의 모든 생명체들을 아라한과에 이르도록 한다네. 3천대천세계의 모든 생명체들의 경우는 그렇다 치고, 어떤 선남자 선여인들은 마찬가지로 갠지스 강의 모래알처럼 수많은 3천대천세계의 모든 생명체들을 아라한과에 이르도록 한다네. 어떻게 생각하는가? 이 사람들은 이로 인해 복덕을 많이 받겠는가?"

제석천이 답했다.

"스승님, 많이 받습니다. 잘 가신 분이시여, 아주 많이 받습니다. 그 사람들의 복덕은 한 곳에 끌어모으기도 힘듭니다. 그 사람의 복덕은 계산하기도 비유하기도 빗대기도 유비하기도 비교하기도 쉽지 않습니다."

석가모니가 말했다.

"그런 사람들보다 다음과 같은 이들이 더욱 많은 복덕을 받는다네. 즉 이 사람들은 이 지혜의 완성을 책으로 만들어 신실하면서 또 신실하게 섬기고, 신뢰하면서 또 신뢰하고, 심취하면서 또 심취하고, 청정하면서 또 청정한 마음을 향하며, 깊은 소원을 지니면서 그

것이 이루어지기를 바라며, 스스로 깨달음을 향해 마음을 내며, 또한 깨달음을 향해 마음을 낸 다른 보살에게 정성껏 이 지혜의 완성을 나누어주고자 한다네. 이 지혜의 완성을 베껴 쓰도록 하거나 소리 내어 읽도록 하기 위해 쉬지 않고 노력한다네. 지혜의 완성을 다른 사람들에게 열심히 이해시키고 가르치고 배우도록 하며 그 일에 열의를 불태우고 즐거워하도록 한다네. 말로써 이끌고 훈련하며 이 지혜의 완성의 의미를 사람들에게 풀이해주고자 한다네. 이와 같이 사람들의 마음을 맑혀주고 의혹을 씻어준다네. 그리고 다시 '선남자 선여인들이여, 들으십시오. 그대들은 이 보살의 길을 배우십시오. 그대들이 만약 그것을 배우고 추구하고 노력한다면 속히 더없이 완전한 깨달음을 얻을 것입니다. 그런 다음 여러분들은 수없이 많은 생명체들을 진정한 궁극의 경지를 향해 나아가도록 이끌 것입니다'라고 말해준다면 보다 많은 복덕을 얻을 것이네.

나아가 그들은 '선남자들께서는 부디 지혜의 완성에 이르는 이러한 덕성들을 갖추십시오'라고 말을 건넨다네. 이러한 사람들은 앞에서 모든 생명체들을 아라한과에 이르도록 하는 선남자 선여인들보다 더 많은 복덕을 얻는다네. 아라한과는 바로 지혜의 완성에서 시작되기 때문이지.

또한 그는 이러한 말로써 저 선남자들의 결심을 더욱 단단하게 해준다네. '선남자들이여, 그대들은 지혜의 완성을 배움으로써 차례대로 부처님의 덕성을 몸으로 얻고 더 없이 완전한 깨달음에 가까이 다가갈 것입니다. 그대가 그 가르침을 배우고 추구하고 부지런히 노력하면 예류과와 일래과와 불환과와 아라한과와 독각과 완

전한 부처님의 경지를 얻을 것입니다.'

또한 제석천이여, 어떤 선남자 선여인들은 이 지상세계의 모든 생명체들을 독각의 경지에 이르도록 한다네. 어떻게 생각하는가? 이 사람들은 이로 인해 복덕을 많이 받겠는가?"

제석천이 답했다.

"스승님, 많이 받습니다."

석가모니가 말했다.

"그런 사람들보다 다음과 같은 이들이 더욱 많은 복덕을 받는다네. 즉 이 사람들은 이 지혜의 완성을 책으로 만들어 신실하면서 또 신실하게 섬기고, 신뢰하면서 또 신뢰하고, 심취하면서 또 심취하고, 청정하면서 또 청정한 마음을 향하며, 깊은 소원을 지니면서 그것이 이루어지기를 바라며, 스스로 깨달음을 향해 마음을 내며, 또한 깨달음을 향해 마음을 낸 다른 보살에게 정성껏 이 지혜의 완성을 나누어주고자 한다네. 이 지혜의 완성을 베껴 쓰도록 하거나 소리 내어 읽도록 하기 위해 쉬지 않고 노력한다네. 지혜의 완성을 다른 사람들에게 열심히 이해시키고 가르치고 배우도록 하며 그 일에 열의를 불태우고 즐거워하도록 한다네. 말로써 이끌고 훈련하며 이 지혜의 완성의 의미를 사람들에게 풀이해주고자 한다네. 이와 같이 사람들의 마음을 맑혀주고 의혹을 씻어준다네. 그리고 다시 '선남자 선여인들이여, 들으십시오. 그대들은 이 보살의 길을 배우십시오. 그대들이 만약 그것을 배우고 추구하고 노력한다면 속히 더없이 완전한 깨달음을 얻을 것입니다. 그런 다음 여러분들은 수없이 많은 생명체들을 진정한 궁극의 경지를 향해 나아가도록 이끌 것입니다'라고 말해준다면 보다 많은 복덕을 얻을 것이네.

석가모니가 말했다.

"그렇지만 그런 사람들보다 다음과 같은 이들이 더욱 많은 복덕을 받는다네. 즉 이 사람들은 이 지혜의 완성을 책으로 만들어 신실하면서 또 신실하게 섬기고, 신뢰하면서 또 신뢰하고, 심취하면서 또 심취하고, 청정하면서 또 청정한 마음을 향하며, 깊은 소원을 지니면서 그것이 이루어지기를 바라며, 스스로 깨달음을 향해 마음을 내며, 또한 깨달음을 향해 마음을 낸 다른 보살에게 정성껏 이 지혜의 완성을 나누어주고자 한다네. 이 지혜의 완성을 베껴 쓰도록 하거나 소리 내어 읽도록 하기 위해 쉬지 않고 노력한다네. 지혜의 완성을 다른 사람들에게 열심히 이해시키고 가르치고 배우도록 하며 그 일에 열의를 불태우고 즐거워하도록 한다네. 말로써 이끌고 훈련하며 이 지혜의 완성의 의미를 사람들에게 풀이해주고자 한다네. 이와 같이 사람들의 마음을 맑혀주고 의혹을 씻어준다네. 그리고 다시 '선남자 선여인들이여, 들으십시오. 그대들은 이 보살의 길을 배우십시오. 그대들이 만약 그것을 배우고 추구하고 노력한다면 속히 더없이 완전한 깨달음을 얻을 것입니다. 그런 다음 여러분들은 수없이 많은 생명체들을 진정한 궁극의 경지를 향해 나아가도록 이끌 것입니다'라고 말해준다면 보다 많은 복덕을 얻을 것이네.

나아가 그들은 '선남자들께서는 부디 지혜의 완성에 이르는 이러한 덕성들을 갖추십시오'라고 말을 건넨다네. 이러한 사람들은 앞에서 모든 생명체들을 독각의 경지에 이르도록 하는 선남자 선여인들보다 더 많은 복덕을 얻는다네. 독각의 경지는 바로 지혜의 완성에서 시작되기 때문이지.

또한 그는 이러한 말로써 저 선남자들의 결심을 더욱 단단하게 해준다네. '선남자들이여, 그대들은 지혜의 완성을 배움으로써 차례대로 부처님의 덕성을 몸으로 얻고 더 없이 완전한 깨달음에 가까이 다가갈 것입니다. 그대가 그 가르침을 배우고 추구하고 부지런히 노력하면 예류과와 일래과와 불환과와 아라한과와 독각과 완전한 부처님의 경지를 얻을 것입니다.'

그런데 제석천이여, 이 지상세계 모든 생명체들의 경우는 그렇다 치고, 어떤 선남자 선여인들은 마찬가지로 4대주 세계의 모든 생명체들을 독각의 경지에 이르도록 한다네. 4대주 세계의 모든 생명체들의 경우는 그렇다 치고, 어떤 선남자 선여인들은 마찬가지로 소천세계의 모든 생명체들을 독각의 경지에 이르도록 한다네. 소천세계의 모든 생명체들의 경우는 그렇다 치고, 어떤 선남자 선여인들은 마찬가지로 2천중천세계의 모든 생명체들을 독각의 경지에 이르도록 한다네. 2천중천세계의 모든 생명체들의 경우는 그렇다 치고, 어떤 선남자 선여인들은 마찬가지로 3천대천세계의 모든 생명체들을 독각의 경지에 이르도록 한다네. 3천대천세계의 모든 생명체들의 경우는 그렇다 치고, 어떤 선남자 선여인들은 마찬가지로 갠지스 강의 모래알처럼 수많은 3천대천세계의 모든 생명체들을 독각의 경지에 이르도록 한다네. 어떻게 생각하는가? 이 사람들은 이로 인해 복덕을 많이 받겠는가?"

제석천이 답했다.

"스승님, 많이 받습니다. 잘 가신 분이시여, 아주 많이 받습니다."

석가모니가 말했다.

"그렇지만 그런 사람들보다 다음과 같은 이들이 더욱 많은 복덕을 받는다네. 즉 이 사람들은 이 지혜의 완성을 책으로 만들어 신실하면서 또 신실하게 섬기고, 신뢰하면서 또 신뢰하고, 심취하면서 또 심취하고, 청정하면서 또 청정한 마음을 향하며, 깊은 소원을 지니면서 그것이 이루어지기를 바라며, 스스로 깨달음을 향해 마음을 내며, 또한 깨달음을 향해 마음을 낸 다른 보살에게 정성껏 이 지혜의 완성을 나누어주고자 한다네. 이 지혜의 완성을 베껴 쓰도록 하거나 소리 내어 읽도록 하기 위해 쉬지 않고 노력한다네. 지혜의 완성을 다른 사람들에게 열심히 이해시키고 가르치고 배우도록 하며 그 일에 열의를 불태우고 즐거워하도록 한다네. 말로써 이끌고 훈련하며 이 지혜의 완성의 의미를 사람들에게 풀이해주고자 한다네. 이와 같이 사람들의 마음을 맑혀주고 의혹을 씻어준다네. 그리고 다시 '선남자 선여인들이여, 들으십시오. 그대들은 이 보살의 길을 배우십시오. 그대들이 만약 그것을 배우고 추구하고 노력한다면 속히 더없이 완전한 깨달음을 얻을 것입니다. 그런 다음 여러분들은 수없이 많은 생명체들을 진정한 궁극의 경지를 향해 나아가도록 이끌 것입니다'라고 말해준다면 보다 많은 복덕을 얻을 것이네.

나아가 그들은 '선남자들께서는 부디 지혜의 완성에 이르는 이러한 덕성들을 갖추십시오'라고 말을 건넨다네. 이러한 사람들은 앞에서 모든 생명체들을 독각의 경지에 이르도록 하는 선남자 선여인들보다 더 많은 복덕을 얻는다네. 독각의 경지는 바로 지혜의 완성에서 시작되기 때문이지.

또한 그는 이러한 말로써 저 선남자들의 결심을 더욱 단단하게 해준다네. '선남자들이여, 그대들은 지혜의 완성을 배움으로써 차례대로 부처님의 덕성을 몸으로 얻고 더 없이 완전한 깨달음에 가까이 다가갈 것입니다. 그대들이 그 가르침을 배우고 추구하고 부지런히 노력하면 예류과와 일래과와 불환과와 아라한과와 독각과 완전한 부처님의 경지를 얻을 것입니다.'

또한 제석천이여, 어떤 선남자 선여인들은 이 지상세계 모든 생명체들을 더없이 완전한 깨달음을 향해 마음을 내도록 한다네. 또한 다른 선남자 선여인들은 모든 생명체들을 더없이 완전한 깨달음을 향해 마음을 내도록 함과 아울러 지혜의 완성을 베껴 써서 그들에게 준다네. 또 다른 선남자 선여인들은 '이미 뒤로 물러남이 없는 보살은 이 지혜의 완성을 배우고 노력하리라. 지혜의 완성을 배워 지혜가 늘고 성장하고 확장된 그는 부처님의 가르침을 완전히 성취하리라'고 생각하고 그것을 베껴 써서 준다네. 뒤에 말한 사람들은 앞 사람들보다 더 많은 복덕을 받지. 모든 생명체들로 하여금 더 없이 완전한 깨달음을 얻어 고통에서 벗어나도록 해주었기 때문이네.

그렇지만 제석천이여, 어떤 선남자 선여인들이 이 지상세계의 모든 생명체들을 더없이 완전한 깨달음을 향해 마음을 내도록 한다는 것은 그렇다 치고, 다른 선남자 선여인들은 4대주 세계의 모든 생명체들을 더없이 완전한 깨달음을 향해 마음을 내도록 한다네.

회향품

그때 미륵보살이 수보리에게 말했다.

"보살마하살이 다른 중생들의 보시, 지계, 선정 등에 의한 복덕을 함께 기뻐해주는 것이야말로 더없이 크고 비할 데 없을 만큼 훌륭한 일이지요."

그러자 수보리가 미륵보살에게 말했다.

"시방의 헤아릴 수 없이 많은 세계의 보살들은 모름지기 과거세에 깨달음을 얻은 수많은 부처님을 따라 깨달음을 얻고자 처음 마음을 낸 이래 최고의 완전한 깨달음을 얻어 번뇌를 모두 여의고 열반에 들거나, 더 나아가 어떤 대상도 의식하지 않는 경지에 이를 때까지, 그 중간에 6바라밀을 행하는 선근에 의한 복덕과 모든 성문 제자들의 보시와 지계와 선정에 의한 복덕과 수행 중에 있는 사람 및 수행을 마친 사람들의 번뇌를 여윈 복덕과 모든 부처님의 계품·정품·혜품·해탈품·해탈지견품에 의한 복덕과 대자대비로써 모든 중생에게 이로움 및 평안함을 가져다주는 복덕과 한량없는 부처님의 가르침을 중생에게 가르쳐주는 복덕과 이 모든 중생이 가진 복덕에 다시 모든 석가모니 스승님이 깨달음을 얻은 뒤 중생들이 얻는 온갖 복덕까지 모두 포함한 복덕을 더없이 크고 비할 수 없을 만큼 훌륭한 마음으로 기뻐하면서 모든 바람을 최고의 완전한 깨달음을 얻는 데에 두고 '이 모든 복덕은 오직 최고의 완전한 깨달음을 얻는 데에 회향하리라'고 생각해야 합니다.

그럼에도 보살이 '이 모든 것을 최고의 완전한 깨달음을 얻는 데에 회향하고자 하는 것은 내 마음의 결정이다'라고 하여 마음을 대상이나 사물의 시각에서 바라본다면, 그가 과연 최고의 완전한 깨달음을 위해 올바르게 회향했다고 할 수 있겠습니까, 없겠습니까?"

미륵보살이 말했다.

"마음을 대상이나 사물의 시각에서 바라보고 실체화한다면 최고의 완전한 깨달음을 위해 올바르게 회향했다고 할 수 없습니다."

수보리가 말했다.

"마음을 대상이나 사물의 시각에서 바라본다면 이러한 사람은 장차 생각이나 판단이나 마음이 잘못되어서 덧없음을 항상함이라고 하거나, 괴로움을 즐거움이라고 하거나, 청정하지 않은 것을 청정하다고 하거나, 나라고 할 만한 것이 없는 것을 나라고 하여 잘못된 생각과 잘못된 판단과 잘못된 마음을 낼 것입니다.

만약 마음을 대상이나 사물의 시각에서 바라본다면 깨달음도 그러한 시각으로 바라보고 마음도 그러한 시각에서 바라볼 것이니, 마음과 깨달음을 대상이나 사물로 보는 자가 무엇인들 올바르게 회향하여 최고의 완전한 깨달음을 얻을 수 있겠습니까?"

미륵보살이 말했다.

"수보리 님, 이와 같이 회향하는 법은 깨달음에 대해 이제 막 마음을 낸 보살 앞에서는 말하지 않아야 합니다. 그의 기꺼운 믿음과 공경심과 청정한 마음이 반드시 줄어들 것이기 때문입니다.

수보리 님, 이와 같이 회향하는 법은 반드시 뒤로 물러남이 없는 경지에 있는 보살에게만 말해야 합니다. 설령 어떤 사람이 깨달음의 겉모습만 좇더라도 선지식과 함께 있으면 이러한 말을 들어도 놀라지 않고 두려워하지 않고 낙담하지 않고 물러나지 않을 것입니다. 보살이 이와 같이 모든 복덕을 모든 것을 꿰뚫는 지혜를 얻는 데에 기꺼이 회향하되 그러한 마음까지 회향한다면 정작 이 마음은 흔적도 없이 사라집니다. 그렇다면 최고의 완전한 깨달음을 얻는 데에 마음을 회향한다는 것은 무엇을 말할까요?

기꺼워하는 그 마음과 그것을 회향하고자 하는 그 마음까지 올바르게 회향하면 그와 동시에 이 두 마음은 존재하지 않습니다. 또한 본래의 마음이니 하는 것과 관련해서도 회향한다는 말은 성립되지 않습니다."

제석천이 수보리에게 말했다.

"깨달음에 대해 이제 막 마음을 낸 보살이 이러한 이야기를 듣고 두려워하거나 놀라는 일은 없겠습니까? 보살이 모든 복덕을 기꺼이 회향한다는 것은 무슨 뜻입니까?"

그때 수보리가 미륵보살의 견해에 대해 이렇게 말했다.

"전생의 모든 석가모니 스승님이 삶과 죽음의 길을 끊고 업보가 따르는 행을 끊고 실없는 논쟁을 끊어서 모든 무거운 짐을 벗고 마음의 가시덤불을 없애며 자신에게 이로운 것을 얻고 모든 속박을 벗고 바른 지혜로 해탈을 얻어 마음이 온통 자재한 일과, 또한 헤아릴 수 없을 만큼 많은 세계의 깨달음을 얻은 석가모니 스승님이 가지고 있는 선근과 복덕과 능력과 그곳의 모든 불제자들이 가지고 있는 온갖 선근을 포함한 모든 복덕을 가장 크고 가장 높고 가장 뛰어나고 가장 훌륭한 마음으로 최고의 완전한 깨달음을 얻는 데에 기꺼이 회향한다면, 이 보살이 이제 잘못된 생각과 잘못된 판단과 잘못된 마음에 떨어지는 일이 없다는 것은 무슨 뜻일까요?

만약 이 보살이 마음을 내어 최고의 완전한 깨달음을 얻는 데에 회향하되 그 마음을 실체화하지 않는다면 진정 최고의 완전한 깨달음을 위해 올바르게 회향했다고 할 수 있을 것입니다. 그러나 이 보살이 그 마음을 실체화한다면 잘못된 생각과 잘못된 판단과 잘못된 마음에 떨어졌다고 해야 할 것입니다.

만약 보살이 최고의 완전한 깨달음을 위해 회향한다는 것을 기꺼워할 때 기꺼워하는 그 마음도 여의고 그래야 한다는 마음도 여의고 그 대상까지 여읜다면, 회향한다는 것조차 붙잡을 수 없고 회향한다는 마음과 회향하는 대상 역시 마찬가지일 것입니다. 만약 이와 같이 회향한다면 이야말로 본래대로 회향하는 것이라고 할 수 있습니다. 보살마하살은 반드시 모든 복덕을 이와 같이 기꺼워하는 마음으로 회향해야 합니다.

만약 보살이 전생의 여러 석가모니 스승님이 쌓은 모든 복덕과 그 제자들과 범부들과 혹은 축생들이 그 가르침을 듣고 심은 모든 선근과, 또한 천·용·야차·건달바·아수라·가루라·긴나라·마후라가 등 사람인 듯 아닌 듯한 무리들이 그 가르침을 듣고 모든 것을 꿰뚫는 지혜를 얻고자 마음을 낸 것까지 포함한 모든 복덕을 가장 크고 가장 높고 가장 뛰어나고 가장 훌륭한 마음으로 기꺼워하면서 이것을 최고의 완전한 깨달음을 위해 회향하되, '이 모든 것은 자취가 없으며 회향하는 대상도 자취가 없다'고 생각한다면 이야말로 최고의 완전한 깨달음을 위해 기꺼이 모든 복덕을 올바르게 회향했다고 할 수 있을 겁니다.

또한 보살이 이와 같이 실체라고 할 만한 것은 아무 것도 없다는 사실을 안다면 곧 모든 대상을 회향할 줄 아는 것이니, 이 역시 최고의 완전한 깨달음을 위해 올바르게 회향했다고 할 수 있을 겁니다.

만약 보살이 이와 같이 회향한다면 잘못된 생각과 판단과 잘못된 마음에 떨어지는 일이 없습니다. 왜냐하면 이 보살은 회향한다는 것에 아무런 집착도 없기 때문입니다. 이것을 위없는 회향이라고 합니다.

만약 어떤 보살이 복덕을 짓되 대상을 염두에 두고 실체화하여 분별한다면 이것은 올바르게 회향했다고 할 수 없습니다. 왜냐하면 대상을 염두에 두되 형상에 집착하지 말아야 하며, 복덕을 기꺼워하되 역시 형상에 집착하지 말아야 하기 때문입니다. 만약 보살이 이와 같이 알고 대상을 염두에 두되 그 형상에 집착하지 않는다면, 이는 곧 지혜의 완성에서 나온 것인 줄 알아야 합니다.

또 전생에 깨달음을 얻은 모든 부처님의 선근과 복덕도 이와 같이 회향해야 하고 온갖 대상 또한 마찬가지입니다. 만약 이와 같이 안다면 이것은 최고의 완전한 깨달음을 위해 바르게 회향했다고 할 수 있습니다. 왜냐하면 어떤 부처님도 형상을 취하여 회향하는 것을 허락하지 않기 때문입니다.

설령 어떤 대상이 과거에 소멸되었다면 거기에는 형상이 없으며 따라서 형상에 의해 그것을 붙잡을 수 없다고 하더라도 이 역시 형상을 취하는 것이니, 이와 같이 분별하지 않는 것을 올바르게 회향한다고 합니다."

그때 미륵보살이 수보리에게 말했다.

"그렇다면 어떻게 해야 형상을 취하여 분별하지 않고 바르게 회향할 수 있겠습니까?"

수보리가 말했다.

"그러려면 보살은 반드시 지혜의 완성의 방편을 배워야 합니다. 만약 지혜의 완성의 방편을 듣고도 알지 못하고 얻지 못하면 그러한 일을 할 수 없습니다.

만약 지혜의 완성의 방편을 듣고도 알지 못하고 얻지 못하면 모든 복덕을 바르게 회향할 수가 없습니다. 왜냐하면 이 사람은 과거 모든 부처님의 몸과 모든 복덕이 이미 소멸되었다고 생각함으로써 그 형상을 취하고 분별하는 것으로 복덕을 회향하고자 하나, 이러한 일은 어떤 부처님도 허락하지 않고 기꺼워하지 않기 때문입니다. 왜냐하면 그 모든 것은 붙잡을 수 있는 형상과 관련되어 있기 때문입니다. 다시 말해서 과거세에 깨달음을 얻은 모든 부처님들에게서 형상을 취하여 분별하고 붙잡음으로써 회향하고자 한다는 것은 그야말로 엄청난 집착입니다. 이와 같이 붙잡을 것이 있다는 마음으로 회향하는 것에 대해 어떤 부처님도 이익이 있다고 말한 적은 없습니다. 왜냐하면 이렇게 회향하는 것에는 독이 들어 있어 고통과 번뇌가 따르기 때문입니다. 비유하자면 맛있는 음식에 독이 들어 있는 것과 같으니, 비록 색깔과 향기는 좋지만 독 때문에 음식을 먹을 수가 없는 것과 같습니다. 어리석고 무지한 사람들은 그것을 먹으면서 처음에는 향기와 맛을 즐기겠지만 음식이 소화되면서부터 엄청난 고통을 받는 것과 같습니다.

이와 같이 어떤 사람이 바르게 받아들이지 않고, 바르게 독송하지 않고, 그 깊은 뜻을 알지도 못하면서 다른 사람들에게 회향하는 일에 대해 말하되 '선남자들이여, 과거세와 현재세와 미래세의 석가모니가 이룬 모든 계품·정품·혜품·해탈품·해탈지견품과 성문법을 닦는 모든 제자들 및 범부들의 선근과 모든 부처님으로부터 벽지불이 되리라는 예언을 받고 벽지불도를 이룬 중생들의 온갖 선근과 모든 부처님으로부터 최고의 완전한 깨달음을 얻으리라는 언약을 받은 보살들의 온갖 선근을 포함한 모든 복덕을 최고의 완전한 깨달음을 위해 기꺼이 회향해야 합니다'라고 말하면서 자신도 이와 같이 회향한다면 곧 형상을 취하고 분별하는 것입니다. 이를 일컬어 독이 섞여 있다고 하니, 마치 음식에 독이 들어 있는 것과 같습니다. 이와 같이 대상에 붙잡혀 있는 사람은 바르게 회향하는 일이 불가능합니다. 왜냐하면 거기에는 독이 섞여 있기 때문입니다.

이러한 까닭에 보살은 과거세와 현재세와 미래세의 모든 부처님의 선근과 복덕을 앞에 두고 반드시 '어떻게 해야 최고의 완전한 깨달음을 위해 바르게 회향할 수 있을까?'라고 생각해봐야 합니다.

만약 보살이 부처님을 욕되게 하지 않으려면 반드시 이렇게 회향해야 합니다.

'모든 부처님들이 알고 있는 복덕이란 어떤 모습이며, 어떤 성질이며, 어떤 본질을 가지며, 어떤 실상을 가질까? 나 또한 이처럼 기꺼우니 이러한 마음으로 최고의 완전한 깨달음을 위해 회향하리라.'

보살이 이와 같이 회향하면 아무런 허물도 없으며 모든 부처님을 이와 같이 욕되게 하지 않는 것에는 독이 섞여 있지 않으니, 이것을 일컬어 부처님의 가르침에 충실하다고 하는 것입니다.

또한 보살은 석가모니 스승님이 이룬 계품·정품·혜품·해탈품·해탈지견품은 욕망뿐인 세계에도 얽매이지 않고 모양뿐인 세계에도 얽매이지 않고 정신뿐인 세계에도 얽매이지 않기에 과거의 일이라고도 할 수 없고 현재의 일이라고도 할 수 없고 미래의 일이라고도 할 수 없듯이, 모든 공덕을 이와 같이 기꺼이 회향해야 합니다. 이와 같이 복덕을 회향하는 일에는 아무런 얽매임이 없습니다. 회향하는 것에도 얽매임이 없고 회향하는 대상에도 얽매임이 없습니다.

이와 같이 회향하는 것에는 아무런 독도 섞여 있지 않으며, 이와 같이 회향하지 않는 것은 삿되이 회향하는 것이라고 합니다. 보살이 회향하는 법은 과거·현재·미래의 모든 석가모니 스승님이 알고 있는 것과 같으며, 저 역시 같은 방법으로 최고의 완전한 깨달음을 위해 회향합니다. 이것을 일컬어 바르게 회향한다고 합니다."

그때 석가모니가 수보리를 칭찬하여 말했다.

"참으로 훌륭하고 훌륭하네, 수보리여. 그대는 모든 보살마하살들을 위해 나 석가모니가 할 일을 능숙하게 해내는구나.

수보리여, 만약 삼천대천세계에 사는 중생들이 자비희사 4무량심과 4선정과 4무색정과 5신통을 모두 이루었다 해도 정작 보살이 모든 복덕을 기꺼이 회향하는 것보다 못하니, 이야말로 가장 크고 가장 뛰어나고 가장 높고 가장 훌륭한 일이기 때문이라네.

그런데 수보리여, 만약 삼천대천세계에 사는 모든 중생들이 일체를 꿰뚫는 지혜의 마음을 내어 갠지스 강의 모래알만큼 많은 오랜 겁 동안 갠지스 강의 모래알만큼 많은 세계의 중생들에게 의복과 음식과 침구와 의약 등의 온갖 필수품을 공양한다면, 그대 생각에 그들이 이러한 인연으로 복을 많이 받겠는가, 적게 받겠는가?"

수보리가 말했다.

"비할 수 없을 정도로 많이 받겠습니다, 스승님. 만약 이 복덕에 크기가 있다면 갠지스 강의 모래알만큼 많은 세계라도 채울 수가 없을 것입니다."

석가모니가 말했다.

"참으로 훌륭하고 훌륭하네, 수보리여. 하지만 보살은 지혜의 완성에 의해 수호되어 그 복덕을 온전히 회향하는 까닭에 앞에서와 같이 집착하는 마음을 가지고 보시하는 데에서 얻는 복덕은 이에 비하면 백분의 일, 아니 천만억분의 일, 더 나아가 셈으로는 도저히 표현할 수가 없다네."

그때 사천왕천에 사는 2만 명의 천자들이 석가모니에게 합장하고 예배하며 이렇게 말했다.

"스승님, 보살이 이렇게 회향하는 것을 위대한 회향이라 하니 곧 방편에 의하기 때문입니다. 이것은 집착하는 마음으로 보시하는 것보다 훨씬 훌륭합니다. 왜냐하면 이 보살의 회향은 지혜의 완성으로부터 수호받기 때문입니다."

그때 도리천에 사는 10만의 천자들이 하늘나라의 꽃·향·바르는 향·가루향·옷·깃발·음악으로 석가모니를 공양하면서 이렇게 말했다.

"스승님, 보살이 이렇게 회향하는 것을 위대한 회향이라 하니 곧 방편에 의하기 때문입니다. 이것은 집착하는 마음으로 보시하는 것보다 훨씬 훌륭합니다. 왜냐하면 이 보살의 회향은 지혜의 완성으로부터 수호받기 때문입니다."

야마천에 사는 10만의 천자와 도솔타천에 사는 10만의 천자와 화락천에 사는 10만의 천자와 타화자재천에 사는 10만의 천자들도 모두 하늘나라의 꽃과 향기와 음악으로 부처님을 공양하면서 모두 이렇게 말했다.

"스승님, 보살이 이렇게 회향하는 것을 위대한 회향이라 하니 곧 방편에 의하기 때문입니다. 이것은 집착하는 마음으로 보시하는 것보다 훨씬 훌륭합니다. 왜냐하면 이 보살의 회향은 지혜의 완성으로부터 수호받기 때문입니다."

범천에 사는 모든 천자들도 큰소리로 이렇게 말했다.

"이 보살이 이렇게 회향하는 것을 위대한 회향이라 하니 곧 방편에 의하기 때문입니다. 이것은 집착하는 마음으로 보시하는 것보다 훨씬 훌륭합니다. 왜냐하면 이 보살의 회향은 지혜의 완성으로부터 수호받기 때문입니다."

범보천·범중천·대범천·광천·소광천·무량광천·광음천·정천·소정천·무량정천·변정천·무운행천·복생천·광과천·무광천·무열천·묘견천·선견천·무소천에 사는 모든 천자들도 석가모니에게 합장하고 예배하며 이렇게 말했다.

"스승님, 이 선남자와 선여인처럼 부처님의 가르침을 구하는 것은 아주 훌륭한 일입니다. 그것은 집착하는 마음으로 보시하여 얻는 복덕보다 훨씬 훌륭합니다. 왜냐하면 이 보살이 회향하는 것은 지혜의 완성으로부터 수호받기 때문입니다."

그때 석가모니가 정거천의 모든 천자들에게 말했다.

"삼천대천세계에 사는 중생들 이야기는 그렇다 치고, 만약 시방의 갠지스 강의 모래알만큼 많은 세계에 사는 모든 중생들이 일체를 꿰뚫는 지혜의 마음을 내어 이 보살들이 갠지스 강의 모래알만큼 많은 겁 동안 집착하는 마음으로 시방의 갠지스 강의 모래알만큼 많은 세계에 사는 중생들에게 옷가지와 음식과 침구와 의약품 등의 온갖 필수품을 공양한다면, 그것보다 보살이 과거세와 미래세와 현재세의 모든 부처님의 계품·정품·혜품·해탈품·해탈지견품과 모든 성문제자 및 범부들의 선근을 모두 포함한 것을 가장 크고 가장 훌륭하고 가장 높고 가장 미묘한 마음으로 모든 것을 꿰뚫는 지혜에 기꺼이 회향하는 것이 훨씬 복이 많다네."

그때 수보리가 석가모니에게 말했다.

"스승님, 스승님께서는 이 모든 복덕을 포함한 것을 가장 크고 가장 훌륭하고 가장 높고 가장 미묘한 마음으로 모든 것을 꿰뚫는 지혜에 기꺼이 회향하라고 말씀하셨습니다, 스승님. 그렇다면 무엇을 가리켜 가장 크고 가장 훌륭하고 가장 높고 가장 미묘한 마음으로 기꺼워한다고 합니까?"

석가모니가 말했다.

"보살은 과거세와 미래세와 현재세의 어떤 대상도 취하지 않고 버리지 않고 생각하지 않고 집착하지 않으니, 모든 대상이 그대로 본래의 모습이어서 그 가운데 어떤 대상도 이미 생멸하였거나 지금 생멸하거나 앞으로 생멸하는 일이 없는 것처럼 모든 것을 꿰뚫는 지혜에 회향하는 것도 이와 같아야 한다네. 수보리여, 이러한 것을 일컬어 가장 크고 가장 훌륭하고 가장 높고 가장 미묘한 마음으로 기꺼이 회향한다고 한다네.

또한 수보리여, 보살은 과거세와 현재세와 미래세의 모든 부처님의 보시·지계·인욕·정진·선정·지혜·해탈·해탈지견을 기꺼워하되 반드시 이와 같이 기꺼워하니 해탈과 지계 또한 마찬가지이고, 선정과 지혜와 해탈지견 역시 해탈과 마찬가지이며, 믿어 아는 것도 해탈과 마찬가지이고, 기꺼워하는 것도 해탈과 마찬가지이며, 아직 생겨나지 않은 미래의 법도 해탈과 마찬가지이고, 셀 수 없이 많은 과거세계의 모든 부처님과 그 제자들도 해탈과 마찬가지이며, 시방의 셀 수 없이 많은 현재세계의 모든 부처님과 그 제자들도 해탈과 마찬가지이고, 셀 수 없이 많은 미래세계의 모든 부처님과 그 제자들도 해탈과 마찬가지라네.

이 모든 대상들은 매어 있지도 않고 묶여 있지도 않고 풀려 있지도 않고 벗어나 있지도 않으니, 이와 같이 모든 것을 꿰뚫는 지혜에 회향하면 생겨나는 것도 없고 사라지는 것도 없기 때문이라네.

수보리여, 이것을 일컬어 보살이 가장 크고 가장 훌륭하고 가장 높고 가장 미묘한 마음으로 기꺼이 회향한다고 한다네. 이와 같이 회향하는 것에 대해, 시방의 갠지스 강의 모래알만큼 많은 세계에 사는 모든 보살들이 정작 집착하는 마음으로 시방의 갠지스 강의 모래알만큼 많은 세계에 사는 중생들에게 옷가지와 음식과 침구와 의약 등의 온갖 필수품을 공양하거나 또는 집착하는 마음으로 보시·지계·인욕·정진·선정을 행하는 것의 공덕은 그 백분의 일, 백천만억분의 일, 아니 셈으로는 도저히 비교가 되지 않지."

8

니리품

그때 사리불이 석가모니에게 말했다.

"스승님, 이것이 지혜의 완성입니까?"

석가모니가 말했다.

"이것이 지혜의 완성이네."

사리불이 말했다.

"스승님, 지혜의 완성은 능히 모든 것을 비춥니다.

스승님, 지혜의 완성은 반드시 공경하고 예배해야 합니다.

스승님, 지혜의 완성은 능히 광명을 줍니다.

스승님, 지혜의 완성은 모든 어둠을 제거합니다.

스승님, 지혜의 완성은 어느 것에도 오염되지 않습니다.

스승님, 지혜의 완성은 많은 이익이 있습니다.

스승님, 지혜의 완성은 편안하고 고요합니다.

스승님, 지혜의 완성은 눈먼 이에게 눈을 줍니다.

스승님, 지혜의 완성은 삿된 길에 빠진 이를 바른 길로 이끕니다.

스승님, 지혜의 완성은 모든 것을 꿰뚫는 지혜입니다.

스승님, 지혜의 완성은 보살의 어머니입니다.

스승님, 지혜의 완성은 생겨나지도 않고 사라지지도 않습니다.

스승님, 지혜의 완성은 스승님이 녹야원에서 중생들의 근기에 따라 사제법의 법륜을 세 번 굴린 일을 모두 구족합니다.

스승님, 지혜의 완성은 외롭고 가난한 이들을 능히 구제합니다.

스승님, 지혜의 완성은 나고 죽는 일을 벗어납니다.

스승님, 지혜의 완성은 모든 것의 본래 성품을 드러내줍니다.

스승님, 그렇다면 지혜의 완성을 어떻게 공경해야 합니까?"

석가모니가 말했다.

"부처님을 대하듯 공경해야 한다네. 지혜의 완성을 공경하고 예배할 때는 모름지기 부처님을 공경하고 예배하듯이 해야 한다네."

그때 제석천이 마음속으로 '사리불 님은 어떤 이유에서 이렇게 말하는 걸까?'라고 생각하고는 곧 사리불에게 물었다.

"사리불 님은 어떤 이유에서 스승님에게 이러한 질문을 드리는지요?"

사리불이 말했다.

"보살마하살은 지혜의 완성에 의한 복덕을 모든 것을 꿰뚫는 지혜에 기꺼이 회향하기 때문입니다. 이렇게 하는 것은 앞의 모든 보살이 가진 보시·지계·인욕·정진·선정 등에 비해 복덕이 더욱 훌륭합니다. 이러한 까닭에 이러한 질문을 드리는 겁니다.

제석천 님, 비유하자면 앞 못 보는 장님은 그 숫자가 아무리 많아도 앞에서 인도하는 이가 없으면 마을이나 성을 다닐 수 없는 것과 같지요.

제석천 님, 지혜의 완성이 아니면 5바라밀은 마치 인도자가 없는 장님과 같으니, 모든 것을 꿰뚫는 지혜로 나아가는 수행이 불가능합니다. 하지만 지혜의 완성으로부터 수호를 받으면 5바라밀의 눈이 뜨이게 되니, 이에 의해 비로소 5바라밀 모두 지혜의 완성이라는 이름을 얻게 됩니다."

사리불이 석가모니에게 말했다.

"스승님, 지혜의 완성이 생겨나게 하려면 어떻게 해야 합니까?"

석가모니가 말했다.

"만약 보살이 물질적 대상을 생겨나지 않게 하면 곧 지혜의 완성이 생겨난다네. 느낌·표상·의도·분별이 생겨나지 않게 하면 곧 지혜의 완성이 생겨난다네. 이와 같이 지혜의 완성이 생겨나면 정작 어떤 것도 생겨나는 것이 없다네.

사리불이여, 이와 같이 아무것도 생겨나는 것 없이 지혜의 완성을 생겨나게 해야 하네. 아무 것도 생겨나지 않는 이것을 곧 지혜의 완성이라고 하지."

제석천이 석가모니에게 말했다.

"스승님, 그렇다면 지혜의 완성은 모든 것을 꿰뚫는 지혜도 이루어내지 못한다는 말씀입니까?"

"제석천이여, 지혜의 완성은 모든 것을 꿰뚫는 지혜를 이루지만 어떤 이름이나 형상 혹은 대상을 만들어내는 것은 아니라네."

"스승님, 그렇다면 어떻게 이루어낸다는 말입니까?"

석가모니가 말했다.

"이루어냄이 없이 그렇게 이루어낸다네."

제석천이 석가모니에게 말했다.

"참으로 흔치 않은 일입니다, 스승님. 지혜의 완성은 아무것도 생겨나게 하지 않으면서 동시에 아무 것도 사라지게 하지 않기 때문입니다."

수보리가 석가모니에게 말했다.

"스승님, 보살이 이와 같이 분별하면 바로 지혜의 완성을 잃고 지혜의 완성을 멀리 여의는 것입니다."

석가모니가 수보리에게 말했다.

"그렇기 때문에 만약 보살이 지혜의 완성을 두고 아무 것도 없이 공하다고 말하는 즉시 그는 지혜의 완성을 잃고 지혜의 완성을 멀리 여읜다네. 수보리여, 이러한 것을 보살의 지혜의 완성이라고 한다네."

"스승님, 지혜의 완성이 가르치지 않는 법은 어떤 것인지 일러주십시오."

"수보리여, 지혜의 완성에 대해 일러주겠네. 지혜의 완성은 물질적 대상을 가르치지 않으며, 느낌·표상·의도·분별도 가르치지 않는다네. 지혜의 완성은 수다원과와 사다함과와 아나함과와 아라한과와 벽지불도를 가르치지 않으며, 부처님의 법도 가르치지 않는다네."

수보리가 말했다.

"스승님, 마하바라밀이란 곧 지혜의 완성을 말합니다."

석가모니가 말했다.

"수보리여, 어떤 이유에서 마하바라밀이 곧 지혜의 완성이라고 말하는가?"

수보리가 말했다.

"지혜의 완성은 물질적 대상들을 크다거나 작다고 하지 않으며, 하나라거나 흩어졌다고 하지 않습니다. 지혜의 완성은 느낌·표상· 의도·분별을 크다거나 작다고 하지 않으며, 하나라거나 흩어졌다고 하지 않습니다.

스승님, 지혜의 완성은 부처님의 10력을 강하다거나 약하다고 하지 않으며, 4무소외와 나아가 모든 것을 꿰뚫는 지혜도 하나라거나 흩어졌다고 하지 않습니다.

스승님, 보살이 만약 이와 같이 분별한다면 지혜의 완성을 행하는 것이 아닙니다. 왜냐하면 지혜의 완성은 어떤 모양도 없기 때문입니다. 나는 반드시 중생들을 구제하리라고 생각하는 즉시 보살은 분별하여 집착하는 것입니다. 왜냐하면 중생이 생겨난 적이 없기에 지혜의 완성도 생겨난 적이 없으며, 중생의 고유한 성질이 없기에 지혜의 완성 역시 고유한 성질이 없으며, 중생의 모습이 없기에 지혜의 완성 역시 모습이 없으며, 중생이 멸하지 않기에 지혜의 완성 역시 멸하지 않으며, 중생이 불가사의하기에 지혜의 완성 역시 불가사의하며, 중생을 알 수 없기에 지혜의 완성 역시 알 수 없으며, 중생이 가진 능력이 완성되어야 비로소 여래의 능력도 완성되기 때문입니다."

사리불이 석가모니에게 말했다.

"스승님, 이 깊은 지혜의 완성을 잘 믿어서 어떤 의심이나 후회나 어려움도 없이 그 뜻을 바르게 따르는 보살들은 어느 곳에서 죽어 여기에 태어난 것입니까?"

석가모니가 사리불에게 말했다.

"이 보살은 다른 부처님 나라에서 죽어 여기에 태어난 것이네. 사리불이여, 이 보살은 다른 부처님 나라에서 왔으며 일찍부터 모든 부처님을 가까이하고 공양하면서 불법의 깊은 뜻을 묻더니, 이제는 지혜의 완성을 듣고 마치 부처님에게서 직접 들은 듯 즉시 기뻐하는 마음을 내면서 부처님을 직접 대하 듯 지혜의 완성을 대한다네."

수보리가 석가모니에게 말했다.

"스승님, 지혜의 완성을 듣거나 볼 수 있습니까?"

석가모니가 말했다.

"그럴 수 없네."

"스승님, 이 보살들은 처음 불법에 마음을 낸 이래 얼마나 오랫동안 지혜의 완성을 닦고 익혀 왔습니까?"

"수보리여, 이에 대해서는 자세히 말할 필요가 있을 듯하네. 어떤 보살은 비록 몇천만억의 부처님을 찾아뵙고 그 부처님들이 있는 곳에서 범행을 닦긴 하지만, 대중들과 더불어 깊은 지혜의 완성을 듣는 즉시 아무런 공경심도 없이 불쑥 일어나 가버리고 만다네.

수보리여, 이러한 사람은 원래 과거 여러 부처님으로부터 지혜의 완성에 대해 설법을 듣고 있을 때에도 그러했기에 지금도 역시 깊은 지혜의 완성을 듣자마자 바로 일어나 가버리지. 몸과 마음이 조화롭지 못하여 지혜를 벗어난 업을 짓고 그 쌓인 업으로 인해 지혜의 완성을 헐뜯고 거스르기 때문이지.

수보리여, 지혜의 완성을 헐뜯고 거스르는 것은 곧 모든 것을 꿰뚫는 지혜를 헐뜯고 거스르는 것이며, 모든 것을 꿰뚫는 지혜를 헐뜯고 거스르는 것은 곧 과거·현재·미래의 모든 부처님을 헐뜯고 거스르는 것이라네.

수보리여, 이 어리석은 사람들은 이와 같이 바른 법을 파괴하는 무거운 죄를 지은 까닭에 백천만겁 동안 큰 지옥에 떨어지는 죄를 받으며 한 지옥에서 다른 지옥으로 계속 돌고 돈다네.

한 지옥에서 다른 지옥으로 돌며 죄를 받으면서 그동안 까마득히 오랜 세월이 지나 세상을 몽땅 태우는 겁화가 일어나면 다시 다른 세상의 큰 지옥에 떨어지고, 그곳에서도 한 지옥에서 다른 지옥으로 돌며 죄를 받으면서 까마득히 오랜 세월이 지나 세상을 몽땅 태우는 겁화가 일어나면 다시 다른 세상의 지옥에 떨어지고, 그곳에서도 한 지옥에서 다른 지옥으로 돌면서 죄를 받는 동안 까마득히 오랜 세월이 지나 세상을 몽땅 태우는 겁화가 일어나면 다시 다른 세상의 지옥에 떨어지니, 이 사람은 이와 같이 거듭 한 지옥에서 다른 지옥으로 떨어져 무수한 고통을 받으며 끊임없이 돌고 돌면서 까마득히 오랜 세월이 지나 세상을 몽땅 태우는 겁화가 반복되는 가운데 한량없는 고통과 업보를 받는다네. 왜냐하면 그 입으로 지혜의 완성을 헐뜯고 거스르는 업을 지었기 때문이지."

그때 사리불이 석가모니에게 말했다.

"스승님, 이러한 죄는 5역죄와 같습니까?"

"사리불이여, 그대는 정법을 파괴한 죄와 5역죄를 혼동하면 안 되네. 왜냐하면 이 사람은 지혜의 완성의 깊은 뜻에 대해 듣고 그것을 헐뜯으며 생각하기를 '이 가르침은 반드시 배울 필요는 없으며 이것은 부처님의 가르침도 아니다'라고 하여 그 죄가 점차 무거워지며, 게다가 다른 사람으로 하여금 지혜의 완성을 멀리하도록 하기 때문이지.

이 사람은 자신의 몸을 망칠 뿐만 아니라 남의 몸도 망친다네. 스스로 독을 마실 뿐만 아니라 남에게도 독을 마시도록 하는 거지. 그리하여 스스로 자신을 죽이는 것은 물론 남도 죽도록 한다네. 자신도 지혜의 완성을 알고 있지 못한 것은 물론 다른 사람들도 지혜의 완성을 알지 못하도록 부추기는 것이지.

사리불이여, 나는 일찍이 이러한 사람이 불법에 출가하였다는 이야기를 들은 적이 없으니, 하물며 이 사람들이 나의 가르침 안으로 들어와 지혜의 완성을 공양하겠는가? 왜냐하면 이러한 사람은 바른 법을 더럽히는 자라고 하니, 이러한 사람은 술 찌꺼기와 같아서 성질이 혼탁하고 분별이 없기 때문이지. 만약 어떤 중생이 이러한 사람의 말을 믿고 따른다면 마찬가지로 극심한 고통과 무거운 죄를 받을 것이네. 왜냐하면 사리불이여, 누구든 지혜의 완성을 파괴하거나 지혜의 완성을 더럽히면 곧 정법을 망치고 정법을 더럽힌 사람이기 때문이네."

사리불이 석가모니에게 말했다.

"스승님, 이러한 사람이 받을 육신의 모습에 대해 말씀해주십시오"

석가모니가 사리불에게 말했다.

"이러한 사람이 받을 육신의 모습에 대해서는 굳이 말하지 않으려네. 만약 이 사람이 자신이 받을 육신의 모습에 대해 듣는다면 그 즉시 입에서 뜨거운 피를 토하면서 죽거나 죽을 지경에 이를 것이기 때문이네. 만약 이러한 사람이 자신이 받을 육신의 모습에 대해 듣는다면 그 즉시 자신의 죄업을 괴로워하면서 몸이 말라붙을 것이네. 이러한 까닭에 이 사람이 받을 육신의 모습에 대해서는 굳이 말하지 않으려네."

사리불이 석가모니에게 말했다.

"스승님, 부디 이러한 사람들이 받을 육신의 모습을 설하시어 후세 사람들에게 교훈을 주십시오. 이러한 죄악 때문에 몹시 추악한 모습으로 태어나리라는 점을 깨닫도록 해주십시오."

석가모니가 말했다.

"지금까지 말한 것만으로도 후세 사람들에게 분명하고 커다란 교훈이 되기에 족할 것이네. 다시 말하거니와 이와 같은 죄악이 쌓이고 쌓이면 오랜 세월에 걸쳐 한량없고 가없는 극악한 고통을 받는다네. 사리불이여, 지금까지 말한 것만으로도 선량한 사람들에게는 분명하고 커다란 교훈이 되기에 족할 것이네."

수보리가 석가모니에게 말했다.

"스승님, 선남자와 선여인은 반드시 입으로 짓는 업과 몸으로 짓는 업과 생각으로 짓는 업을 잘 살펴야 합니다. 그런데 스승님, 단지 입으로 지은 업만으로도 이와 같이 무거운 죄를 받습니까?"

석가모니가 수보리에게 말했다.

"입으로 지은 업만으로도 이와 같이 무거운 죄를 받는다네. 수보리여, 나의 가르침에 대해 무지한 많은 사람들은 깊은 지혜의 완성을 헐뜯고 거스른다네.

수보리여, 깊은 지혜의 완성을 헐뜯고 거스르는 것은 곧 더없이 완전한 깨달음을 헐뜯고 거스르는 것이며, 더없이 완전한 깨달음을 헐뜯고 거스르는 것은 곧 과거세와 현재세와 미래세의 모든 부처님의 모든 것을 꿰뚫는 지혜를 헐뜯고 거스르는 것이며, 과거세와 현재세와 미래세의 모든 부처님의 모든 것을 꿰뚫는 지혜를 헐뜯고 거스르는 것은 곧 법보를 헐뜯고 거스르는 것이며, 법보를 헐뜯고 거스르는 것은 곧 승보를 헐뜯고 거스르는 것이니, 3보를 헐뜯고 거스르는 까닭에 한량없고 가없는 무거운 죄를 짓는 것이라네."

수보리가 석가모니에게 말했다.

"스승님, 만약 어떤 사람이 깊은 지혜의 완성을 헐뜯고 거스른다면 그 이유는 무엇일까요?"

"수보리여, 첫째 이유는 마군이 그렇게 시키기 때문이고, 둘째는 이 사람이 깊고 미묘한 법을 믿지 못하고 알지 못하기 때문이라네. 또 수보리여, 이 어리석은 사람은 악지식과 어울려서 훌륭한 법을 즐겁고 기꺼운 마음으로 익히지 않으며, 또 다른 사람의 허물을 찾아내는 일에 열중하여 스스로 잘난 척하고 남을 얕본다네. 수보리여, 이러한 까닭에 깊은 지혜의 완성을 헐뜯고 거스르는 것이라네."

수보리가 석가모니에게 말했다.

"스승님, 힘써 수행하지 않는 사람은 지혜의 완성을 믿고 받아들이기가 몹시 어렵겠지요?."

석가모니가 말했다.

"옳고도 옳은 말이네, 수보리여. 힘써 수행하지 않는 사람은 깊은 지혜의 완성을 믿고 받아들이기가 여간 어렵지 않다네."

"스승님, 그러한 이유는 무엇입니까?"

"수보리여, 물질적 대상은 묶는 것도 없고 푸는 것도 없다네. 왜냐하면 그것의 원래 성품은 곧 물질적 대상 그 자체이기 때문이지. 느낌·표상·의도·분별 역시 묶는 것도 없고 푸는 것도 없다네. 왜냐하면 이 모든 분별작용의 원래 성품은 곧 그 자체이기 때문이지.

또한 수보리여, 지난 시간의 물질적 대상에는 묶는 것도 없고 푸는 것도 없다네. 왜냐하면 지난 시간의 물질적 대상의 원래 성품은 곧 그 자체이기 때문이지. 다가오는 시간의 물질적 대상 역시 묶는 것도 없고 푸는 것도 없다네. 왜냐하면 다가오는 시간의 물질적 대상의 원래 성품 역시 그 자체이기 때문이지. 현재의 물질적 대상 역시 묶는 것도 없고 푸는 것도 없다네. 현재의 물질적 대상의 원래 성품 역시 색 그 자체이기 때문이지.

수보리여, 지난 시간의 느낌·표상·의도·분별은 묶는 것도 없고 푸는 것도 없다네. 지난 시간의 모든 분별작용의 원래 성품은 그 자체이기 때문이지. 다가오는 시간의 느낌·표상·의도·분별 역시 묶는 것도 없고 푸는 것도 없다네. 다가오는 시간의 모든 분별작용의 원래 성품 역시 그 자체이기 때문이지. 현재의 느낌·표상·의도·분별 역시 묶는 것도 없고 푸는 것도 없다네. 현재의 모든 분별작용의 원래 성품 역시 그 자체이기 때문이지."

"스승님, 지혜의 완성의 뜻이 이토록 깊으니 힘써 수행하지 않는 사람은 믿고 받아들이기가 아주 어렵겠습니다."

석가모니가 말했다.

"옳고도 옳은 말이네, 수보리여. 이 깊은 지혜의 완성은 정진하지 않는 사람이 믿고 받아들이기가 아주 어렵다네. 수보리여, 모든 대상이 청정하면 그 과보가 청정하니, 모든 대상이 청정한 까닭에 과보 역시 청정하며, 느낌·표상·의도·분별이 청정하면 그 과보가 청정하니, 느낌·표상·의도·분별이 청정한 까닭에 과보 역시 청정하다네.

또한 수보리여, 모든 대상이 청정하면 모든 것을 꿰뚫는 지혜가 청정하고, 모든 것을 꿰뚫는 지혜가 청정한 까닭에 모든 대상이 청정하네. 수보리여, 이와 같이 모든 대상이 청정한 것과 모든 것을 꿰뚫는 지혜가 청정한 것에는 둘이 없고 차별이 없고 다름이 없고 어긋남이 없다네.

또 수보리여, 느낌·표상·의도·분별이 청정하면 모든 것을 꿰뚫는 지혜가 청정하고, 모든 것을 꿰뚫는 지혜가 청정한 까닭에 느낌·표상·의도·분별이 청정하다네. 수보리여, 이와 같이 모든 것을 꿰뚫는 지혜가 청정한 것과 느낌·표상·의도·분별이 청정한 것에는 둘이 없고 차별이 없고 다름이 없고 어긋남이 없다네."

탄정품

그때 사리불이 석가모니에게 말했다.

"스승님, 이 지혜의 완성은 아주 깊습니다."

석가모니가 말했다.

"본래 청정하기 때문이네."

"스승님, 이 지혜의 완성은 밝습니다."

석가모니가 말했다.

"본래 청정하기 때문이네."

"스승님, 이 지혜의 완성은 욕망의 세계에서도 생겨나지 않고 물질의 세계에서도 생겨나지 않고 정신의 세계에서도 생겨나지 않습니다."

석가모니가 말했다.

"본래 청정하기 때문이네."

"스승님, 이 지혜의 완성은 때가 끼어 있지도 않고 청정이랄 것도 없습니다."

석가모니가 말했다.

"본래 청정하기 때문이네."

"스승님, 이 지혜의 완성은 붙잡을 것도 없고 과보도 없습니다."

석가모니가 말했다.

"본래 청정하기 때문이네."

"스승님, 이 지혜의 완성은 생겨나지도 않고 일어나지도 않습니다."

석가모니가 말했다.

"본래 청정하기 때문이네."

"스승님, 이 지혜의 완성은 아는 것이 없습니다."

석가모니가 말했다.

"본래 청정하기 때문이네."

"스승님, 이 지혜의 완성은 어떤 대상도 알지 못하고, 느낌·표상·의도·분별도 알지 못합니다."

석가모니가 말했다.

"본래 청정하기 때문이네."

"스승님, 이 지혜의 완성은 모든 것을 꿰뚫는 지혜를 얻는 데에 더함도 덜함도 없습니다."

석가모니가 말했다.

"본래 청정하기 때문이네."

"스승님, 이 지혜의 완성이 청정하기에 새삼 어떤 대상으로부터도 취할 것이 없습니다."

석가모니가 말했다.

"본래 청정하기 때문이네."

그때 수보리가 석가모니에게 말했다.

"스승님, 내가 청정하기에 모든 대상도 청정합니다."

석가모니가 말했다.

"온통 청정하기 때문이지."

"스승님, 내가 청정하기에 수·상·행·식도 청정합니다."

석가모니가 말했다.

"온통 청정하기 때문이지."

"스승님, 내가 청정하기에 그 과보도 청정합니다."

석가모니가 말했다.

"온통 청정하기 때문이지."

"스승님, 내가 청정하기에 모든 것을 꿰뚫는 지혜도 청정합니다."

석가모니가 말했다.

"온통 청정하기 때문이지."

"스승님, 내가 청정하기에 붙잡을 것도 없고 그 과보도 없습니다."

석가모니가 말했다.

"온통 청정하기 때문이지."

"스승님, 내가 가없기에 모든 대상도 가없습니다."

석가모니가 말했다.

"온통 청정하기 때문이지."

"스승님, 내가 가없기에 느낌·표상·의도·분별도 가없습니다."

석가모니가 말했다.

"온통 청정하기 때문이지."

"스승님, 이와 같은 것들을 가리켜 보살의 지혜의 완성이라고 합니다."

"온통 청정하기 때문이지."

"스승님, 이 지혜의 완성은 차안도 피안도 그 중간에서도 멀리 떠나있지 않습니다."

석가모니가 말했다.

"온통 청정하기 때문이지."

"스승님, 보살이 설령 이렇게 생각하더라도 이 역시 분별이므로 지혜의 완성을 잃고 지혜의 완성을 여의게 됩니다."

석가모니가 말했다.

"훌륭하고도 훌륭하네, 수보리여. 모든 집착은 이름과 모양으로 부터 싹트는 법이지."

"참으로 흔치 않은 말씀입니다, 스승님. 지혜의 완성에 대한 가르침 가운데에서도 정작 그에 대한 집착을 경계하시다니요."

그때 사리불이 수보리에게 말했다.

"집착이란 무엇입니까?"

사리불이 말했다.

"만약 선남자와 선여인이 온갖 대상과 공을 분별하면 이를 일컬어 집착이라고 합니다. 느낌·표상·의도 등과 공을 분별하면 이를 일컬어 집착이라고 합니다. 과거의 물질적 대상과 미래의 물질적 대상과 현재의 물질적 대상을 의식하면 이를 일컬어 집착이라고 합니다. 이제 막 마음을 낸 보살의 복덕은 조금밖에 안 된다느니 어떻다느니 하고 말하면 이를 일컬어 집착이라고 합니다."

제석천이 수보리에게 말했다.

"어떤 이유에서 이러한 것을 집착이라고 합니까?"

"제석천 님, 이 사람은 분별하여 집착하는 그 마음을 그대로 더없이 완전한 깨달음에 회향합니다. 제석천 님, 이러한 마음은 회향이 불가능합니다. 만약 보살이 다른 사람에게 더없이 완전한 깨달음을 가르쳐줄 때는 반드시 모든 대상의 진실된 모습을 밝혀 기쁨과 이익을 주어야만 자신을 다치게 하는 일이 없습니다. 이것은 석가모니 스승님이 허락하고 가르친 것으로서 선남자와 선여인의 모든 집착을 여의도록 해 줍니다."

그때 석가모니가 수보리를 칭찬하여 말했다.

"훌륭하고도 훌륭하네. 그대는 보살이 대상에 집착하는 것에 대해 잘 말해주었네. 수보리여, 내가 다시 대상에 집착하는 것에 대해 말해줄 테니 잘 듣게."

수보리가 말했다.

"어김없이 가르침을 받겠습니다."

석가모니가 말했다.

"만약 선남자와 선여인이 그 모양을 취하여 여러 부처님을 생각하고 이를 따른다면 이것을 일컬어 집착이라고 하네. 과거세와 미래세와 현재세의 모든 부처님들이 이루어놓은 번뇌 끊는 법을 함께 기뻐하면서 이것을 더없이 완전한 깨달음에 회향하는 것도 집착이라고 한다네. 왜냐하면 수보리여, 모든 대상의 본성에는 과거도 없고 미래도 없고 현재도 없으며, 모양을 취할 수도 없고 비롯함도 없으며, 볼 수도 없고 들을 수도 없으며, 느낄 수도 없고 알 수도 없으며, 회향할 수도 없기 때문이지."

"스승님, 이 모든 대상들의 본성은 아주 깊습니다."

석가모니가 말했다.

"모두 여의었기 때문이지."

"스승님, 저는 지혜의 완성에 예배하겠습니다."

석가모니가 말했다.

"부처는 지어냄이 없는 법을 얻었기 때문이지."

"스승님, 스승님께서는 모든 대상을 얻으셨습니다."

"수보리여, 부처님들은 이와 같이 모든 대상을 얻으셨다네. 수보리여, 모든 대상의 본성은 오직 하나일 뿐 둘도 아니고 셋도 아니네. 이러한 본성 역시 본성이 아니며 만들어진 것이 아니지. 수보리여, 보살은 이러한 사실을 잘 알고 모든 집착을 여읜다네."

"스승님, 지혜의 완성은 참으로 알기가 어렵습니다."

"수보리여, 이것을 아는 사람 자체도 없기 때문이지."

"스승님, 지혜의 완성은 참으로 불가사의합니다."

"수보리여, 지혜의 완성은 마음으로 알기가 불가능하기 때문이지."

"스승님, 지혜의 완성은 만들어진 것이 아닙니다."

"수보리여, 만들어낸 주체가 없기 때문이지."

"스승님, 보살이 지혜의 완성을 행할 때는 어떻게 해야 합니까?"

"수보리여, 만약 보살이 물질적 시각으로 대상을 보지 않는다면 곧 지혜의 완성을 행하는 것이라네. 느낌·표상·의도·분별의 정신적 시각으로도 대상을 보지 않는다면 곧 지혜의 완성을 행하는 것이라네.

만약 보살이 물질적인 시각으로 대상을 보지 않으며 그 모양 또한 만족하지 않는다면 곧 지혜의 완성을 행하는 것이네. 만약 보살이 느낌·표상·의도·분별의 정신적 시각으로도 대상을 보지 않으며 그 모양조차 만족하지 않는다면 곧 지혜의 완성을 행하는 것이네. 왜냐하면 물질적인 대상에 대해 만족함이 없으면 그것은 이미 물질적인 대상이 아니며, 느낌·표상·의도·분별의 정신작용에 대해 만족함이 없으면 그것은 이미 정신작용이 아니기 때문이지. 이와 같이 그 모양에 만족하지 않는다면 곧 지혜의 완성을 행하는 것이라네."

수보리가 말했다.

"참으로 흔치 않은 일입니다, 스승님. 여러 가지 집착과 관련하여 집착이 없음을 말씀하시다니요."

"수보리여, 만약 보살이 물질적인 시각으로 대상을 보지 않는 그 모양조차 집착하지 않는다면 곧 지혜의 완성을 행하는 것이네. 느낌·표상·의도·분별의 정신적 시각으로 대상을 보지 않는 그 모양조차 집착하지 않는다면 곧 지혜의 완성을 행하는 것이지.

보살은 이와 같이 행하여 물질적인 대상에도 집착하지 않고, 느낌·표상·의도·분별의 정신작용에도 집착하지 않고, 수다원과와 사다함과와 아나함과와 아라한과와 벽지불도와 더 나아가 모든 것을 꿰뚫는 지혜에도 집착을 하지 않는다네. 왜냐하면 모든 집착을 여의었기 때문이니 이를 일컬어 걸림 없이 모든 것을 꿰뚫는 지혜라고 일컫는다네.

수보리여, 보살은 모든 집착을 여의고자 하기에 마땅히 지혜의 완성을 이렇게 생각하는 것이라네."

수보리가 석가모니에게 말했다.

"흔치 않은 일입니다, 스승님. 이 가르침은 참으로 심오해서 설령 거듭 말씀하셔도 줄어들지 않고 말씀하시지 않아도 역시 줄어들지 않으며, 설령 거듭 말씀하셔도 늘어나지 않고 말씀하시지 않으셔도 늘어나지 않습니다."

석가모니가 말했다.

"옳고도 옳은 말이네, 수보리여. 부처님들이 목숨이 다하도록 허공을 찬탄하더라도 허공은 줄어들지 않고 찬탄하지 않아도 역시 줄어들지 않으며, 찬탄하더라도 허공은 늘어나지 않고 찬탄하지 않아도 역시 허공은 늘어나지 않는다네.

수보리여, 이는 마치 요술로 만들어낸 허깨비 인간이 칭찬한다고 기뻐하지도 않고 칭찬하지 않는다고 화내지도 않는 것과 같다네. 수보리여, 모든 대상의 본성은 이와 같아서 거듭 설한다고 해서 늘지도 않고 줄지도 않는다네."

"스승님, 보살이 하는 일은 참으로 심오해서 이 지혜의 완성을 수행할 때 마음이 줄어들거나 늘어나지도 않고 물러나거나 굴러 떨어지지도 않습니다, 스승님. 지혜의 완성을 닦고 익히는 것은 허공을 닦고 익히는 것과 같습니다, 스승님. 보살은 모든 중생을 구제하는 까닭에 위대한 서원으로 세상을 화려하게 장식하고자 하니, 반드시 예배를 올려야 합니다.

스승님, 보살은 중생을 위하는 까닭에 위대한 서원으로 세상을 화려하게 장식하고자 하니, 마치 어떤 사람이 허공과 맞서 싸우는 것과 같습니다, 스승님. 보살은 중생을 위하는 까닭에 위대한 서원으로 세상을 화려하게 장식하고자 하니, 마치 어떤 사람이 허공과 맞서 다투는 것과 같습니다, 스승님. 이 보살을 일컬어 위대한 서원으로 세상을 화려하게 장식하기를 바라는 보살이라고 합니다.

스승님, 보살은 중생을 위하는 까닭에 위대한 서원으로 세상을 화려하게 장식하고자 하니, 마치 어떤 사람이 허공을 들어 올리는 것과 같습니다, 스승님. 이 보살의 이름은 정진의 힘으로 피안에 이르는 보살이라고 하며, 용건이라고도 합니다. 그 이름이 허공과 같은 모든 대상을 가리키는 까닭에 능히 더없이 완전한 깨달음을 얻습니다."

그때 무리 가운데에 있던 어떤 비구가 마음속으로 생각하였다. '나는 반드시 지혜의 완성을 예배하리라. 그로부터는 어떤 대상도 생겨나지 않고 어떤 대상도 멸하지 않느니.'

제석천이 수보리에게 말했다.

"만약 보살이 지혜의 완성을 익히고자 한다면 어떤 가르침을 따라야 합니까?"

"제석천 님, 만약 보살이 지혜의 완성을 익히고자 한다면 바로 이 허공의 도리를 익혀야 합니다."

제석천이 석가모니에게 말했다.

"스승님, 만약 어떤 사람이 지혜의 완성을 잘 지니고 독송한다면 반드시 이를 수호하겠습니다."

수보리가 제석천에게 말했다.

"그대는 이 법이 잘 수호되고 있는 것을 볼 수 있습니까?"

제석천이 말했다.

"볼 수 없습니다."

"제석천 님, 만약 보살이 지금까지 말한 대로 지혜의 완성을 행한다면 잘 수호 받고 있는 것입니다. 반대로, 보살이 만약 지혜의 완성을 멀리 여의면 사람이나 사람 아닌 것으로부터 해코지를 당하게 됩니다.

제석천이여, 만약에 어떤 사람이 지혜의 완성을 행하는 이를 수호하고자 한다면 이는 허공을 수호하고자 하는 것과 같습니다. 제석천이여, 그대 생각에 그대는 메아리를 수호할 수 있겠습니까?"

제석천이 말했다.

"할 수 없습니다."

"제석천 님, 보살도 이와 같습니다. 지혜의 완성을 행하여 모든 것이 공한 줄 아는 것은 곧 메아리와 같으니, 이와 같이 분별하지 않는 것이 곧 지혜의 완성을 행하는 것인 줄 반드시 명심하시기 바랍니다."

그때 부처님의 신통력으로 삼천대천세계의 사천왕과 모든 제석천과 사바세계의 주재자인 모든 범천왕들이 석가모니가 있는 곳으로 와서 그 발에 이마를 대고 예배한 다음 한편으로 물러나 앉았다.

사천왕과 모든 제석천과 모든 범천왕들은 부처님의 신통력으로 1천 부처님을 보았으니, 그 모양이 이와 같았고 그 이름이 이와 같았다. 즉 지혜의 완성을 말하는 이는 모두 수보리로 일컬어졌고, 모르는 것을 묻는 이는 모두 제석천이나 미륵보살로 일컬어졌다. 이들은 저마다 더없이 완전한 깨달음을 이루고, 또한 지혜의 완성을 펴고 있었다.

그때 수보리가 석가모니에게 말했다.

"스승님, 이곳에서 더없이 완전한 깨달음을 이룬 미륵보살은 지혜의 완성을 뭐라고 말하는지요?"

"수보리여, 미륵보살은 더없이 완전한 깨달음을 이루고 나서 지혜의 완성을 말하되 공하다고 말하지 않으며, 느낌·표상·의도·분별이 공하다고 말하지 않으며, 모든 대상이 묶여 있다거나 풀려 있다고 말하지 않으며, 느낌·표상·의도·분별이 묶여 있다거나 풀려 있다고 말하지 않는다네."

수보리가 말했다.

"스승님, 지혜의 완성은 청정합니까?"

석가모니가 말했다.

"모든 대상이 청정한 까닭에 지혜의 완성도 청정하며, 느낌·표상·의도·분별이 청정한 까닭에 지혜의 완성도 청정하며, 허공이 청정한 까닭에 지혜의 완성도 청정하며, 모든 대상이 더러움에 물들지 않은 까닭에 지혜의 완성도 청정하며, 느낌·표상·의도·분별도 더러움에 물들지 않은 까닭에 지혜의 완성도 청정하다. 수보리여, 허공이 더러움에 물들지 않은 까닭에 지혜의 완성도 청정하다네."

"스승님, 만약 선남자와 선여인이 지혜의 완성을 잘 지니고 독송하면 이러한 사람은 결코 헛되이 죽는 일이 없으니, 백천이나 되는 여러 천자들이 지켜줄 것입니다. 또 매달 8일·14일·15일·23일·29일·30일마다 곳곳에서 지혜의 완성을 설법한다면 그 복이 아주 많을 것입니다."

석가모니가 말했다.

"옳고도 옳은 말이네, 수보리여. 사람들이 지혜의 완성을 널리 펴면 그 복이 아주 많다네. 하지만 수보리여, 지혜의 완성을 머무르게 하는 데에는 어려움이 많다네. 왜냐하면 지혜의 완성은 아주 진귀한 보배이기에 대상에 집착하거나 취하는 일이 없으니, 곧 어떤 대상도 본질이란 없고 붙잡을 수 없기 때문이지.

수보리여, 지혜의 완성은 붙잡을 수 없는 까닭에 더러움에 물들지 않는다네. 왜냐하면 지혜의 완성은 대상으로서 있지 않기 때문이니, 이를 일컬어 물들지 않는 지혜의 완성이라고 하지. 지혜의 완성이 물들지 않기 때문에 모든 대상도 물들지 않는다네. 만약 이와 같이 분별하지 않는다면 이것을 일컬어 지혜의 완성을 행한다고 한다네. 수보리여, 지혜의 완성은 보거나 보지 않는 대상도 있지 않으며, 취하거나 버리는 대상도 있지 않다네."

그때 백천이나 되는 여러 천자들이 허공 가운데에서 춤추고 기뻐하면서 한 목소리로 말했다.

"저희는 이 지상세계에서 법의 수레바퀴가 두 번째로 돌고 있음을 봅니다."

수보리가 여러 천자들에게 말했다.

"법의 수레바퀴는 처음으로 돈 적도 없고 두 번째로 돈 적도 없습니다. 왜냐하면 지혜의 완성의 가르침 안에는 굴러가거나 굴러오는 것이 없기 때문입니다."

석가모니가 수보리에게 말했다.

"마하바라밀이란 곧 보살의 지혜의 완성이니, 모든 대상에는 굴러가는 것도 없고 집착하는 것도 없기 때문이라네. 더없이 완전한 깨달음을 얻었어도 역시 붙잡을 것은 없으며, 법의 수레바퀴가 구를 때에도 역시 굴러간 것은 없으니 굴러올 법도 없고, 보여줄 법도 없으며 볼 수 있는 법도 없다네. 이 법은 붙잡을 수 없기 때문이지. 왜냐하면 수보리여, 공이라는 것은 굴러가지도 않고 굴러오지도 않으며, 모양도 없고 지어내지도 않고, 만들어내지도 않고 생겨나지도 않는다네. 가지고 있는 것이라고는 아무것도 없으니 굴러가거나 굴러오는 것도 없다네. 이와 같이 말하는 것을 일컬어 지혜의 완성을 설한다고 하니, 여기에는 듣는 이도 없고 받아들이는 이도 없고 깨닫는 이도 없고, 또한 이러한 가르침에 의해 복밭을 이루는 일도 없다네."

수보리가 석가모니에게 말했다.

"스승님, 가없는 바라밀이 곧 지혜의 완성입니다. 허공은 가없기 때문입니다.

스승님, 바른 바라밀이 곧 지혜의 완성입니다. 모든 대상이 평등하기 때문입니다.

스승님, 여의는 바라밀이 곧 지혜의 완성입니다. 모든 대상이 고유의 성품을 여의었기 때문입니다.

스승님, 파괴할 수 없는 바라밀이 곧 지혜의 완성입니다. 어떤 대상도 붙잡을 수 없기 때문입니다.

스승님, 있는 곳이 없는 바라밀이 곧 지혜의 완성입니다. 어떤 대상도 형태가 없고 이름이 없기 때문입니다.

스승님, 가지 않는 바라밀이 곧 지혜의 완성입니다. 어떤 대상도 오는 일이 없기 때문입니다.

스승님, 빼앗음이 없는 바라밀이 곧 지혜의 완성입니다. 어떤 대상도 취할 것이 없기 때문입니다.

스승님, 다하는 바라밀이 곧 지혜의 완성입니다. 어떤 법도 다함이 없기 때문입니다.

스승님, 생겨남이 없는 바라밀이 곧 지혜의 완성입니다. 어떤 법도 생겨남이 없기 때문입니다.

스승님, 지어냄이 없는 바라밀이 곧 지혜의 완성입니다. 지어낸 이를 붙잡을 수 없기 때문입니다.

스승님, 나오지 않는 바라밀이 곧 지혜의 완성입니다. 나오는 이를 붙잡을 수 없기 때문입니다.

스승님, 가 닿지 않는 바라밀이 곧 지혜의 완성입니다. 물러나 주저앉는 일이 없기 때문입니다.

스승님, 티끌이 없는 바라밀이 곧 지혜의 완성입니다. 모든 번뇌가 청정하기 때문입니다.

스승님, 더러움에 물들지 않는 바라밀이 곧 지혜의 완성입니다. 어떤 것도 더럽지 않기 때문입니다.

스승님, 멸하지 않는 바라밀이 곧 지혜의 완성입니다. 모든 대상이 지나간 시간을 여의었기 때문입니다.

스승님, 허깨비의 바라밀이 곧 지혜의 완성입니다. 어떤 대상도 생겨나지 않기 때문입니다.

스승님, 꿈의 바라밀이 곧 지혜의 완성입니다. 모든 의식이 평등하기 때문입니다.

스승님, 실없는 말을 하지 않는 바라밀이 곧 지혜의 완성입니다.

어떤 실없는 말도 평등하기 때문입니다.

스승님, 생각이 없는 바라밀이 곧 지혜의 완성입니다. 어떤 생각도 생겨나지 않기 때문입니다.

스승님, 움직이지 않는 바라밀이 곧 지혜의 완성입니다. 참된 성품은 항상 머무르기 때문입니다.

스승님, 욕심을 여의는 바라밀이 곧 지혜의 완성입니다. 어떤 대상도 희롱하여 속이지 않기 때문입니다.

스승님, 일어나지 않는 바라밀이 곧 지혜의 완성입니다. 어떤 대상도 분별하지 않기 때문입니다.

스승님, 고요함도 사라진 바라밀이 곧 지혜의 완성입니다. 어떤 대상의 모양도 붙잡을 수 없기 때문입니다.

스승님, 번뇌가 없는 바라밀이 곧 지혜의 완성입니다. 어떤 대상에도 허물이 없기 때문입니다.

스승님, 중생이 없는 바라밀이 곧 지혜의 완성입니다. 중생은 붙잡을 수 없기 때문입니다.

스승님, 끊어짐이 없는 바라밀이 곧 지혜의 완성입니다. 어떤 대상도 일어나지 않기 때문입니다.

스승님, 양극단이 없는 바라밀이 곧 지혜의 완성입니다. 어떤 대상도 집착하지 않기 때문입니다.

스승님, 서로 다르지 않은 바라밀이 곧 지혜의 완성입니다. 어떤 대상도 화합하지 않기 때문입니다.

스승님, 집착하지 않는 바라밀이 곧 지혜의 완성입니다. 성문과 벽지불의 지위를 분별하지 않기 때문입니다.

스승님, 분별하지 않는 바라밀이 곧 지혜의 완성입니다. 모든 분별도 평등하기 때문입니다.

스승님, 한량없는 바라밀이 곧 지혜의 완성입니다. 한량 있는 대상이 생겨나지 않기 때문입니다.

스승님, 허공바라밀이 곧 지혜의 완성입니다. 어떤 대상도 걸림이 없기 때문입니다.

스승님, 생겨나지 않는 바라밀이 곧 지혜의 완성입니다. 어떤 대상도 일어나지 않기 때문입니다.

스승님, 덧없는 바라밀이 곧 지혜의 완성입니다. 어떤 대상도 잃지 않기 때문입니다.

스승님, 고통의 바라밀이 곧 지혜의 완성입니다. 어떤 대상도 고통과 괴로움이 없기 때문입니다.

스승님, 나라는 것이 없는 바라밀이 곧 지혜의 완성입니다. 어떤 대상도 탐욕스럽게 집착할 것이 없기 때문입니다.

스승님, 공한 바라밀이 곧 지혜의 완성입니다. 어떤 대상도 붙잡을 수 없기 때문입니다.

스승님, 모양이 없는 바라밀이 곧 지혜의 완성입니다. 어떤 대상도 모양을 붙잡을 수 없기 때문입니다.

스승님, 만들어내지 않는 바라밀이 곧 지혜의 완성입니다. 어떤 대상도 이루어지지 않기 때문입니다.

스승님, 다섯 가지 악을 부수는 바라밀이 곧 지혜의 완성입니다. 어떤 대상도 부술 수가 없기 때문입니다.

스승님, 한량없는 불법의 바라밀이 곧 지혜의 완성입니다. 어떤 대상도 헤아리는 것을 초월하기 때문입니다.

　스승님, 두려움 없는 바라밀이 곧 지혜의 완성입니다. 마음이 침몰하지 않기 때문입니다.

　스승님, 같은 바라밀이 곧 지혜의 완성입니다. 어떤 대상도 서로 다르지 않기 때문입니다.

　스승님, 있는 그대로의 바라밀이 곧 지혜의 완성입니다. 어떤 대상도 고유의 성품이 없기 때문입니다."

10
불가사의품

그때 제석천이 마음속으로 생각하였다.

'만약 어떤 사람이 지혜의 완성에 대해 듣기만 해도 이 사람은 이미 모든 부처님을 공양한 것과 같다고 알아야 한다. 하물며 이를 지니고 독송하며 들은 대로 배우고 들은 대로 행함에랴. 만약 어떤 사람이 깊은 지혜의 완성을 설법하는 것을 듣고 이를 지니고 독송하며 들은 대로 행한다면, 이 사람은 이미 부처님을 많이 공양하고 그 깊은 뜻을 깨달았기에 과거의 모든 석가모니 스승님 역시 깊은 지혜의 완성을 듣고도 놀라거나 두려워한 적이 없었음을 알아야 한다.'

그때 사리불이 석가모니에게 말했다.

"스승님, 만약 보살마하살이 깊은 지혜의 완성을 잘 믿고 받아들인다면, 이 보살은 뒤로 물러남이 없는 지위에 있음을 반드시 알아야 할 것입니다. 왜냐하면 스승님, 만약 어떤 사람이 과거세에 오랫동안 깊은 지혜의 완성을 행하지 않았다면 지혜의 완성을 잘 믿고 받아들일 수 없을 것이기 때문입니다.

스승님, 만약 지혜의 완성을 헐뜯고 거스른다면 이 사람은 일찍이 오랫동안 지혜의 완성을 헐뜯고 거슬러왔음을 반드시 알아야 합니다. 왜냐하면 이 사람은 깊은 지혜의 완성을 믿는 마음도 없고 마음이 청정하지도 않으며, 또한 여러 부처님과 그 제자들에게 궁금한 점을 묻지도 않았기 때문입니다."

그때 제석천이 사리불에게 말했다.

"이것은 깊은 지혜의 완성입니다. 만약 보살의 길을 오랫동안 닦지 않았다면 지혜의 완성을 믿고 받아들이지 못하는 것이 어째서 이상합니까? 어떤 사람이 지혜의 완성을 예배한다면 이는 곧 모든 것을 꿰뚫는 지혜를 예배하는 것입니다."

사리불이 말했다.

"옳고도 옳은 말입니다, 제석천 님. 만약 어떤 사람이 지혜의 완성을 예배한다면 이는 곧 모든 것을 꿰뚫는 지혜를 예배하는 것입니다. 지혜의 완성으로부터 모든 부처님의 모든 것을 꿰뚫는 지혜가 생겨나고, 다시 모든 것을 꿰뚫는 지혜로부터 지혜의 완성이 생겨납니다. 보살은 반드시 지혜의 완성에 이와 같이 머물러야 하며, 이와 같이 지혜의 완성을 익혀야 합니다."

제석천이 석가모니에게 말했다.

"스승님, 보살이 어떻게 지혜의 완성을 행해야 지혜의 완성에 머문다고 하고 지혜의 완성을 닦는다고 합니까?"

석가모니가 제석천에게 말했다.

"훌륭하고 훌륭하네, 제석천이여. 그대는 궁금한 것을 잘도 묻는구나. 그대의 물음은 모두 부처님의 능력에 의한 것이라네.

제석천이여, 만약 보살이 지혜의 완성을 행하되 대상에 머무르지 않아야 하나니, 이와 같이 대상에 머무르지 않는 것을 대상을 닦는다고 하며, 느낌·표상·의도·분별에도 머무르지 않아야 하니, 이와 같이 정신작용에 머무르지 않는 것을 정신작용을 닦는다고 한다네.

또한 제석천이여, 만약 보살이 대상을 닦지 않으면 이는 곧 대상에 머무르지 않는 것이며, 느낌·표상·의도·분별을 익히지 않으면 이는 정신작용에 머무르지 않는 것이라네. 제석천이여, 이러한 것을 일컬어 보살이 지혜의 완성을 닦는다고 하며 지혜의 완성에 머문다고 한다네.”

사리불이 석가모니에게 말했다.

“스승님, 지혜의 완성의 깊이는 한량이 없어서 바닥을 모릅니다.”

석가모니가 사리불에게 말했다.

“만약 보살마하살이 대상에 아주 깊이 머무르지 않는다면 이것을 일컬어 대상을 아주 깊이 닦는다고 한다네. 느낌·표상·의도·분별에 아주 깊이 머무르지 않는다면 이것을 일컬어 정신작용을 아주 깊이 닦는다고 한다네.

또 사리불이여, 만약 보살마하살이 대상을 아주 깊이 닦지 않는다면 이것을 일컬어 대상에 아주 깊이 머무르지 않는다고 한다네. 느낌·표상·의도·분별에 아주 깊이 머무르지 않는다면 이것을 일컬어 정신작용에 아주 깊이 머무르지 않는다고 한다네.”

사리불이 말했다.

“스승님, 깊은 지혜의 완성은 반드시 물러남이 없는 경지의 보살에게만 말해야 합니다. 이 사람들은 이에 대해 듣고도 아무런 후회나 의심을 품지 않기 때문입니다."

그때 제석천이 사리불에게 말했다.

"만약 예언을 아직 받지 못한 보살에게 이를 말하면 어떤 허물이 있겠습니까?"

사리불이 말했다.

"제석천이여, 만약 예언을 아직 받지 못한 보살이 깊은 지혜의 완성을 듣는다면, 이 보살은 이미 오랫동안 대승에 대한 믿음을 내어 그에 가까이 다가선 것이니, 머지않아 반드시 예언을 받을 것임을 알아야 합니다. 앞으로 다가올 첫 번째 부처님이나 두 번째 부처님의 세상에서 반드시 더없이 완전한 깨달음을 얻으리라는 예언을 받을 것입니다."

석가모니가 말했다.

"옳고도 옳은 말이네, 사리불이여. 만약 예언을 아직 받지 못한 보살이 깊은 지혜의 완성을 듣는다면 이 보살은 이미 오랫동안 대승에 대한 믿음을 가지고 있었음을 알아야 하네."

사리불이 석가모니에게 말했다.

"스승님, 제가 이제 비유로 말씀드려보겠습니다."

석가모니가 말했다.

"좋을 대로 하게."

사리불이 말했다.

"스승님, 이것은 마치 보살의 길을 구하는 이가 꿈에서조차 깨달음의 장소에 앉아있는 것과 같습니다. 이러한 보살은 반드시 더없이 완전한 깨달음에 가까이 다가서 있음을 알아야 합니다. 만약 보살의 길을 구하는 이가 깊은 지혜의 완성을 듣게 되면 이 보살은 오랜 세월 동안 대승에 대한 믿음을 가지고 있었음을 알아야 합니다. 그 선근이 이루어져 부처가 되리라는 예언에 가까이 다가서 있는 까닭에 이 보살은 얼마 안 있어 반드시 예언을 받을 것임을 알아야 합니다."

석가모니가 말했다.

"옳고도 옳은 말이네, 사리불이여. 그대는 부처님의 능력 덕분에 이와 같이 말하는구나."

사리불이 말했다.

"스승님, 비유하자면 이것은 어떤 사람이 하루 만에 걸을 수 있는 거리의 100배 혹은 200배 혹은 300배 혹은 400배 혹은 500배나 되는 멀고 험한 여행길을 가는 동안 힘들고 괴로운 일이 닥쳤을 때, 먼저 소와 양을 먹이는 목동을 보거나 마을과 마을의 경계를 보거나 정원의 나무 등을 발견하고는 반드시 가까운 곳에 마을이나 성읍이 있는 줄 알고, 마음속으로 '내가 바라보고 있는 모습대로라면 조금만 더 가면 마을이나 성읍이 있을 것이다'라고 생각하여 도적의 공격을 더는 무서워하지 않고 마음이 바로 편안해지는 것과 같습니다.

스승님, 보살도 이와 같습니다. 만약 어떤 보살이 깊은 지혜의 완성을 듣게 되면 이 보살은 부처가 되리라는 예언에 가까이 다가서 있는 까닭에 얼마 있지 않아 반드시 예언을 받을 것임을 알아야 합니다. 이때는 비록 성문이나 벽지불의 지위에 떨어지더라도 두려워하지 않습니다. 왜냐하면 이 보살은 본래의 모양에 의해 이미 깊은 지혜의 완성을 보았고 깊은 지혜의 완성을 들었기 때문입니다.

스승님, 비유하자면 이것은 바다를 보고 싶어 하는 어떤 사람이 서둘러 길을 가면서 나무와 산의 모습을 보고 바다가 아직도 멀었구나 하고 생각하다가, 그 모습이 더 이상 보이지 않게 되면 바다가 반드시 가까이 있음을 아는 것과 같습니다. 큰 바다는 깊은 까닭에 그 주변에 나무와 산이 없기 때문입니다. 이와 같이 이 사람은 비록 직접 보지 않고도 가까운 곳에 바다가 있음을 알 수 있습니다.

스승님, 보살도 이와 같습니다. 만약 깊은 지혜의 완성을 듣게 되면 지금으로서는 비록 어떤 부처님에게서도 예언을 받지 못했지만 자신이 더없이 완전한 깨달음에 가까이 다가서 있음을 반드시 압니다. 왜냐하면 자신이 직접 깊은 지혜의 완성을 듣고 보고 또 공양하였기 때문입니다.

스승님, 비유하자면 이것은 마치 이른 봄에는 나무에 잎이 하나도 없지만 얼마 있지 않아 반드시 잎과 꽃이 무성하여 열매를 맺으리란 것을 아는 것과 같습니다. 왜냐하면 본래의 모양이 나타나기 때문입니다. 이 땅에 사는 사람들은 나무에서 본래의 모양을 보고 모두들 기뻐하면서 마음속으로 '얼마 안 있어 이 나무에는 반드시 잎과 꽃이 무성하여 열매가 맺히겠구나'라고 생각합니다.

스승님, 보살도 이와 같습니다. 만약 깊은 지혜의 완성을 보고 듣게 되면 이 보살이 쌓아온 선근공덕이 마침내 이루어진 것임을 알아야 합니다.

이와 같이 오랜 세월 동안 쌓아온 훌륭한 뿌리가 인연이 된 까닭에 이제 어떤 보살이 깊은 지혜의 완성을 듣게 되면 그 가운데 이미 부처님을 보았거나 천신을 본 적이 있는 이들은 모두 크게 기뻐하면서 마음속으로 '앞의 보살들도 이로써 예언을 받았으니 이 보살도 얼마 있지 않아 반드시 더없이 완전한 깨달음을 얻을 것이라는 예언을 받을 것이다'라고 생각합니다.

스승님, 비유하자면 이는 마치 여인이 임신한 것과 같습니다. 몸을 뒤척일 때마다 불편하고 몹시 피로해서 일하기가 즐겁지 않고, 자고 눕는 것도 편치 않으며, 음식도 잘 먹을 수가 없어서 몸이 괴로우며, 말하는 것도 귀찮아지고 본래 좋아하던 일도 싫어져서 더는 마음이 즐겁지 못합니다. 이것은 본래의 모양이 나타나기 때문이니, 이 여인은 얼마 안 있어 반드시 아이를 낳을 것임을 알게 됩니다.

보살의 선근공덕이 이루어지는 것도 이와 같으니, 만약 깊은 지혜의 완성을 보고 듣고 사유하게 되면 이 보살은 얼마 안 있어 더없이 완전한 깨달음을 얻을 것이라는 예언을 받을 것임을 알아야 합니다."

석가모니가 말했다.

"옳고도 옳은 말이네, 사리불이여. 그대가 즐겨 말한 것은 모두 부처님의 능력에 의한 것이네."

수보리가 석가모니에게 말했다.

"흔치 않은 일입니다, 스승님. 부처님들은 보살에 대한 여러 가지 일을 잘 말해놓았습니다."

석가모니가 말했다.

"수보리여, 이 모든 보살마하살은 오랜 세월 동안 많은 이익과 많은 평안과 많은 안락을 누리고 세상의 중생들을 불쌍하게 여기며, 더없이 완전한 깨달음을 얻어 하늘나라의 모든 중생들을 위해 설법할 것이네."

수보리가 석가모니에게 말했다.

"스승님, 보살마하살은 어떻게 온전히 갖추고 닦아야 지혜의 완성을 행할 수 있습니까?"

석가모니가 말했다.

"수보리여, 만약 보살마하살이 지혜의 완성을 행하려면 대상이 불어나지 않는 것을 보아야 지혜의 완성을 행하는 것이며, 느낌·표상·의도·분별이 불어나지 않는 것을 보아야 지혜의 완성을 행하는 것이며, 대상이 줄어들지 않는 것을 보아야 지혜의 완성을 행하는 것이며, 느낌·표상·의도·분별이 줄어들지 않는 것을 보아야 지혜의 완성을 행하는 것이며, 나아가 법도 보지 않고 비법도 보지 않아야 지혜의 완성을 행하는 것이라네.

수보리가 말했다.

"스승님, 부처님들의 말씀은 그 뜻이 참으로 불가사의합니다."

석가모니가 말했다.

"수보리여, 모든 대상은 참으로 불가사의하다네. 느낌·표상·의도·분별의 정신작용도 참으로 불가사의하다네. 만약 보살이 대상을 분별하지 않는다면 참으로 불가사의한 일이며, 느낌·표상·의도·분별의 정신작용을 분별하지 않는다면 또한 불가사의한 일이니, 이는 곧 지혜의 완성을 행하는 것이라네."

수보리가 말했다.

"스승님, 누가 지혜의 완성을 이와 같이 믿고 받아들일 수 있겠습니까?"

석가모니가 말했다.

"수보리여, 보살의 길을 오랫동안 수행한 이라네."

수보리가 말했다.

"스승님, 어떤 보살을 가리켜 오랫동안 수행한 이라고 합니까?"

석가모니가 말했다.

"수보리여, 만약 보살이 지혜의 완성을 행하여 부처님의 10력과 4무소외와 나아가 모든 것을 꿰뚫는 지혜를 분별하지 않으면 이를 일컬어 오랫동안 수행한 이라고 한다네. 왜냐하면 부처님의 10력은 불가사의하며 4무소외와 18불공법은 불가사의하며, 나아가 모든 것을 꿰뚫는 지혜는 불가사의하며, 물질적 존재는 불가사의하며, 느낌·표상·의도·분별의 정신작용은 불가사의하며, 모든 대상 역시 참으로 불가사의하다네. 만약 보살이 이와 같이 행한다면 이를 일컬어 행함에 머무는 일 없이 지혜의 완성을 행한다고 하니, 그러한 까닭에 오랫동안 수행한 이라고 부르는 것이라네."

수보리가 말했다.

"스승님, 지혜의 완성은 아주 깊으며 지혜의 완성은 진귀한 보배 덩어리이니, 마치 허공이 청정한 것과 같습니다. 그런데 참으로 이상한 일입니다, 스승님. 지혜의 완성에는 많은 장애가 따르니 말입니다. 만약 이것을 베껴 쓰고자 한다면 혹시 1년이 걸리더라도 반드시 서둘러 써야 합니다."

석가모니가 말했다.

"옳고도 옳은 말이네, 수보리여. 만약 선남자와 선여인이 지혜의 완성을 베껴 쓰고 독송하며 들은 대로 행하고자 한다면 혹시 1년이 걸리더라도 반드시 서둘러서 해야 한다네. 수보리여, 진귀한 보배에는 욕심내는 도적이 많기 때문이지."

수보리가 말했다.

"스승님, 지혜의 완성에는 항상 악마가 달라붙어서 이를 끊어내려고 합니다."

석가모니가 말했다.

"수보리여, 악마가 비록 이를 끊어내려고 하나 그렇게 하지는 못한다네."

사리불이 석가모니에게 말했다.

"스승님, 어떤 능력 때문에 악마가 지혜의 완성에 장애를 일으키지 못합니까?"

석가모니가 말했다.

"사리불이여, 부처님의 능력 덕분에 악마가 지혜의 완성에 장애를 일으키지 못한다네. 사리불이여, 이는 또한 현재 시방의 한량없는 세계에 계시는 모든 부처님들의 능력 덕분이기도 하니, 악마가 지혜의 완성에 장애를 일으키지 못하는 것은 모든 부처님들이 한결같이 이 보살을 염두에 두고 수호하기에 제 마음대로 하지 못하기 때문이네. 왜냐하면 사리불이여, 모든 부처님들이 보살을 돌보아주시려고 하는데 악마가 이를 거스르고 장애를 줄 수는 없기 때문이네. 왜냐하면 사리불이여, 만약 어떤 사람이 지혜의 완성을 베껴 쓰고 독송하고 설명해주면 현재 계시는 시방의 헤아릴 수 없을 만큼 아득히 많은 부처님과 불법이 반드시 염두에 두고 이를 수호한다네. 만약 지혜의 완성을 독송한다면 이 보살은 모든 부처님들이 염두에 두고 수호해주시는 까닭에 능숙하게 독송하여 쉽게 통달한다네."

사리불이 말했다.

"스승님, 선남자와 선여인이 지혜의 완성을 잘 지니고 독송하면 부처님들이 이 사람들을 눈으로 지켜보신다는 것을 반드시 알아야 합니다."

석가모니가 말했다.

"사리불이여, 만약 어떤 선남자와 선여인이 지혜의 완성을 잘 지니고 독송하며, 더 나아가 베껴 쓴다면 부처님들이 이 사람들을 눈으로 지켜보신다는 것을 반드시 알아야 하네.

사리불이여, 만약 부처님의 가르침을 구하는 선남자와 선여인이 지혜의 완성을 지니고 독송하면 이는 더없이 완전한 깨달음에 가까이 다가선 것이며, 나아가 스스로 이를 베껴 쓰거나 남에게 베껴 쓰도록 하고 이를 지니고 독송한다면 이러한 인연으로 아주 많은 복을 받을 것이네.

사리불이여, 여래께서 열반에 드신 뒤에 지혜의 완성은 반드시 남방에 전해질 것이며, 남방으로부터 다시 서방으로 전해지고, 서방으로부터 다시 북방으로 전해질 것이네.

사리불이여, 나의 가르침이 번성할 때에는 법이 쇠퇴해가는 모습을 볼 수 없을 터이니, 비록 북방일지라도 만약 지혜의 완성을 지니고 베껴 쓰고 공양하는 이가 있다면 이 사람도 부처님들이 눈으로 지켜보아 알아보시고 염두에 두신다네."

사리불이 석가모니에게 말했다.

"스승님, 여래께서 열반에 들고 500년이 지난 뒤에는 지혜의 완성이 틀림없이 북방에 널리 퍼지게 됩니까?"

석가모니가 말했다.

"사리불이여, 여래께서 열반에 들고 500년 뒤에는 지혜의 완성이 틀림없이 북방에 널리 퍼지게 된다네. 그 가운데 어떤 선남자와 선여인이 지혜의 완성을 듣고 지니고 독송하고 닦아 익힌다면, 이 사람은 일찍부터 더없이 완전한 깨달음의 마음을 품어 왔음을 반드시 알아야 하네."

사리불이 말했다.

"스승님, 북방에서는 얼마나 많은 보살이 지혜의 완성을 잘 듣고 잘 지니고 잘 독송하고 잘 닦아 익히겠습니까?"

석가모니가 말했다.

"사리불이여, 북방에서는 비록 많은 보살이 지혜의 완성을 듣고 지니고 독송하고 닦아 익히겠지만, 그 가운데 소수만이 이를 잘 독송하고 잘 닦아 익히고 잘 행할 것이네. 이러한 사람은 지혜의 완성에 대해 들어도 놀라거나 두려워하지 않으니, 이미 많은 부처님을 뵙고 궁금한 것을 여쭈었기 때문이라네. 이러한 사람은 보살의 길을 행하기에 부족함이 없고 더없이 완전한 깨달음을 위하는 까닭에 한량없는 중생에게 이익을 베풀어줄 수 있음을 반드시 알게. 왜냐하면 사리불이여, 나는 이 선남자와 선여인을 위해 반드시 모든 것을 꿰뚫는 지혜에 대해 설법할 것이라네. 그러면 이 사람들은 훗

날 다시 태어나도 더없이 완전한 깨달음을 즐겨 말하고 한마음으로 화합할 것이니, 악마의 왕이라도 그 마음을 부수지 못할 것이네.

이러한 사람들이 지혜의 완성을 듣게 되면 크게 기뻐하고 마음이 청정해지며 중생들에게 더없이 완전한 깨달음의 뿌리를 심도록 한다네. 그리고 이 선남자와 선여인은 내 앞에서 이렇게 말한다네.

'저희들이 보살의 길을 닦을 때는 항상 한량없는 백천만의 중생들에게 불법을 가르쳐서 반드시 이롭고 기쁘게 하며 더없이 완전한 깨달음에 머물도록 하겠습니다.'

사리불이여, 나는 이들의 마음을 들여다보고 함께 기뻐하니, 이 사람들이 보살의 길을 닦을 때는 항상 한량없는 백천만의 중생들에게 불법을 가르쳐서 반드시 이롭고 기쁘게 해주며 더없이 완전한 깨달음에 머무르도록 한다네. 이와 같은 선남자와 선여인은 마음속으로 대승을 기꺼워하며 현재 부처님이 설법하고 있는 다른 불국토에 태어나기를 원한다네.

이 불국토에서 그는 계속해서 지혜의 완성을 설하는 것을 널리 들으며, 역시 여기에서도 한량없는 백천만의 중생들에게 불법을 가르쳐서 반드시 이로움과 기쁨을 주며 더없이 완전한 깨달음에 머물도록 한다네."

사리불이 석가모니에게 말했다.

"흔치 않은 일입니다, 스승님. 스승님께서는 과거와 미래와 현재의 모든 법에 대해 알지 못하는 것이 없으시고 이해하지 못하는 것이 없으십니다.

스승님, 미래세의 많은 보살들이 열심히 정진하고 부지런히 지혜의 완성을 구한다면, 이 선남자와 선여인들은 구하여도 얻고 구하지 않아도 얻을 것입니다."

"사리불이여, 많은 선남자와 선여인이 게으름을 피우지 않고 정진하는 까닭에 굳이 지혜의 완성을 구하지 않아도 얻을 수 있을 것이네."

"스승님, 이 선남자와 선여인은 역시 굳이 구하지 않아도 6바라밀에 상응하는 경전을 얻을 수 있습니까?"

"사리불이여, 만약 6바라밀에 상응하는 경전이 있다면, 이 선남자와 선여인은 역시 굳이 구하지 않아도 이를 얻을 수 있을 것이네. 왜냐하면 사리불이여, 법이란 원래 그러하기 때문이지. 만약 어떤 보살이 모든 중생을 위해 불법을 가르쳐서 이로움과 기쁨을 주며, 또한 스스로 더없이 완전한 깨달음에 대해 배운다면, 이 사람은 뒤에 다시 태어나서 굳이 지혜의 완성을 구하지 않아도 이를 얻을 수 있을 것이네."

11
마사품

그때 수보리가 석가모니에게 말했다.

"스승님, 이미 선남자와 선여인의 공덕에 대해 말씀하셨습니다만, 어떻게 해서 이들이 불도를 구하는 데에 장애가 일어납니까?"

"수보리여, 만약 설법하는 이의 입에서 기쁨을 주는 말이 바로 나오지 않는다면 보살은 반드시 이것이 악마의 장난인 줄 알아야 하네.

또 수보리여, 만약에 설법하는 이가 기쁨을 주는 말을 그칠 수 없다면 보살은 반드시 이것이 악마의 장난인 줄 알아야 하네.

수보리여, 만약 설법하는 이가 궁극의 경지를 말해줄 수 없다면 보살은 반드시 이것이 악마의 장난인 줄 알아야 하네.

수보리여, 지혜의 완성을 베껴 쓰고 독송하고 말할 때 오만하고 잘난 척하면 보살은 반드시 이것이 악마의 장난인 줄 알아야 하네.

수보리여, 지혜의 완성을 베껴 쓰고 독송하고 말할 때 서로 웃고 떠든다면 보살은 반드시 이것이 악마의 장난인 줄 알아야 하네.

수보리여, 지혜의 완성을 베껴 쓰고 독송하고 말할 때 서로 얕본다면 보살은 반드시 이것이 악마의 장난인 줄 알아야 하네.

수보리여, 지혜의 완성을 베껴 쓰고 독송하고 말할 때 그 마음이 어지러우면 보살은 반드시 이것이 악마의 장난인 줄 알아야 하네.

수보리여, 지혜의 완성을 베껴 쓰고 독송하고 말할 때 그 마음이 하나가 되지 않으면 보살은 반드시 이것이 악마의 장난인 줄 알아야 하네.

수보리여, 수행자가 '나는 지혜의 완성의 맛을 얻지 못했다'고 생각하고 자리를 뜨면 보살은 반드시 이것이 악마의 장난인 줄 알아야 하네.

수보리여, 수행자가 '나는 지혜의 완성 안에 있으면서 아무런 예언도 받지 못했다'고 생각하고 청정하지 못한 마음으로 자리를 뜨면 보살은 반드시 이것이 악마의 장난인 줄 알아야 하네.

수보리여, 수행자가 '지혜의 완성 가운데 나의 이름이 설해져 있지 않다'고 생각하여 마음이 청정하지 못하면 보살은 반드시 이것이 악마의 장난인 줄 알아야 하네.

수보리여, 수행자가 '지혜의 완성 가운데 내가 태어날 마을과 성읍이 설해져 있지 않다'라고 생각하고 이러한 이유에서 지혜의 완성을 말하는 것을 즐겨 듣지 않고 바로 일어나 가버리면 그러한 생각이 일어난 시간만큼 몇 겁을 후퇴하여 다시 보살의 길을 닦아야 하니, 보살은 반드시 이것이 악마의 장난인 줄 알아야 하네.

또 수보리여, 다른 경전은 모든 것을 꿰뚫는 지혜에 이를 수 없으니, 보살이 지혜의 완성을 버리고 다른 경전을 독송하면 이 보살은 근본을 버리고 가지나 잎을 붙드는 것이네. 왜냐하면 보살은 지혜의 완성에 의해 세간법과 출세간법을 성취하며, 지혜의 완성을 배움으로써 세간법과 출세간법을 배울 수 있기 때문이니, 만약 지혜의 완성을 버린다면 보살은 반드시 이것이 악마의 장난인 줄 알아야 하네.

수보리여, 비유하자면 이것은 어떤 개가 주인이 주는 음식을 외면하고 도리어 그 집의 일꾼으로부터 먹을 것을 찾는 것과 같네. 이와 같이 수보리여, 미래의 세상에서 어떤 보살이 지혜의 완성을 외면하고 성문이나 벽지불의 도를 가르치는 다른 경전을 따르면 보살은 반드시 이것이 악마의 장난인 줄 알아야 하네.

수보리여, 비유하자면 이것은 어떤 사람이 코끼리를 얻고 나서 정작 코끼리는 보지 않고 도리어 발자국만 찾는 것과 같으니, 이 사람은 현명하다고 할 수 있겠는가, 없겠는가?"

"현명하다고 할 수 없습니다, 스승님."

"수보리여, 보살도 이와 같다네. 깊은 지혜의 완성을 얻었지만 이것을 버리고 도리어 성문과 벽지불의 도를 가르치는 경전으로부터 모든 것을 꿰뚫는 지혜를 얻고자 한다면, 그대 생각에 이 사람을 현명하다고 할 수 있겠는가, 없겠는가?"

"현명하다고 할 수 없습니다, 스승님. 보살은 반드시 이것이 악마의 장난인 줄 알아야 합니다."

"수보리여, 비유하자면 이것은 큰 바다를 보고 싶어 하는 어떤 사람이 이미 보고도 도리어 소 발자국에 고인 물을 보고 '큰 바다의 물이 이것보다 많을 수 있을까?'라고 말하는 것과 같으니, 그대 생각에 이 사람을 현명하다고 할 수 있겠는가, 없겠는가?"

"현명하다고 할 수 없습니다, 스승님."

"수보리여, 미래 세상의 보살도 이와 같다네. 깊은 지혜의 완성을 얻었지만 이것을 버리고 성문과 벽지불의 도를 가르치는 경전을 독송한다면, 그대 생각에 이 사람을 현명하다고 할 수 있겠는가, 없 겠는가?"

"현명하다고 할 수 없습니다, 스승님. 보살은 반드시 이것이 악마 의 장난인 줄 알아야 합니다."

"수보리여, 비유하자면 이것은 제석천왕의 훌륭한 궁전을 지으 려는 목수가 도리어 일월의 궁전을 측량하는 것과 같으니, 그대 생 각에 이 사람을 현명하다고 할 수 있겠는가, 없겠는가?"

"현명하다고 할 수 없습니다, 스승님."

"수보리여, 미래 세상의 보살도 이와 같다네. 깊은 지혜의 완성을 얻었지만 이것을 버리고 도리어 성문과 벽지불의 도를 가르치는 경전으로부터 모든 것을 꿰뚫는 지혜를 얻고자 한다면, 그대 생각 에 이 사람을 현명하다고 할 수 있겠는가, 없겠는가?"

"현명하다고 할 수 없습니다, 스승님. 보살은 반드시 이것이 악마 의 장난인 줄 알아야 합니다."

"수보리여, 비유하자면 이것은 전륜성왕을 보고 싶어 하는 어떤 사람이 왕을 보고도 알아보지 못하고 마음속으로 '전륜성왕은 어 떻게 생겼으며 그 위덕은 어느 정도일까?'라고 생각하다가, 나중에 작은 나라의 왕을 보고는 '전륜성왕의 모습과 위덕도 이와 같지 않 을까?'라고 하는 것과 같으니, 그대 생각에 이 사람을 현명하다고 할 수 있겠는가, 없겠는가?"

"현명하다고 할 수 없습니다, 스승님."

"수보리여, 미래 세상의 보살도 이와 같다네. 깊은 지혜의 완성을 얻었지만 이것을 버리고 도리어 성문과 벽지불의 도를 가르치는 경전으로부터 모든 것을 꿰뚫는 지혜를 얻고자 한다면, 그대 생각에 이 사람을 현명하다고 할 수 있겠는가, 없겠는가?"

"현명하다고 할 수 없습니다, 스승님. 보살은 반드시 이것이 악마의 장난인 줄 알아야 합니다."

"수보리여, 비유하자면 이것은 굶주린 사람이 맛있는 음식을 외면하고 도리어 맛없는 음식을 찾는 것과 같으니, 그대 생각에 이 사람을 현명하다고 할 수 있겠는가, 없겠는가?"

"현명하다고 할 수 없습니다, 스승님."

"수보리여, 보살 역시 이와 같다네. 깊은 지혜의 완성을 얻었지만 이것을 버리고 도리어 성문과 벽지불의 도를 가르치는 경전으로부터 모든 것을 꿰뚫는 지혜를 얻고자 한다면, 그대 생각에 이 사람을 현명하다고 할 수 있겠는가, 없겠는가?"

"현명하다고 할 수 없습니다, 스승님. 보살은 반드시 이것이 악마의 장난인 줄 알아야 합니다."

"수보리여, 비유하자면 이것은 마치 값을 매길 수 없는 보석을 수정 덩어리와 비교하는 것과 같으니, 그대 생각에 이 사람을 현명하다고 할 수 있겠는가, 없겠는가?"

"현명하다고 할 수 없습니다, 스승님."

"수보리여, 미래 세상의 보살도 이와 같다네. 깊은 지혜의 완성을 얻었지만 이것을 버리고 성문과 벽지불의 도를 가르치는 경전으로부터 모든 것을 꿰뚫는 지혜를 얻고자 한다면, 그대 생각에 이 사람을 현명하다고 할 수 있겠는가, 없겠는가?"

"현명하다고 할 수 없습니다, 스승님. 보살은 반드시 이것이 악마의 장난인 줄 알아야 합니다."

"또 수보리여, 지혜의 완성을 베껴 쓰거나 독송하고 있을 때 만약 쓸데없는 일에 대해 말을 많이 하여 지혜의 완성을 방해한다면, 보살은 반드시 이것이 악마의 장난인 줄 알아야 하네."

수보리가 석가모니에게 말했다.

"스승님, 지혜의 완성을 베껴 쓰고 독송하고 말한다는 것이 가능하기나 한 일입니까?"

"아니네, 수보리여. 만약 선남자와 선여인이 단순히 글자를 베껴 쓰면서 마음속으로 '나는 지혜의 완성을 쓰고 있다'라고 생각하면, 이는 곧 악마의 장난이네.

수보리여, 이때에는 반드시 이 선남자와 선여인에게 '그대들은 단지 글자를 베껴 쓸 뿐 결코 자신이 지혜의 완성을 쓰고 있다고 함부로 생각하거나 말하지 말라. 여러 선남자와 선여인은 글자를 통하여 단지 지혜의 완성을 보여줄 수 있을 뿐이다. 이러한 까닭에 그대들은 글자에 집착하지 말라. 만약 글자에 집착하면 이것은 반드시 악마의 장난인 줄 알아야 하며, 탐착하지 않으면 악마의 장난에서 벗어나게 된다'라고 가르쳐주어야 하네.

또 수보리여, 지혜의 완성을 베껴 쓰거나 독송하고 말할 때 만약 방방곡곡의 나라나 성읍이나 마을이나 국왕이나 도적과의 전쟁을 생각하거나 부모와 형제와 자매를 떠올린다면 악마는 이와 같은 잡

넘을 구실로 지혜의 완성을 방해할 것이니, 모든 보살은 이러한 사실을 명심해야 하며 이 역시 악마의 장난인 줄 반드시 알아야 하네.

또 수보리여, 지혜의 완성을 베껴 쓰거나 독송하고 말할 때 만약 옷가지와 음식과 침구와 의약품 등의 필수품을 공양하면 지혜의 완성을 방해한다는 사실을 모든 보살은 명심해야 하며, 이 역시 악마의 장난인 줄 반드시 알아야 하네.

또 수보리여, 악마가 장난을 쳐서 보살들로 하여금 다른 경전을 얻도록 하니, 방편이 있는 보살은 그 경전에 탐착하지 않으나 방편이 없는 보살은 지혜의 완성을 버리고 이 깊은 경전을 취한다네.

그런데 수보리여, 내가 지혜의 완성 가운데에서 널리 방편을 설해 놓았으니 이로부터 방편을 구하면 충분할 것을, 도리어 다른 경전의 성문과 벽지불의 법에서 이를 구한다면, 그대 생각에 이 사람을 현명하다고 할 수 있겠는가, 없겠는가?"

"현명하다고 할 수 없겠습니다, 스승님."

"수보리여, 이것은 반드시 악마의 장난인 줄 알아야 하네. 또 수보리여, 설법을 듣는 이는 지혜의 완성을 알고 싶어 하지만 설법하는 이가 힘들어하고 게을러서 이를 가르쳐주기를 기꺼워하지 않는다면, 이와 같이 서로 일치하지 않는 것도 악마의 장난인 줄 알아야 하네.

또 수보리여, 법을 말하는 이는 힘들어하지도 않고 기꺼이 지혜의 완성을 말하나 정작 설법을 듣는 이가 시방의 나라를 생각하면서 지혜의 완성을 베껴 쓰거나 독송하거나 말하지 않는다면, 이와 같이 서로 일치하지 않는 것도 역시 악마의 장난인 줄 알아야 하네.

또 수보리여, 설법을 듣는 이는 집중하는 힘과 지혜의 힘이 있어서 기꺼이 지혜의 완성을 듣고 받아 독송하기를 원하나 법을 말하는 이가 시방의 나라를 생각하면서 지혜의 완성을 베껴 쓰거나 독송하거나 말하지 않는다면, 이와 같이 서로 일치하지 않는 것도 악마의 장난인 줄 알아야 하네.

또 수보리여, 법을 말하는 이는 재물과 옷가지와 음식을 귀중하게 여기나 설법을 듣는 이가 그것을 주지 않는다고 서운하게 생각하면서 지혜의 완성을 베껴 쓰거나 독송하거나 말하지 않는다면, 이와 같이 서로 일치하지 않는 것도 악마의 장난인 줄 알아야 하네.

또 수보리여, 설법을 듣는 이는 믿고 기꺼워하는 마음으로 법을 말하는 이를 공양하고자 하나 정작 법을 말하는 이가 능숙하지 못해서 설법을 듣는 이가 쉽게 알아듣지 못하고 지혜의 완성을 베껴 쓰거나 독송하거나 말하지 않는다면, 이와 같이 서로 일치하지 않는 것도 악마의 장난인 줄 알아야 하네.

또 수보리여, 법을 말하는 이는 기꺼운 마음으로 설법하나 설법을 듣는 이가 기꺼이 받아들이지 않으면서 지혜의 완성을 베껴 쓰거나 독송하거나 말하지 않는다면, 이와 같이 서로 일치하지 않는 것도 악마의 장난인 줄 알아야 하네.

또 수보리여, 법을 말하는 이는 몸이 몹시 피곤하고 졸려서 말하기조차 힘든 지경이나 설법을 듣는 이는 듣는 것과 독송하기를 기꺼워한다면, 이와 같이 서로 일치하지 않는 것도 악마의 장난인 줄 알아야 하네.

또 수보리여, 지혜의 완성을 베껴 쓰거나 독송하거나 말하고 있을 때 어떤 사람이 와서 3악도의 고통에 대해 말하되 '지옥세계에는 이러한 고통이 있고, 축생세계와 아귀세계에는 이러한 고통이 있으나 이러한 고통은 우리의 육신이 열반에 드는 것과 동시에 모두 끝나니, 어찌 다시 이러한 고통을 받으려 하는가?'라고 한다면, 보살은 이것이 악마의 장난인 줄 반드시 알아야 하네.

또 수보리여, 지혜의 완성을 베껴 쓰거나 독송하거나 말하고 있을 때 어떤 사람이 와서 욕계의 다섯 가지 욕망이 주는 극히 미묘한 쾌락과 색계의 선정이 주는 쾌락과 무색계의 모든 욕망과 불꽃이 스러진 고요함이 주는 쾌락 등을 찬탄하면서 '이 모든 것은 결국 무상하고 고통스럽고 공하고 무너지고 패하는 모습이니, 그대는 이 몸으로 수다원과·사다함과·아나함과·아라한과를 얻어서 다시는 이 세상에 오지 말라'고 한다면, 보살은 이것이 악마의 장난인 줄 반드시 알아야 하네.

또 수보리여, 설법하는 이가 많은 사람들이 자신을 따르는 것을 좋아하여 '나를 잘 따르면 반드시 지혜의 완성을 주겠지만 나를 따르지 않으면 지혜의 완성을 주지 않겠다'고 하니, 많은 사람들이 그를 따르고자 하였으나 설법하는 이가 험난하여 목숨을 잃기 쉬운 곳을 지나고자 하면서 정작 자신을 따라온 이들에게 말하기를 '선남자들이여, 그대들은 아는가, 모르는가? 어찌해서 험한 길을 지나 가려는 나를 따라오는가? 부디 잘 생각해서 아무런 이득이 없어도 후회하지 말라'고 하고, '왜 이와 같이 먹을 것도 없고 도둑이 들끓는 곳까지 따라왔는가?'라고 하여 사소한 이유를 들어 무리를 떠나 가고자 할 때 설법을 듣기 위해 그를 따라온 사람들은 '이것은 우리를 버리고 떠나겠다는 말이며, 지혜의 완성을 주지 않겠다는 뜻이다'라고 단정하고 지혜의 완성을 베껴 쓰거나 독송하거나 말하지 않으니, 이와 같이 서로 일치하지 않는다면 보살은 이것이 악마의 장난인 줄 반드시 알아야 하네.

또 수보리여, 설법하는 이가 악한 짐승과 호랑이와 늑대와 사자와 도적과 독이 들끓고 마실 물도 없는 곳을 지나고자 하면서 정작 사람들에게는 '그대들은 아는가, 모르는가? 내가 가고자 하는 곳은 악한 짐승과 호랑이와 늑대와 사자와 도적과 독이 들끓고 마실 물도 없는 곳을 지나야 하는데, 그대들이 어찌 이와 같은 고통을 받을 수 있겠는가?'라고 하여 사소한 이유를 들어 이들을 떠나가고자 할 때 사람들은 다시 그를 쫓지 않고 마음속으로 '이것은 우리를 버리고 떠나겠다는 말이며, 지혜의 완성을 주지 않겠다는 뜻이다'라고 단정하고 바로 돌아가 버리니, 수보리여, 이와 같은 여러 어려움도 보살은 마땅히 악마의 장난인 줄 알아야 하네.

또 수보리여, 설법하는 이가 사사로운 신도들을 중히 여기어 이 인연으로 늘상 오가면서 설법해주다가, 공식적으로 설법하는 자리에서 말하기를 '여러 선남자와 선여인이시여, 나를 후원해주는 신도에게 가서 설법해주어야 합니다'라고 한다면 여러 사람들은 마음속으로 '이것은 우리에게 지혜의 완성을 주지 않겠다는 말이다'라고 생각하고 바로 떠나가서 지혜의 완성을 배우거나 베껴 쓰거나 독송하거나 말하지 않으니, 이와 같이 서로 일치하지 않으면 보살은 이것이 악마의 장난인 줄 반드시 알아야 하네.

또 수보리여, 악마는 힘껏 방편을 부려서 지혜의 완성을 독송하거나 배워 익히는 사람이 아무도 없게 만들기도 하네."

수보리가 석가모니에게 말했다.

"스승님, 악마는 어떻게 방편을 부려서 지혜의 완성을 독송하거나 배워 익히는 사람을 아무도 없게 만듭니까?"

"수보리여, 악마는 모든 사람들을 속여서 '이것은 진짜 지혜의 완성이 아닙니다. 내가 가지고 있는 이 경전이 진짜 지혜의 완성입니다'라고 말한다네.

수보리여, 악마는 이와 같이 모든 사람들을 속이니, 이때 예언을 아직 받지 못한 이들이 지혜의 완성에 대해 의심을 품고 지혜의 완성을 독송하거나 배워 익히지 않는다면, 보살은 이것이 악마의 장난인 줄 반드시 알아야 하네.

또 수보리여, 악마가 다시 장난을 쳐서 정작 보살은 지혜의 완성을 행했으나 그 결과로 성문과를 얻었다면, 이와 같이 수보리여, 보살은 마땅히 이것이 악마의 장난인 줄 알아야 하네."

12

소여품

석가모니가 수보리에게 말했다.

"지혜의 완성에는 이와 같이 많은 장애가 따른다네."

수보리가 석가모니에게 말했다.

"지당하고도 지당하신 말씀입니다, 스승님. 지혜의 완성에는 이와 같이 많은 장애가 따릅니다. 비유하자면 이것은 귀중한 보배에 많은 도적이 따르는 것과 같으니, 지혜의 완성도 이와 같습니다. 만약 어떤 사람이 지혜의 완성을 지니지 않거나 독송하지 않거나 배워 익히지 않는다면, 이 사람은 불법에 대한 믿음을 처음 내었으나 지혜도 적고 믿음도 적고 위대한 가르침도 기꺼워하지 않는 까닭에 악마에게 사로잡혀 있는 것입니다."

"옳고도 옳은 말이네, 수보리여. 만약 어떤 사람이 지혜의 완성을 지니지 않거나 독송하지 않거나 배워 익히지 않는다면, 이 사람은 불법에 대한 믿음을 처음 내었으나 지혜도 적고 믿음도 적고 위대한 가르침도 기꺼워하지 않는 까닭에 악마에게 사로잡혀 있는 것이네.

수보리여, 지혜의 완성에는 이와 같이 많은 악마의 일과 장애가 따르는 까닭에 혹시 선남자와 선여인이 이를 잘 지니고 베껴 쓰고 독송하고 말한다면 이 모두가 부처님의 능력 덕분인 줄 반드시 알아야 하네. 왜냐하면 악마가 다시 방편을 부려 지혜의 완성을 끝내 멸하려고 해도 모든 부처님들이 다시 훌륭한 방편으로 이를 지켜주기 때문이지.

수보리여, 비유하자면 이것은 많은 자식을 거느린 어머니와 같아서 만약 그 어머니가 병이 들면 10명 혹은 100명, 더 나아가 10만 명의 자식들은 각각 신속히 병이 낫기를 바라면서 마음속으로 이렇게 생각한다네.

'우리들은 비바람과 더위와 추위와 모기와 독충 등의 모든 고통으로부터 어머니의 육신을 안전하게 지켜서 오래 사시도록 해야 하며, 온갖 약을 써서 편안하게 해드려야 한다. 왜냐하면 우리들을 낳아주시고 길러주시며, 잘 돌보시어 죽지 않도록 해주시고 세상의 삶을 누리도록 해주신 은혜가 무겁기 때문이다.'

수보리여, 지금 시방에 계시는 모든 부처님들은 언제나 지혜의 완성을 마음속에 품고 '지혜의 완성은 모든 부처님을 낳으며 모든 것을 꿰뚫는 지혜를 보여준다. 왜냐하면 모든 부처님의 모든 것을 꿰뚫는 지혜는 한결같이 지혜의 완성에서 생겨나기 때문이다'라고 말씀한다네.

수보리여, 모든 부처님들이 얻은 더없이 완전한 깨달음은 이미 얻은 것이든, 지금 얻은 것이든, 장차 얻을 것이든 한결같이 지혜의 완성에 의한다네.

수보리여, 이와 같이 지혜의 완성은 시방에 계신 부처님들의 모든 것을 꿰뚫는 지혜는 물론 세간의 모습도 함께 보여준다네."

수보리가 석가모니에게 말했다.

"스승님, 스승님의 말씀과 같이 지혜의 완성은 모든 부처님은 물론 세간을 함께 보여줍니다, 스승님. 그런데 세간이란 무엇입니까?"

석가모니가 말했다.

"5음을 세간이라고 하네."

"스승님, 그렇다면 지혜의 완성이 5음을 보여준다는 말은 무슨 뜻입니까?"

석가모니가 말했다.

"지혜의 완성은 이 5음이 무너지지 않는다는 것을 보여준다네. 왜냐하면 수보리여, 모든 것이 공한 모양은 무너짐이 없으며, 어떤 특징도 없는 모양은 무너짐이 없으며, 어떤 것도 지어내지 않는 모양은 무너짐이 없기 때문이지. 지혜의 완성은 이와 같이 세간을 그대로 보여준다네.

또한 수보리여, 모든 부처님은 한량없고 가없는 중생의 성품에 바탕을 두고 있기 때문에 그 마음을 그대로 안다네. 수보리여, 지혜의 완성은 이와 같이 모든 부처님들의 세간을 보여준다네.

수보리여, 중생의 마음이 어지럽든 가지런하든 부처님들은 그 마음을 그대로 안다네.

수보리여, 어떻게 해서 부처님들은 모든 중생의 마음이 어지럽다거나 가지런하다는 것을 그대로 알까? 있는 그대로의 모양에 의해 알기 때문이지.

수보리여, 있는 그대로의 모양에 의해 마음이 어지럽지 않음을 말며, 마찬가지로 마음이 어지럽다는 것도 안다네.

수보리여, 어떻게 해서 부처님들은 중생의 마음이 가지런하다는 것을 알까? 부처님들은 다한 모양에 의해, 아니 다한 모양을 있는 그대로 아는 것과 같이 가지런한 마음을 안다네.

또 수보리여, 중생의 물든 마음을 부처님들은 있는 그대로 물든 마음이라고 알며, 성내는 마음과 어리석은 마음도 있는 그대로 성내는 마음과 어리석은 마음이라고 안다네."

수보리가 말했다.

"스승님, 어떻게 해서 부처님들은 물든 마음과 성내는 마음과 어리석은 마음을 있는 그대로 압니까?"

석가모니가 말했다.

"수보리여, 물든 마음이 있는 그대로의 모양이라면 물들지 않은 마음도 따로 있을 수 없네. 성내는 마음과 어리석은 마음이 있는 그대로의 모양이라면 성내지 않는 마음과 어리석지 않은 마음도 따로 있을 수 없네. 이와 같이 수보리여, 모든 부처님들은 지혜의 완성을 바탕으로 모든 것을 꿰뚫는 지혜를 낸다네."

수보리가 말했다.

"스승님, 어떻게 해서 부처님들은 물든 마음을 여의고 있는 그대로 물든 마음을 여의었음을 알며, 성내는 마음을 여의고 있는 그대로 성내는 마음을 여의었음을 알며, 어리석은 마음을 여의고 있는 그대로 어리석은 마음을 여의었음을 압니까?"

석가모니가 말했다.

"수보리여, 물든 마음을 여읜 마음 안에는 물든 마음을 여읜 모습이 있을 수 없으며, 성내는 마음을 여읜 마음 안에는 성내는 마음을 여읜 모습이 있을 수 없으며, 어리석은 마음을 여읜 마음 안에는 어리석은 마음을 여읜 모습이 있을 수 없네. 수보리여, 지혜의 완성은 이와 같이 모든 부처님들의 세간을 보여준다네. 또 수보리여, 부처님들은 지혜의 완성에 의해 중생의 넓은 마음을 있는 그대로 넓은 마음이라고 안다네."

수보리가 말했다.

"스승님, 어떻게 해서 부처님들은 중생의 넓은 마음을 있는 그대로 넓은 마음이라고 압니까?"

석가모니가 말했다.

"수보리여, 이 중생의 마음은 늘지도 않고 넓지도 않으며 모양을 여의는 것을 여의지 않기 때문이지.

수보리여, 부처님들은 이와 같이 지혜의 완성에 의해 중생의 넓은 마음을 있는 그대로 넓은 마음이라고 안다네.

또 수보리여, 부처님들은 지혜의 완성에 의해 중생의 큰마음을 있는 그대로 큰마음이라고 안다네."

수보리가 말했다.

"스승님, 어떻게 해서 부처님들은 이와 같이 지혜의 완성에 의해 중생의 넓은 마음을 있는 그대로 넓은 마음이라고 압니까?"

수보리가 말했다.

"스승님, 어떻게 해서 부처님들은 중생의 큰마음을 있는 그대로 큰마음이라고 압니까?"

석가모니가 말했다.

"수보리여, 부처님들은 이 마음이 오지도 않고 가지도 않고 머무르지도 않는다는 것을 안다네.

수보리여, 부처님들은 이와 같이 지혜의 완성에 의해 중생의 큰마음을 있는 그대로 큰마음이라고 안다네.

또 수보리여, 부처님들은 지혜의 완성에 의해 중생의 한량없는 마음을 있는 그대로 한량없는 마음이라고 안다네."

수보리가 말했다.

"스승님, 어떻게 해서 부처님들은 중생의 한량없는 마음을 있는 그대로 한량없는 마음이라고 압니까?"

석가모니가 말했다.

"수보리여, 부처님들은 이 마음이 머무르지 않는다는 것을 알며, 모든 것이 스러져서 고요하고 의지할 것이 없는 곳에 머무른다는 것을 안다네. 마치 허공이 한량없는 것과 같이 마음의 모양도 그러하다고 안다네.

수보리여, 이와 같이 부처님들은 지혜의 완성에 의해 중생의 한량없는 마음을 있는 그대로 한량없는 마음이라고 안다네.

또 수보리여, 부처님들은 지혜의 완성에 의해 중생의 보지 못하는 마음을 있는 그대로 보지 못하는 마음이라고 안다네."

수보리가 말했다.

"스승님, 어떻게 해서 부처님들은 중생의 보지 못하는 마음을 있는 그대로 보지 못하는 마음이라고 압니까?"

석가모니가 말했다.

"수보리여, 부처님들은 모양이 없는 이치에 의하기 때문에 보지 못하는 마음을 있는 그대로 안다네.

수보리여, 부처님들은 이와 같이 지혜의 완성에 의해 중생의 보지 못하는 마음을 있는 그대로 보지 못하는 마음이라고 안다네.

또 수보리여, 부처님들은 지혜의 완성에 의해 중생의 드러나지 않는 마음을 있는 그대로 드러나지 않는 마음이라고 안다네."

수보리가 말했다.

"스승님, 어떻게 해서 부처님들은 중생의 드러나지 않는 마음을 있는 그대로 드러나지 않는 마음이라고 압니까?"

석가모니가 말했다.

"수보리여, 이 마음은 다섯 가지 눈으로도 볼 수 없다네. 수보리여, 이와 같이 부처님들은 지혜의 완성에 의해 중생의 드러나지 않는 마음을 있는 그대로 드러나지 않는 마음이라고 안다네.

또 수보리여, 부처님들은 지혜의 완성에 의해 중생의 모든 정신작용이 나타나거나 사라지는 것을 안다네."

수보리가 말했다.

"스승님, 어떻게 해서 모든 정신작용이 나타나거나 사라지는 것을 압니까?"

석가모니가 말했다.

"수보리여, 중생의 정신작용이 나타나거나 사라지는 것은 한결같이 모든 대상에 의지하여 생기고 느낌·표상·의도·분별에 의하여 생긴다네. 어떤 생각들이 나타나거나 사라지는가? 이른바 나 자신과 이 세상이 영원하다는 생각은 대상과 느낌·표상·의도·분별에 따른 것이며, 나 자신과 이 세상이 영원하지 않다고 해도 영원하다느니 영원하지 않다느니 영원함이 아니라느니 영원하지 않음이 아니라느니 하는 것은 모두 대상이나 느낌·표상·의도·분별에 의한 것이라네. 이 세상에 끝이 있다거나 끝이 없다거나 하는 경우도 끝이 있다느니 끝이 없다느니, 끝이 있음이 아니라느니 끝이 없음이 아니라느니 하는 것은 모두 대상이나 느낌·표상·의도·분별에 의한 것이지.

죽음과 함께 없어지는 것이 있다거나 없다거나 하는 경우도 없어지는 것이 있다느니 없어지는 것이 없다느니, 없어지는 것이 있음도 아니라느니 없어지는 것이 없음도 아니라느니 하는 것은 모두 대상이나 느낌·표상·의도·분별에 의한 것이지.

이 육신이 곧 정신이라는 생각은 대상이나 느낌·표상·의도·분별에 의한 것이라네. 육신이 다르고 정신이 다르다는 생각도 대상이나 느낌·표상·의도·분별에 의한 것이지.

수보리여, 이와 같이 부처님들은 지혜의 완성에 의해 중생의 모든 정신작용이 나타나고 사라지는 것을 안다네. 또 수보리여, 부처님들은 지혜의 완성에 의해 대상의 모양을 안다네."

"어떻게 해서 대상의 모양을 압니까?"

"있는 그대로 안다네. 수보리여, 부처님들은 느낌·표상·의도·분별의 모양을 안다네."

"어떻게 해서 느낌·표상·의도·분별의 모양을 압니까?"

"있는 그대로 안다네. 수보리여, 5음은 곧 부처님들이 말한 대로 나타나기도 하고 사라지기도 하니, 5음은 곧 이 세상과 같고, 5음은 곧 모든 색과 같으며, 모든 색은 곧 수다원과와 같으며, 사다함과와 아나함과와 아라한과와 벽지불도와 같고, 벽지불의 도는 곧 여래와 같으니, 이 모든 것은 한결같이 서로 같아서 둘이 아니고 구별이 없으며 다함이 없고 한량이 없다네.

수보리여, 이와 같이 부처님들은 지혜의 완성에 의해 차별이 없는 모양을 얻는다네. 수보리여, 지혜의 완성은 이와 같이 모든 부처님의 세상을 보여주며 모든 부처님을 생겨나게 한다네. 모든 부처님은 이와 같이 세상을 알고 있는 그대로 얻는 까닭에 여래라고 일컫는다네."

수보리가 석가모니에게 말했다.

"스승님, 이것은 참으로 깊고 깊어서 모든 부처님의 더없이 완전한 깨달음은 이로부터 생겨납니다.

스승님, 부처님들은 이와 같이 깊은 가르침을 능히 얻어서 중생을 위해 있는 그대로의 도리를 말씀하시니, 뉘라서 있는 그대로의 도리를 쉽게 믿을 수 있겠습니까? 오직 물러남이 없는 경지에 있는 보살과 정견을 온전히 갖춘 사람과 모든 서원을 이룬 아라한만이 이를 믿을 수 있을 것입니다."

"수보리여, 이 있는 그대로의 도리는 다함이 없는 까닭에 이를 가르치는 부처님의 말씀도 다함이 없다네."

13

상무상품

그때 제석천과 욕계의 1만 천자들과 범천의 2만 천자들이 석가모니가 있는 곳으로 와서 그 발에 이마를 대어 예배드린 다음 한편으로 물러나 앉아 석가모니에게 말했다.

"스승님, 이 가르침은 아주 깊습니다. 이 가르침 안에는 어떤 모양이 있습니까?"

석가모니가 여러 천자들에게 말했다.

"모든 대상은 공으로 모양을 삼으니, 모양이 없는 것과 짓지 않는 것과 일으키지 않는 것과 생겨나지 않는 것과 멸하지 않는 것과 의지하지 않는 것으로 모양을 삼는다네."

여러 천자들이 말했다.

"부처님들은 이 모든 모양이 공과 같으며 의지할 것이 없다고 말씀하십니다. 이 모든 모양은 어떤 세상의 천인과 아수라라도 무너뜨릴 수가 없습니다. 왜냐하면 어떤 세상의 천인과 아수라라도 그 모양이 이러하기 때문입니다.

스승님, 이 모든 모양은 지어낸 것이 아니며, 이 모든 모양은 물질적 존재가 아니며, 느낌·표상·의도·분별의 대상이 아닙니다. 이모든 모양은 사람이 지어낸 것도 아니고 사람 아닌 것이 지어낸 것도 아닙니다."

석가모니가 욕망뿐인 세계의 천자들에게 말했다.

"만약에 어떤 사람이 '허공은 누가 만들었습니까?'라고 묻는다면, 이 사람은 바르게 물은 것이겠는가, 아니겠는가?"

"바르지 않습니다, 스승님. 허공을 만든 사람은 없습니다. 왜냐하면 허공은 함이 없기 때문입니다."

석가모니가 말했다.

"천자들이여, 이 모든 모양도 이와 같아서 부처님이 있든 아니든 항상 머무르며 조금도 차이가 없다네. 이 모든 모양은 항상 머무르기 때문이지. 부처님들은 이 모든 모양을 얻었기에 여래라고 일컫는다네."

천자들이 말했다.

"부처님들이 말한 모든 모양은 그 뜻이 아주 깊습니다. 모든 부처님의 지혜는 장애가 없기 때문에 능히 이와 같이 보여주며 능히 지혜의 완성의 모양을 설합니다.

스승님, 지혜의 완성은 이 모든 부처님들이 도를 행하시는 곳이며, 이와 같이 모든 부처님의 세상을 보여줍니다."

"또 수보리여, 모든 부처님들은 이 가르침을 의지하며, 이것을 공양하고 공경하고 존중하며 찬탄한다네. 이 가르침이란 곧 지혜의 완성이니, 모든 부처님들은 지혜의 완성을 공양하고 공경하고 존중하며 찬탄한다네. 왜냐하면 지혜의 완성은 모든 부처님을 낳기 때문이지.

수보리여, 부처님들은 은혜를 아시는 분이고 은혜를 갚는 이를 아시는 분이니, 만약 어떤 사람이 은혜를 아는 분은 누구이고 은혜를 갚는 이를 아는 분은 누구냐고 묻는다면, 부처님이야말로 은혜를 아시는 분이며 은혜를 갚는 이를 아시는 분이라고 바로 답하게.

수보리여, 부처님들은 은혜를 아시는 분이고 은혜를 갚는 이를 아시는 이라는 말은 무슨 뜻일까? 여래께서 행한 도와 행한 법에 의해 더없이 완전한 깨달음을 얻으니, 이 도와 이 법을 염두에 두고 잘 지키게. 이러한 까닭에 부처님이야말로 은혜를 아시는 분이며 은혜를 갚는 이를 아시는 분임을 반드시 알아야 한다네.

또 수보리여, 부처님들은 어떤 대상도 지어냄이 없음을 아시며, 또 부처님들은 은혜를 짓는 이를 아신다네.

수보리여, 부처님들은 지혜의 완성에 의해 어떤 대상도 지어낸 모양이 없음을 아시고 그러한 지혜를 얻는다네. 이러한 까닭에 지혜의 완성은 또 모든 부처님의 세상을 이와 같이 보여준다네."

"스승님, 만약 모든 것이 아는 것도 없고 보는 것도 없다면 어떻게 해서 지혜의 완성이 모든 부처님의 세상을 보여줄 수 있습니까?"

"수보리여, 옳고도 옳은 말이네. 참으로 모든 것은 아는 것도 없고 보는 것도 없다네. 수보리여, 어찌하여 모든 것을 아는 것이 없느냐 하면, 모든 것이 공하기 때문이지. 어찌하여 모든 것은 보는 것이 없느냐 하면, 어떤 것도 의지함이 없기 때문이지. 이러한 까닭에 모든 것은 아는 것도 없고 보는 것도 없다네.

수보리여, 부처님들은 지혜의 완성에 의해 이러한 가르침을 얻으니, 이러한 까닭에 지혜의 완성은 또 모든 부처님의 세상을 이와 같이 보여준다네. 어떤 대상도 보지 않기에 세상을 이와 같이 보여줄 수 있으며, 어떤 느낌·표상·의도·분별도 보지 않기에 세상을 이와 같이 보여줄 수 있다네. 지혜의 완성은 이와 같이 모든 부처님의 세상을 보여준다네."

"스승님, 어떤 대상도 보지 않기에 세상을 이와 같이 보여줄 수 있다는 말은 무슨 뜻입니까? 어떤 느낌·표상·의도·분별도 보지 않기에 세상을 이와 같이 보여줄 수 있다는 말은 무슨 뜻입니까?"

"수보리여, 만약 대상에 의하지 않고 대상을 낸다면 이것을 가리켜 대상을 보지 않는다고 한다네. 만약 느낌·표상·의도·분별에 의하지 않고 정신작용을 행한다면, 이것을 가리켜 느낌·표상·의도·분별을 보지 않는다고 한다네. 만약 이와 같이 세상을 보지 않는다면 이것을 가리켜 세상을 바로 보는 것이라고 한다네.

또 수보리여, 세상은 공하니 지혜의 완성은 있는 그대로 세상이 공하다고 보여주며, 세상은 모양을 여의었으니 지혜의 완성은 있는 그대로 세상이 모양을 여의었다고 보여주며, 세상은 청정하니 지혜의 완성은 있는 그대로 세상이 청정하다고 보여주며, 세상은 모든 것이 스러져 고요하니 지혜의 완성은 있는 그대로 세상의 모든 것이 스러져 고요하다고 보여준다네. 수보리여, 지혜의 완성은 또 모든 부처님의 세상을 이와 같이 보여준다네."

수보리가 석가모니에게 말했다.

"스승님, 지혜의 완성은 위대한 일을 위해 나왔으며, 지혜의 완성은 불가사의한 일과 헤아릴 수 없는 일과 한량없는 일과 견줄 데 없는 일을 위해 나왔습니다."

석가모니가 말했다.

"옳고도 옳은 말이네. 수보리여, 지혜의 완성은 위대한 일을 위해 나왔으며, 불가사의한 일과 헤아릴 수 없는 일과 한량없는 일과 견줄 데 없는 일을 위해 나왔네.

수보리여, 무엇을 가리켜 지혜의 완성이 위대한 일을 위해 나왔고 불가사의한 일과 헤아릴 수 없는 일과 한량없는 일과 견줄 데 없는 일을 위해 나왔다고 하겠는가?

수보리여, 여래의 법은 곧 부처님의 법이고 자연법이고 일체지인법一切智人法이니, 광대하고 불가사의하여 헤아릴 수가 없다네.

수보리여, 이러한 까닭에 지혜의 완성은 위대한 일과 불가사의한 일을 위해 나왔다고 한다네. 무엇을 가리켜 지혜의 완성이 헤아릴 수 없는 일과 한량없는 일을 위해 나왔다고 하겠는가? 수보리여, 여래의 법은 곧 부처님의 법이고 자연법이고 일체지인법이라 헤아릴 수 없고 한량이 없다네. 수보리여, 이러한 까닭에 지혜의 완성은 헤아릴 수 없는 일과 한량없는 일을 위해 나왔다고 한다네.

무엇을 가리켜 지혜의 완성이 견줄 데 없는 일을 위해 나왔다고 하겠는가? 수보리여, 어떤 것도 여래와 같은 것은 없기 때문이니 하물며 그보다 뛰어난 것이랴. 수보리여, 이러한 까닭에 지혜의 완성은 견줄 데 없는 일을 위해 나왔다고 한다네."

"스승님, 오직 여래의 법과 부처님의 법과 자연법과 일체지인법만이 불가사의하고 헤아릴 수 없고 한량없습니까? 모든 대상도 역시 불가사의하고 헤아릴 수 없고 한량없지 않습니까? 느낌·표상·의도·분별도 역시 불가사의하고 헤아릴 수 없고 한량없지 않습니까?"

"수보리여, 모든 대상도 불가사의하고 헤아릴 수 없고 한량이 없고, 느낌·표상·의도·분별도 역시 불가사의하고 헤아릴 수 없고 한량이 없다네. 왜냐하면 수보리여, 모든 대상의 진실된 모양 가운데에는 마음도 없고 마음의 갖가지 작용도 없기 때문이지.

수보리여, 모든 대상은 헤아릴 수 없고 느낌·표상·의도·분별도 역시 헤아릴 수가 없다네. 어떤 분별도 없기 때문이지.

수보리여, 모든 대상은 가늠할 수 없고 느낌·표상·의도·분별도 가늠할 수 없다네. 왜냐하면 수보리여, 모든 대상도 한량이 없고 느낌·표상·의도·분별도 한량이 없기 때문이지.

수보리여, 모든 대상에는 모양이 없으니 이를 붙잡을 수 없고, 느낌·표상·의도·분별에도 모양이 없으니 이를 붙잡을 수 없다네. 왜냐하면 수보리여, 모든 대상에는 모양이 없어서 붙잡을 수 없으며, 느낌·표상·의도·분별도 모양이 없어서 붙잡을 때문이지.

수보리여, 어떤 대상도 가지고 있는 것이라고는 없기 때문이며, 어떤 느낌·표상·의도·분별도 가지고 있는 것이라고는 없기 때문에 그 모양을 붙잡을 수가 없다네.

수보리여, 그대 생각에 허공에는 마음이나 마음의 작용이 있겠는가, 없겠는가?"

"없습니다, 스승님."

"수보리여, 이러한 까닭에 모든 대상은 불가사의하니 어떤 헤아림도 멸하기 때문에 불가사의하다고 일컬으며, 어떤 헤아림도 멸하기 때문에 헤아릴 수 없다고 한다네. 수보리여, 헤아린다는 것은 곧 정신작용에 의한 것이니 모양이 없는 것은 모든 헤아림을 벗어나는 까닭이네.

수보리여, 허공이 불가사의하고 헤아릴 수 없고 한량없는 것과 같이 모든 여래의 법과 부처님의 법과 자연법과 일체지인법도 역시 불가사의하고 헤아릴 수 없고 한량없다네."

이와 같이 불가사의하고 견줄 데 없는 가르침을 들은 5백 명의 비구와 20명의 비구니들은 어떤 대상도 받아들이지 않은 까닭에 번뇌를 씻고 해탈을 얻었으며, 6만의 우바새와 3만의 우바이들은 법안이 청정해짐을 얻었으며, 20명의 보살들은 무생법인을 깨닫고 현재의 겁 안에 모두 성불하리라는 확신을 얻었다.

그때 수보리가 석가모니에게 말했다.

"스승님, 이 깊은 지혜의 완성은 위대한 일을 위해 나왔으며, 더 나아가 견줄 데 없는 일을 위해 나왔습니다."

석가모니가 말했다.

"옳고도 옳은 말이네. 수보리여, 이 깊은 지혜의 완성은 위대한 일을 위해 나왔으며, 더 나아가 견줄 데 없는 일을 위해 나왔다네. 부처님의 모든 것을 꿰뚫는 지혜는 모두 지혜의 완성 가운데에 있으며, 모든 성문과 벽지불의 지위도 모두 지혜의 완성 가운데에 있다네.

수보리여, 비유하자면 이것은 관정을 받은 찰제리왕이 모든 성과 마을에 관한 일을 모두 신하들에게 맡기고 왕은 정작 아무런 근심도 없는 것과 같다네.

수보리여, 모든 여래께서도 이와 같아서 성문과 벽지불과 부처에 관한 일을 모두 지혜의 완성에 맡기면 지혜의 완성은 이것을 잘 이루어 마친다네.

수보리여, 이러한 까닭에 지혜의 완성은 위대한 일을 위해 나왔으며, 더 나아가 견줄 데 없는 일을 위해 나왔음을 반드시 알아야 한다네.

수보리여, 지혜의 완성은 색을 취하지도 않고 집착하지도 않기 때문에 나왔으며, 느낌·표상·의도·분별을 취하지도 않고 집착하지도 않기 때문에 나왔으며, 수다원과와 사다함과와 아나함과와 아라한과와 벽지불의 도를 취하지도 않고 집착하지도 않기 때문에 나왔으며, 나아가 모든 것을 꿰뚫는 지혜를 취하지도 않고 집착하지도 않기 때문에 나왔다네."

그때 욕계의 모든 천자들이 석가모니에게 말했다.

"스승님, 이 깊은 지혜의 완성은 이해하기도 어렵고 얻기도 어렵습니다. 만약 이 깊은 지혜의 완성을 잘 믿어 아는 이가 있다면 이 사람은 일찍이 전생에 여러 부처님을 공양한 적이 있다는 것을 반드시 알아야 합니다.

스승님, 설령 삼천대천세계의 모든 중생들이 1겁 혹은 1감겁 동안 믿음을 따르는 지위에서 수행한다고 해도, 만약 어떤 사람이 하루 동안 깊은 지혜의 완성을 행하고 헤아리고 사유하고 관하고 인욕하여 잘 통하게 한다면 이 복덕이 더 훌륭합니다."

석가모니가 여러 천자들에게 말했다.

"만약 선남자와 선여인이 이 깊은 지혜의 완성을 듣는다면 바로 열반을 얻을 것이니, 어떤 사람이 1겁 혹은 1갓겁 동안 믿음을 따르는 지위에서 수행한다고 해도 여기에는 미치지 못한다네."

그때 욕계와 색계의 모든 천자들이 부처님의 발에 이마를 대고 예배를 올린 다음 부처님의 주위를 돌아 나가 얼마 되지 않아서 모습이 모두 사라졌다. 욕계의 천자들은 욕계로 돌아가고 색계의 천자들은 색계로 돌아간 것이다.

그때 수보리가 석가모니에게 말했다.

"스승님, 만약 어떤 보살이 이 깊은 지혜의 완성을 잘 믿고 이해한다면 이 사람은 어디에서 죽어 이 세상에 태어난 것입니까?"

석가모니가 수보리에게 말했다.

"만약 보살이 이 깊은 지혜의 완성을 들으면 즉시 이를 믿고 알아서 의문이 없고 후회가 없고 어려움이 없으며, 즐거이 보고 즐거이 듣고 항상 행하며, 지혜의 완성을 말하기를 여의지 않으리라고 생각한다네.

수보리여, 비유하자면 이것은 마치 갓난아이가 어머니에게서 떨어지지 않는 것과 같으니, 보살도 역시 이와 마찬가지여서 이 깊은 지혜의 완성을 들으면 이를 말하기를 여의지 않으며, 나아가 지혜의 완성을 독송하고 베껴 쓰기에 이른다네. 수보리여, 이러한 보살은 사람으로 살다가 죽어서 다시 사람으로 태어났음을 반드시 알아야 한다네."

"스승님, 가령 어떤 보살이 이와 같은 공덕을 성취한 인연으로 다른 세상에서 많은 부처님을 공양하면 그곳에서 죽어 이 세상에 다시 태어납니까, 태어나지 않습니까?"

"수보리여, 어떤 보살이 이와 같은 공덕을 성취한 인연으로 다른 세상에서 많은 부처님을 공양하면 그곳에서 죽어 이 세상에 다시 태어난다네.

또 수보리여, 어떤 보살이 이와 같은 공덕을 성취한 인연으로 도솔천 위에서 미륵보살이 설법하시는 지혜의 완성을 듣고 그 깊은 뜻을 묻는다면 그곳에서 죽어 이 세상에 다시 태어난다네.

또 수보리여, 만약 어떤 사람이 전생에 이 깊은 지혜의 완성을 듣고도 그 깊은 뜻을 묻지 않는다면 이 사람은 설령 사람으로 태어나더라도 마음속에 의문과 후회와 어려움이 계속된다네.

수보리여, 이 사람이 전생에 지혜의 완성의 깊은 뜻을 묻지 않았기 때문임을 반드시 알아야 한다네. 왜냐하면 이 지혜의 완성 가운데에서 마음속의 의문과 후회와 어려움이 해결되기 때문이라네.

또 수보리여, 설령 어떤 사람이 전생에 하루나 이틀이나 사흘이나 나흘이나 닷새 동안 이 지혜의 완성을 듣고 그 깊은 뜻을 물은 적은 있어도 들은 대로 행하지 않았다면 이 사람은 다시 태어나서도 계속해서 깊은 지혜의 완성을 듣고 그 깊은 뜻을 물어서 믿는 마음에 장애는 없을 것이나, 만약 법을 설법하는 이를 멀리하고 어려운 문제를 다시 묻지 않는다면, 도리어 이러한 인연으로 깊은 지혜의 완성을 잃을 것이라네. 왜냐하면 수보리여, 법이란 으레 그러하기 때문이라네. 만약 어떤 사람이 이 깊은 지혜의 완성의 어려움을 묻기는 해도 들은 대로 행하지 않으며, 어떤 때에는 깊은 지혜의 완성을 즐거이 들으나 어떤 때에는 그렇지 않아서 그 마음이 솜털과 같이 가볍다면 이 보살은 대승에 대한 믿음을 처음 내었다는 것을 반드시 알아야 한다네. 이 보살의 마음은 비록 청정하지만 만약 지혜의 완성의 수호를 받지 못하면 성문과 벽지불의 지위 가운데 어느 하나에 떨어지고 만다네."

14
비유품

그때 석가모니가 수보리에게 말했다.

"비유하자면 이것은 큰 바다 가운데에서 배가 난파된 것과 같다네. 만약 거기에 탄 사람들이 나무나 판자나 공기주머니나 죽은 사람을 붙잡지 않는다면 누구도 해변에 이르지 못하고 물에 빠져 죽는다는 것을 반드시 알아야 하네.

수보리여, 하지만 그 가운데 나무나 판자나 공기주머니나 죽은 사람을 붙잡은 사람들은 물에 빠져 죽지 않고 아무 걱정 없이 무사히 해변에 이른다는 것도 반드시 알아야 하네.

수보리여, 보살도 이와 마찬가지여서 설령 최고의 바른 깨달음에 대해 믿음이 있고 인내가 있고 즐거워함이 있고 청정한 마음이 있고 깊은 마음이 있고 의욕이 있고 앎이 있고 버림이 있고 정진이 있더라도, 정작 지혜의 완성을 취하지 않는다면 이 사람은 중도에서 물러나 성문이나 벽지불의 지위에 떨어지게 된다는 것을 반드시 알아야 한다네.

수보리여, 만약 보살이 최고의 바른 깨달음에 대해 믿음이 있고 인내가 있고 즐거워함이 있고 청정한 마음이 있고 깊은 마음이 있고 의욕이 있고 앎이 있고 버림이 있고, 정진이 있는 가운데 지혜의 완성을 취한다면 이 사람은 지혜의 완성이 지켜주는 까닭에 중도에서 물러나지 않고 성문이나 벽지불의 지위를 넘어 반드시 최고의 바른 깨달음에 머무르게 된다네.

수보리여, 비유하자면 이것은 마치 어떤 사람이 덜 구워진 항아리를 가지고 강이나 우물이나 못이나 샘의 물을 긷는 것과 같지. 이 항아리는 바로 물에 녹아 내려 흙으로 돌아간다는 것을 반드시 알아야 하네. 왜냐하면 이 항아리는 미처 덜 구워졌기 때문이지.

수보리여, 보살도 이와 마찬가지여서 설령 최고의 바른 깨달음에 대해 믿음이 있고 인내가 있고 즐거워함이 있고 청정한 마음이 있고 깊은 마음이 있고 의욕이 있고 앎이 있고 버림이 있고 정진이 있더라도, 정작 지혜의 완성의 방편에 의해 수호되지 않으면 이 사람은 미처 모든 것을 꿰뚫는 지혜를 얻기도 전에 중도에서 물러나게 된다는 것을 알아야 한다네.

수보리여, 보살이 중도에서 물러나 이른바 성문이나 벽지불의 지위에 떨어진다는 것은 무엇을 말하겠는가?

수보리여, 비유하자면 이것은 마치 어떤 사람이 잘 구워진 항아리를 가지고 강이나 우물이나 못이나 샘의 물을 긷는 것과 같으니, 이 항아리는 견고해서 녹아내리지 않는 까닭에 물을 길어서 무사히 돌아올 수 있는 것과 같다네. 왜냐하면 이 항아리는 잘 구워졌기 때문이지.

수보리여, 보살도 이와 마찬가지여서 최고의 바른 깨달음에 대해 믿음이 있고 인내가 있고 즐거워함이 있고 청정한 마음이 있고 깊은 마음이 있고 의욕이 있고 앎이 있고 버림이 있고 정진이 있는 가운데 지혜의 완성의 방편에 의해 수호된다면 이 사람은 중도에 물러남이 없어 모든 것을 꿰뚫는 지혜를 무사히 얻는다는 것을 반드시 알아야 한다네.

수보리여, 비유하자면 이것은 미처 준비되지 않은 배를 해변에 대놓고 재물을 가득 실어 큰 바다로 나가는 것과 같으니, 배에 물이 들어와 중도에 가라앉고 재물을 잃을 것임을 반드시 알아야 한다네. 그 상인은 아무런 대비도 없는 까닭에 많은 재물을 잃고 시름에 빠지게 되지.

수보리여, 보살도 이와 마찬가지여서 설령 최고의 바른 깨달음에 대해 믿음으로부터 마침내 정진에 이르기까지 정작 지혜의 완성의 방편에 의해 수호되지 않는다면 미처 모든 것을 꿰뚫는 지혜에 도달하기 전에 중도에서 물러나 커다란 보배를 잃고 시름에 빠진다네. 중도에서 물러나는 이는 성문이나 벽지불의 지위에 떨어지게 되니, 크고 진기한 보배를 잃는다는 것은 곧 모든 것을 꿰뚫는 지혜를 잃는다는 것이네.

수보리여, 비유하자면 이것은 준비가 잘 된 배를 해변에 대놓고 재물을 가득 실어 큰 바다로 나가는 것과 같으니, 이 배는 중도에 가라앉지 않고 목적지에 무사히 도달한다는 것을 반드시 알아야 한다네.

수보리여, 보살도 이와 마찬가지여서 최고의 바른 깨달음에 대해 믿음으로부터 마침내 정진에 이르기까지 지혜의 완성의 방편에 의해 수호된다면 이 사람은 최고의 바른 깨달음으로 나아가는 도중에 물러남이 없다는 것을 반드시 알아야 한다네. 왜냐하면 수보리여, 법이 으레 그러하기 때문이지.

만약 보살이 최고의 바른 깨달음에 대한 믿음을 내어 힘써 정진하기에 이르기까지 지혜의 완성의 방편에 의해 수호된다면 이 사람은 성문이나 벽지불의 지위에 떨어지지 않으며, 이러한 공덕으로 최고의 바른 깨달음을 향하게 된다네.

수보리여, 비유하자면 이것은 마치 120세의 노인이 풍병·냉병·열병 등의 온갖 잡병에 걸린 것과 같으니, 그대 생각에 이 노인이 병석에서 일어날 수 있겠는가, 없겠는가?”

“일어날 수 없습니다, 스승님.”

“수보리여, 이 사람이 혹시 일어날 수도 있지 않겠는가?”

“스승님, 혹시 일어날 수는 있어도 10리나 20리 정도의 먼 길은 가지 못합니다. 왜냐하면 이 사람은 이미 늙어서 병이 들었기 때문에 비록 일어날 수는 있어도 멀리 가지는 못합니다.”

“수보리여, 보살도 이와 마찬가지여서 비록 최고의 바른 깨달음에 대한 마음을 내어 그에 대한 믿음이 있고 나아가 힘써 정진하더라도, 정작 지혜의 완성의 방편에 의해 수호되지 않는다면 이 사람은 미처 모든 것을 꿰뚫는 지혜에 이르기도 전에 중도에서 물러나 성문이나 벽지불의 지위에 떨어지게 된다네.

수보리여, 120세의 이 노인이 설령 풍병과 냉병과 열병에 걸렸더라도 병석에서 일어나고자 한다면 건강한 두 사람이 각각 양쪽 어깨를 부축하면서 ‘가고 싶은 대로 가십시오. 우리들이 기꺼이 부축

할 것이니 도중에 넘어지지 않을까 염려 마십시오'라고 위로의 말을 건네야만 하네.

　수보리여, 보살도 이와 마찬가지여서 최고의 바른 깨달음에 대해 믿음이 있고 나아가 정진이 있는 가운데 지혜의 완성의 방편에 의해 수호된다면 이 보살은 중도에서 물러남이 없이 최고의 바른 깨달음에 무사히 도달하리라는 것을 반드시 알아야 한다네."

15
대여품

그때 수보리가 석가모니에게 말했다.

"스승님, 불법에 대해 처음 마음을 낸 보살이 지혜의 완성을 배울 때에는 어떻게 해야 합니까?"

석가모니가 수보리에게 말했다.

"수보리여, 불법에 대해 처음 마음을 낸 보살이 지혜의 완성을 배우고자 할 때에는 먼저 지혜의 완성을 말해줄 수 있는 선지식을 가까이해야 한다네. 그리고 이 사람은 다음과 같이 가르쳐야 한다네.

'선남자여, 어서 오십시오. 그대가 보시한 것을 모두 최고의 바른 깨달음에 회향하십시오. 그대 선남자여, 하지만 최고의 바른 깨달음에 집착하거나 모든 대상이 최고의 바른 깨달음이라거나, 느낌·표상·의도·분별이 최고의 바른 깨달음이라고는 생각하지 마십시오. 왜냐하면 이 모든 것을 꿰뚫는 지혜는 집착의 대상이 아니기 때문입니다.

선남자여, 그대는 지계·인욕·정진·선정·지혜를 모두 최고의 바른 깨달음에 회향하고 이에 집착하지 말 것이며, 모든 대상이 최고의 바른 깨달음이라거나 느낌·표상·의도·분별 역시 최고의 바른 깨달음이라고는 생각하지 마십시오. 왜냐하면 선남자여, 이 모든 것을 꿰뚫는 지혜는 집착의 대상이 아니기 때문입니다, 선남자여. 그대는 성문과 벽지불에도 집착하지 마십시오.'

수보리여, 불법에 대해 처음 마음을 낸 보살은 반드시 조금씩 깊은 지혜의 완성으로 들어가도록 해야 한다네."

"스승님, 보살이 최고의 바른 깨달음에 마음을 내어 깨달음을 얻고자 하는 것은 매우 어려운 일입니다."

"옳고도 옳은 말이네, 수보리여. 모든 보살이 최고의 바른 깨달음을 얻고자 하는 것은 매우 어려운 일이지. 이 사람들은 세상을 평안하게 하기 위해 마음을 내고 세상을 안락하게 하기 위해 마음을 낸다네. 나도 세상을 구원하기 위해, 세상의 의지처가 되기 위해, 세상의 집이 되기 위해, 세상의 최고 진리가 되기 위해, 세상의 섬이 되기 위해, 세상의 인도자가 되기 위해, 세상의 나아갈 곳이 되기 위해 최고의 바른 깨달음을 얻었네.

수보리여, 어떤 까닭에 보살이 최고의 바른 깨달음을 얻는 목적이 세상을 구원하는 데에 있다고 하겠는가? 보살은 나고 죽는 일과 관련된 모든 고통을 끊어내며 중생들에게 법을 말하여 고통에서 구원해주기 때문이네. 이것을 가리켜 보살이 최고의 바른 깨달음을 얻는 목적이 세상을 구원하는 데에 있다고 하는 것이지.

어떤 까닭에 보살이 최고의 바른 깨달음을 얻는 목적이 세상의 의지처가 되는 데에 있다고 하는가? 중생들에게는 나는 법과 늙고 병들고 죽는 법과 근심하고 슬퍼하고 괴로워하는 법이 있으며, 보살은 이 나는 법과 늙고 병들고 죽는 법과 근심하고 슬퍼하고 괴로워하는 법에서 중생을 제도할 수 있기 때문이네. 수보리여, 이것을 가리켜 보살이 최고의 바른 깨달음을 얻는 목적이 세상의 의지처가 되는 데에 있다고 하는 것이네.

어떤 까닭에 보살이 최고의 바른 깨달음을 얻는 목적이 세상의 집이 되는 데에 있다고 하겠는가? 수보리여, 보살이 최고의 바른 깨달음을 얻는 목적은 집착하지 않음을 말하기 위함이네."

"스승님, 어떤 것을 집착하지 않는다고 합니까?"

"수보리여, 어떤 대상에도 묶이거나 풀리거나 생겨나거나 없어지지 않는 것을 대상에 집착하지 않는다고 하며, 느낌·표상·의도·분별에 묶이거나 풀리거나 생겨나거나 없어지지 않는 것을 정신작용에 집착하지 않는다고 한다네. 수보리여, 이와 같이 어떤 대상에도 묶이거나 풀리지 않으므로 집착하지 않는다고 하네. 보살이 최고의 바른 깨달음을 얻는 목적은 중생을 위해 이러한 법을 설명할 수 있기 때문이니, 이것을 가리켜 세상의 집이 된다고 한다네.

어떤 까닭에 보살이 최고의 바른 깨달음을 얻는 목적이 세상의 최고 진리가 되는 데에 있다고 하는가? 수보리여, 모든 대상의 궁극의 경지는 대상이라고 일컫지 않으며, 느낌·표상·의도·분별의 궁극의 경지는 정신작용이라고 일컫지 않으니, 그것은 궁극의 실상과 같으며 모든 대상 역시 이와 마찬가지이네."

"스승님, 만일 궁극의 경지의 실상과 모든 대상이 그러할 뿐이라면 모든 보살도 마땅히 최고의 바른 깨달음을 얻어야 합니다. 왜냐하면 이 가운데는 분별이 없기 때문입니다."

"옳고도 옳은 말이네, 수보리여. 여기에는 어떤 분별도 없으므로 모든 보살도 이와 같이 보고 이와 같이 알아야 한다네. 그리고 그러한 마음이 멸하지 않기에 '내가 최고의 바른 깨달음을 얻는 목적은 마땅히 중생을 위해 이러한 법을 말해주기 위해서이다'라고 생각한다네. 수보리여, 이것을 가리켜 보살이 최고의 바른 깨달음을 얻는 목적이 세상의 최고 진리를 얻는 데에 있다고 하는 것이네.

어떤 까닭에 보살이 최고의 바른 깨달음을 얻는 목적이 세상의 섬이 되기 위한 데에 있다고 하는가? 수보리여, 이와 같이 모든 대상의 과거와 미래를 끊고, 느낌·표상·의도·분별의 과거와 미래도 끊은 것을 과거와 미래를 끊었다고 한다네. 이것은 곧 모든 대상을 끊은 것이지. 모든 대상을 끊었다면 이것은 적멸하고 미묘하며 여실하게 전도되지 않은 열반이라고 한다네. 수보리여, 이것을 가리켜 보살이 최고의 바른 깨달음을 얻는 목적이 세상의 섬이 되기 위한 데에 있다고 하는 것이네.

어떤 까닭에 보살이 최고의 바른 깨달음을 얻는 목적이 세상의 인도자가 되는 데에 있다고 하는가? 수보리여, 보살이 최고의 바른 깨달음을 얻는 목적은 대상의 나고 죽음을 말하기 위한 것이 아니고 있는 그대로의 진실된 모습을 말하기 위한 것이며, 느낌·표상·의도·분별의 나고 죽음을 말하기 위한 것이 아니고 있는 그대로의 진실된 모습을 말하기 위한 것이며, 수다원과와 사다함과와 아나함과와 아라한과와 벽지불도와 모든 것을 꿰뚫는 지혜의 나고 죽음을 말하기 위한 것이 아니고 있는 그대로의 진실된 모습을 말하기 위한 것이네. 수보리여, 이것을 가리켜 보살이 최고의 바른 깨달음을 얻는 목적이 세상의 인도자가 되는 데에 있다고 하는 것이네.

어떤 까닭에 보살이 최고의 바른 깨달음을 얻는 목적이 세상의 나아갈 곳이 되는 데에 있다고 하는가?

수보리여, 보살이 최고의 바른 깨달음을 얻는 목적은 중생들에게 모든 대상은 공으로 나아간다고 말함에 있으며, 느낌·표상·의도·분별은 공으로 나아간다고 말함에 있으니, 모든 대상은 공으로 나아가서 오지도 않고 가지도 않는다네. 왜냐하면 모든 대상은 공하여 오지도 않고 가지도 않기 때문이며, 느낌·표상·의도·분별은 공하여 오지도 않고 가지도 않기 때문이며, 나아가 모든 대상도 공하여 가지도 않고 오지도 않기 때문이네. 모든 대상은 공으로 나아가되 이 나아감을 벗어나지 않으며, 모든 대상은 모양이 없는 데로 나아가며, 지어냄이 없는 데로 나아가며, 일어남이 없는 데로 나아가며, 생겨남이 없는 데로 나아가며, 가진 것이 없는 데로 나아가며, 꿈으로 나아가며 한량없는 데로 나아가며, 가없는 데로 나아가며, 나라는 것이 없어서 적멸한 곳으로 나아가며, 열반으로 나아가되 정작 나아감과 나아가지 않음이 아니니, 모든 대상은 이 나아감을 벗어나지 않는다네."

"스승님, 이와 같은 법을 뉘라서 믿고 알 수 있겠습니까?"

"수보리여, 만약 보살이 전생에 부처님들 계신 곳에서 오랫동안 도를 닦았다면 선근을 성취하여 이를 믿고 알 수 있을 것이네."

"스승님, 이를 믿고 알 수 있는 이는 어떤 모양을 가졌습니까?"

"수보리여, 탐욕과 성냄과 어리석음을 여읜 것이 그 성품이고 믿고 아는 이의 모양이라네. 이와 같은 사람은 깊은 지혜의 완성을 이해할 수 있지."

"스승님, 이 보살은 깊은 지혜의 완성을 이해할 수 있으며, 또 이와 같이 나아감에 의해 그 나아가는 모양을 얻고 다시 한량없는 중생을 위해서 나아갑니다."

석가모니가 말했다.

"옳고도 옳은 말이네, 수보리여. 이 보살은 이와 같이 나아가니 능히 한량없는 중생을 위해서 나아간다네.

수보리여, 이것을 가리켜 보살이 최고의 바른 깨달음을 얻는 목적이 한량없는 중생의 나아갈 곳이 되는 데에 있다고 하는 것이라네."

"스승님, 이 보살이 하는 일은 아주 어렵습니다. 한량없고 가없는 중생을 구원하기 위해 이와 같이 크고 아름답게 꾸민다는 것은 중생으로서는 이해하기가 힘듭니다."

"옳고도 옳은 말이네, 수보리여. 이 보살이 하는 일은 아주 어려워서 한량없고 가없는 중생을 구원하기 위해 이와 같이 크고 아름답게 꾸민다는 것은 중생으로서는 이해하기 힘들 것이네.

수보리여, 이것을 보살이 크고 아름답게 꾸미는 것이라고 하니, 이는 대상을 위함도 아니고, 느낌·표상·의도·분별을 위함도 아니고, 성문과 벽지불의 지위를 위함도 아니고, 모든 것을 꿰뚫는 지혜를 위함도 아니기 때문이네. 크고 아름답게 꾸미고자 하는 뜻을 내는 것은 모든 대상을 꾸미기 위한 것이 아니기에 이 보살은 크고 아름답게 꾸미고자 하는 것이라네."

"스승님, 보살이 깊은 지혜의 완성을 이와 같이 행한다면 성문이나 벽지불도의 지위에 떨어지지 않습니다."

"수보리여, 그대는 보살이 깊은 지혜의 완성을 이와 같이 행한다면 성문이나 벽지불도의 지위에 떨어지지 않는다고 하는데, 어떤 생각으로 이와 같은 일을 말하는가?"

"스승님, 이 지혜의 완성은 아주 깊어서 그 가운데에는 닦을 법과 닦는 행위와 닦는 이가 따로 없습니다. 왜냐하면 스승님, 이 깊은 지혜의 완성에는 마땅히 결정된 법이 없어서 허공을 닦는 것이 곧 지혜의 완성을 닦는 것입니다.

스승님, 어떤 대상도 닦지 않는 것이 곧 지혜의 완성을 닦는 것이며, 가없는 것을 닦는 것이 곧 지혜의 완성을 닦는 것이며, 집착이 없음을 닦는 것이 곧 지혜의 완성을 닦는 것입니다."

"수보리여, 물러섬이 없는 경지에 있는 보살은 반드시 이 깊은 지혜의 완성으로 시험해 보게. 만약 이 지혜의 완성에 집착하지 않거나 남의 말을 경솔하게 따르지 않거나 부처가 되리라는 바람을 가지고 있거나 혹은 깊은 지혜의 완성에 대한 설법을 듣고도 놀라거나 두려워하거나 물러나거나 낙담하지 않고 오히려 마음껏 기뻐하거든 물러섬이 없는 경지에 있는 이 보살은 일찍이 전생에 깊은 지혜의 완성을 들은 적이 있음을 반드시 알아야 한다네. 왜냐하면 깊은 지혜의 완성에 대한 설법을 듣고도 놀라거나 두려워하거나 물러나거나 낙담하지 않으면 이야말로 물러섬이 없는 경지에 있는 보살이기 때문이지."

"스승님, 어떻게 관찰하기에 이 보살은 깊은 지혜의 완성에 대한 설법을 듣고도 놀라거나 두려워하거나 물러나거나 낙담하는 일이 없습니까?"

"수보리여, 이 보살은 모든 것을 꿰뚫는 지혜의 마음으로 지혜의 완성을 관찰한다네."

"스승님, 모든 것을 꿰뚫는 지혜의 마음으로 관찰한다는 것은 무슨 뜻입니까?"

"수보리여, 허공을 따라 관찰하는 것을 가리켜 모든 것을 꿰뚫는 지혜의 마음으로 지혜의 완성을 관찰한다고 한다네. 수보리여, 모든 것을 꿰뚫는 지혜의 마음으로 관찰한다는 것은 바른 관찰이 아니라네. 왜냐하면 한량없음이 곧 모든 것을 꿰뚫는 지혜니, 한량없음은 곧 대상도 없고, 느낌·표상·의도·분별도 없고, 지도 없고 혜도 없고, 도도 없고 얻음도 없고 과보도 없고, 낳음도 없고 멸함도 없고, 지어냄도 없고 지어내는 이도 없고, 방편도 없고 나아감도 없고, 머무름도 없고 양도 없으니, 결국 한량없음에 이른다네.

수보리여, 허공이 한량없는 것과 같이 모든 것을 꿰뚫는 지혜 역시 한량없으니, 붙잡을 수 있는 대상이란 원래 없으며, 또 붙잡을 수 없는 것은 대상에 의해서도 붙잡을 수 없고, 느낌·표상·의도·분별에 의해서도 붙잡을 수 없고, 단바라밀에 의해서도 붙잡을 수 없고, 시바라밀에 의해서도 붙잡을 수 없고, 찬제바라밀에 의해서도 붙잡을 수 없고, 비리야바라밀에 의해서도 붙잡을 수 없고, 선나바라밀에 의해서도 붙잡을 수 없고, 지혜의 완성에 의해서도 붙잡을 수 없다네. 왜냐하면 모든 대상이 곧 모든 것을 꿰뚫는 지혜이고, 느낌·표상·의도·분별이 곧 모든 것을 꿰뚫는 지혜이고, 단바라밀이 곧 모든 것을 꿰뚫는 지혜이고, 시바라밀·찬제바라밀·비리야바라밀·선바라밀·지혜의 완성이 곧 모든 것을 꿰뚫는 지혜이기 때문이라네."

그때 욕계와 색계의 천자들이 석가모니에게 말했다.

"스승님, 지혜의 완성은 너무 깊어서 이해하기도 어렵고 알기도 힘듭니다."

석가모니가 말했다.

"옳고도 옳은 말이네, 천자들이여. 지혜의 완성은 아주 깊어서 이해하기도 어렵고 알기도 힘들다네. 이러한 까닭에 나는 이 법을 말하지 않으려 작정하고 가만히 마음속으로 '나는 이 법을 얻었으니 나말고 이 법을 얻은 사람은 아무도 없다. 얻을 수 있는 법이란 원래 없으며 얻을 수 있는 법이란 쓸모가 없다. 모든 법의 모양은 이와 같이 아주 깊으니 허공과 같이 깊은 까닭에 이 법도 깊고, 내가 깊은 까닭에 모든 법도 깊으며, 오지도 않고 가지도 않음이 깊은 까닭에 모든 법도 깊은 것이다'라고 생각했다네."

욕계와 색계의 천자들이 석가모니에게 말했다.

"흔치 않은 일입니다, 스승님. 말씀하신 법은 세상의 어떤 사람들도 믿기 어렵습니다. 세상 사람들은 집착하지만 이 법은 집착이 없음을 말씀하시기 때문입니다."

그때 수보리가 석가모니에게 말했다.

"스승님, 이 법은 모든 법을 잘 따르고 있습니다. 왜냐하면 스승님, 이 법은 허공과 같이 장애가 없고 장애가 없는 모양이기 때문입니다, 스승님. 이 법은 생겨남이 없습니다. 어떤 대상도 붙잡을 수 없기 때문입니다, 스승님. 이 법은 있는 곳이 없습니다. 어떤 곳도 붙잡을 수 없기 때문입니다."

그때 욕계와 색계의 천자들이 석가모니에게 말했다.

"스승님, 이 수보리 장로는 여래를 따라 태어났습니다. 말하는 법이 모두 공을 위하기 때문입니다."

수보리가 욕계와 색계의 천자들에게 말했다.

"그대들은 수보리 장로가 여래에게서 태어났다고 하는데 어떠한 법을 따라 태어났기에 그렇다는 것입니까? 천자들이여, 이와 같이 행하는 까닭에 수보리가 여래에게서 태어났다고 하는 겁니다. 여래께서 가지도 않고 오지도 않는 것과 같이 수보리 또한 원래부터 가지도 않고 오지도 않으니, 이러한 까닭에 수보리가 여래에게서 태어났다고 합니다.

또 여래의 진실된 모습은 곧 모든 대상의 진실된 모습이고, 모든 대상의 진실된 모습은 곧 여래의 진실된 모습이니, 여래의 진실된 모습은 곧 진실된 모습이 아니기 때문에 수보리가 여래에게서 태어났다고 합니다.

여래의 진실된 모습은 어떤 곳에서도 무너지지 않고 차별이 없으니, 이러한 까닭에 수보리가 여래에게서 태어났다고 합니다.

여래의 진실된 모습은 머무르는 것도 아니고 머무르지 않는 것도 아니니, 수보리의 진실된 모습도 이와 같습니다. 이러한 까닭에 수보리가 여래에게서 태어났다고 합니다. 여래의 진실된 모습은 어떤 곳에서도 걸림이 없으며 모든 대상 역시 어떤 곳에서도 걸림이 없으니, 이러한 까닭에 수보리가 여래에게서 태어났다고 합니다.

또 여래의 진실된 모습은 곧 모든 대상의 진실된 모습이며 모든 것이 한 덩어리이고 둘이 아니고 차별이 없습니다. 이 진실된 모습은 지어냄이 없기에 진실된 모습이 아님도 없습니다. 만약 진실된 모습에 진실되지 않음도 없다면 이야말로 이 진실된 모습은 둘도 아니고 차별도 없으니, 이러한 까닭에 수보리가 여래에게서 태어났다고 합니다.

또 여래의 진실된 모습은 어떤 곳에서도 무너지지 않고 차별이 없으며, 모든 대상의 진실된 모습 역시 어떤 곳에서도 무너지지 않고 차별이 없습니다. 여래의 진실된 모습은 이와 같이 차별할 수 없기에 무너지지 않고 차별이 없습니다. 이러한 까닭에 수보리가 여래에게서 태어났다고 합니다.

여래의 진실된 모습은 어떤 대상도 여의지 않으니, 진실된 모습은 이와 같이 어떤 대상도 여의지 않으며 이 진실된 모습은 진실되지 않을 때가 없이 항상 진실됩니다."

"옳고도 옳은 말이네, 수보리여. 이 진실된 모습은 원래의 진실된 모습과 다르지 않은 까닭에 있는 그대로 진실된 모습의 행을 따르되 정작 행하는 바가 없다네. 이러한 까닭에 수보리가 여래에게서 태어났다고 한다네.

여래의 진실된 모습은 과거에도 없고 미래에도 없고 현재에도 없는 것과 같이, 모든 대상의 진실된 모습 역시 그러해서 과거에도 없고 미래에도 없고 현재에도 없다네. 이러한 까닭에 수보리가 진실된 모습의 행함을 따라 태어난 것을 두고 여래에게서 태어났다고 한다네.

여래는 곧 여래의 진실된 모습이고 여래의 진실된 모습은 곧 과거의 진실된 모습이며, 과거의 진실된 모습은 곧 여래의 진실된 모

214

습이고 여래의 진실된 모습은 곧 미래의 진실된 모습이며, 미래의 진실된 모습은 곧 여래의 진실된 모습이고 여래의 진실된 모습은 곧 현재의 진실된 모습이며, 현재의 진실된 모습은 곧 여래의 진실된 모습이며, 과거와 미래와 현재의 진실된 모습은 곧 여래의 진실된 모습이고 둘이 아니고 차별이 없으며 모든 대상의 진실된 모습은 곧 수보리의 진실된 모습이고 또 둘이 아니고 차별이 없다네. 이러한 까닭에 수보리가 여래에게서 태어났다고 한다네.

보살의 진실된 모습은 곧 최고의 바른 깨달음의 진실된 모습이고, 보살은 이 진실된 모습으로 최고의 바른 깨달음을 얻으니, 이를 가리켜 여래라고 하는 것이라네."

석가모니가 이와 같이 설법할 때 대지가 여섯 종류로 진동하였으니 곧 수보리가 여래에게서 태어난 까닭이고, 또 수보리가 대상을 따라 태어나지 않은 까닭이며, 느낌·표상·의도·분별을 따라 태어나지 않은 까닭이며, 수다원과를 따라 태어나지 않은 까닭이며, 사다함과를 따라 태어나지 않은 까닭이며, 아나함과를 따라 태어나지 않은 까닭이며, 아라한과를 따라 태어나지 않은 까닭이며, 벽지불의 도를 따라 태어나지 않은 까닭이니, 그렇기 때문에 수보리는 여래에게서 태어난 것이다.

그때 사리불이 석가모니에게 말했다.

"스승님, 이것은 참으로 깊습니다."

석가모니가 말했다.

"옳고도 옳은 말이네, 사리불이여. 이것은 참으로 깊다네."

이와 같이 진실된 모양을 전하는 설법을 듣고 3천 명의 비구들은 어떤 대상도 받아들이지 않는 까닭에 번뇌를 벗고 마음의 해탈을 얻었다.

"사리불이여, 500명의 비구니들은 모든 티끌과 더러움을 여의고 대상을 보는 눈이 맑아졌고, 5천 명의 천인들은 무생법인을 얻었으며, 6천 명의 보살들은 어떤 대상도 받아들이지 않는 까닭에 번뇌를 벗고 마음의 해탈을 얻었네.

사리불이여, 이 6천 명의 보살들은 일찍이 전생에 500분의 부처님을 가까이하고 공양하였으며, 부처님의 가르침대로 보시·지계·인욕·정진·선정을 닦았으나 지혜의 완성의 방편으로부터 수호를 받지 못한 까닭에 이제야 비로소 어떤 대상도 받아들이지 않고 번뇌를 벗고 마음의 해탈을 얻은 것이네.

사리불이여, 보살이 비록 모든 것이 공하고 특징이 없으며 지어냄이 없다는 가르침을 행하더라도 정작 지혜의 완성의 방편에 의해 수호 받지 못하면 참된 실상을 깨닫되 성문승만을 얻을 뿐이라네.

사리불이여, 비유하자면 이것은 몸의 크기가 100유순, 200유순, 300유순, 400유순, 500유순이나 되는 커다란 새가 미처 날개가 돋지 않은 상태에서 도리천으로부터 염부제로 몸을 던져 내려오는 것과 같으니, 사리불이여, 그대 생각에 이 새가 중간에서 '도리천으로 다시 돌아가고 싶다'라고 생각해서 과연 다시 돌아갈 수 있겠는가, 없겠는가?"

"돌아갈 수 없습니다, 스승님."

"사리불이여, 이 새가 다시 '염부제에 가닿더라도 다치지 않기를 바란'다면 과연 그 원을 이룰 수 있겠는가, 없겠는가?"

"원을 이룰 수 없습니다, 스승님. 이 새는 염부제에 가닿는 대로 몸을 다쳐 죽거나 아니면 거의 죽음에 가까운 고통을 받을 것입니다. 왜냐하면 스승님, 법이란 으레 그러한 것이니, 정작 이 새의 몸은 크지만 날개는 아직 갖추어져 있지 않기 때문입니다."

"사리불이여, 보살도 이와 마찬가지이니, 비록 갠지스 강 모래알만큼 아득히 오랜 세월 동안 보시·지계·인욕·정진·선정을 닦고 위대한 마음과 위대한 서원을 발하여 헤아릴 수 없을 만큼 많은 일을 겪으면서 최고의 바른 깨달음을 얻고자 하더라도 정작 지혜의 완성의 방편에 의해 수호 받지 못하면 바로 성문과 벽지불의 지위에 떨어지고 만다네.

사리불이여, 보살이 비록 과거와 미래와 현재의 모든 부처님들이 행한 계품·정품·혜품·해탈품·해탈지견품을 염두에 두고 있더라도 이는 마음속으로 그 모양을 취한 것이네. 이 보살은 모양에 집착하여 생각하는 까닭에 정작 모든 부처님의 계품·정품·혜품·해탈품·해탈지견품을 알지 못하며, 알지 못하고 보지 못하는 까닭에 모든 법이 단지 공하다는 말만을 듣고 그 말의 겉모양을 취하여 최고의 바른 깨달음에 회향하니, 이 보살은 성문과 벽지불의 지위에 떨어진다는 것을 반드시 알게. 왜냐하면 사리불이여, 지혜의 완성을 여의는 보살에게 법은 으레 그러하기 때문이네."

"스승님, 제가 부처님의 말씀을 이해하기로는 만약 보살이 지혜의 완성을 여의게 되면 최고의 바른 깨달음을 의심하여 이룰 수가 없으므로 보살마하살이 최고의 바른 깨달음을 얻기 위해서는 반드시 지혜의 완성의 방편을 잘 행해야만 할 것입니다."

그때 욕계의 천자들과 색계의 천자들이 석가모니에게 말했다.

"스승님, 지혜의 완성은 참으로 깊으며 최고의 바른 깨달음은 참으로 얻기 힘듭니다."

석가모니가 말했다.

"옳고도 옳은 말이네, 천자들이여. 지혜의 완성은 참으로 깊으며 최고의 바른 깨달음은 참으로 얻기 힘들다네."

수보리가 석가모니에게 말했다.

"스승님, 부처님의 말씀대로 지혜의 완성은 참으로 깊으며 최고의 바른 깨달음은 참으로 얻기 힘듭니다. 하지만 제가 부처님의 말씀을 이해하기로는 최고의 바른 깨달음을 얻기란 아주 쉽다고 생각합니다. 왜냐하면 어떤 대상도 붙잡을 수 없으니, 모든 대상이 공한 가운데에서 새삼 최고의 바른 깨달음을 얻는 이란 있을 수 없으며, 어떤 대상도 붙잡을 수 없고 어떤 대상의 작용도 붙잡을 수 없으니 모든 대상이 공하기 때문이며, 말씀하신 모든 대상은 어떤 것도 실재하지 않음을 가르치지만 이 가르침 역시 공하기 때문입니다.

스승님, 최고의 바른 깨달음의 법을 얻는다는 것도 대상의 작용이며, 안다는 것도 대상의 작용이니, 이와 같이 모든 대상은 공합니다.

스승님, 이와 같은 까닭에 최고의 바른 깨달음을 얻기 쉽다고 하는 것이니, 이를 얻는 이는 모두 허공과 같습니다."

사리불이 수보리에게 말했다.

"만약 최고의 바른 깨달음을 얻기 쉽다고 한다면 갠지스 강의 모래알만큼 수많은 보살들이 결코 물러서지 않았을 것이니, 이러한 까닭에 최고의 바른 깨달음을 얻기 어렵다는 것을 반드시 알아야 합니다.”

“사리불 님, 그렇다면 그대 생각에 모든 대상은 최고의 바른 깨달음에 대해 물러서겠습니까, 물러서지 않겠습니까?”

“물러서지 않습니다, 수보리 님.”

“사리불 님, 그렇다면 느낌·표상·의도·분별은 최고의 바른 깨달음에 대해 물러서겠습니까, 물러서지 않겠습니까?”

“물러서지 않습니다, 수보리 님.”

“사리불 님, 그렇다면 물질적 대상이 아닌 다른 대상은 최고의 바른 깨달음에 대해 물러서겠습니까, 물러서지 않겠습니까?”

“물러서지 않습니다, 수보리 님.”

“사리불 님, 그렇다면 느낌·표상·의도·분별이 아닌 다른 대상은 최고의 바른 깨달음에 대하여 물러서겠습니까, 물러서지 않겠습니까?”

“물러서지 않습니다, 수보리 님.”

“사리불 님, 그렇다면 모든 대상의 진실된 모양은 최고의 바른 깨달음에 대하여 물러서겠습니까, 물러서지 않겠습니까?”

“물러서지 않습니다, 수보리 님.”

“사리불 님, 그렇다면 느낌·표상·의도·분별의 진실된 모양은 최고의 바른 깨달음에 대해 물러서겠습니까, 물러서지 않겠습니까?”

“물러서지 않습니다, 수보리 님.”

“사리불 님, 그렇다면 물질적 대상의 진실된 모양을 여읜 다른 대상은 최고의 바른 깨달음에 대해 물러서겠습니까, 물러서지 않겠습니까?”

“물러서지 않습니다, 수보리 님.”

“사리불 님, 그렇다면 느낌·표상·의도·분별의 진실된 모양을 여읜 다른 대상은 최고의 바른 깨달음에 대해 물러서겠습니까, 물러서지 않겠습니까?”

“물러서지 않습니다, 수보리 님.”

“사리불 님, 그렇다면 물질적 대상의 진실된 모양을 여읜 다른 법은 최고의 바른 깨달음에 대해 물러서겠습니까, 물러서지 않겠습니까?”

“물러서지 않습니다, 수보리 님.”

“사리불 님, 이와 같이 실제로 구해도 붙잡을 수 없다면 최고의 바른 깨달음에 대해 물러서는 것은 과연 어떤 것일까요? 사리불 님, 어떤 대상도 최고의 바른 깨달음에 대해 물러서는 일은 없습니다.”

사리불이 말했다.

“수보리 님의 말씀대로라면 어떤 보살도 물러서는 일이 없습니다. 그것이 사실이라면 석가모니가 말씀하신 3승의 수행자들은 서로 아무런 차별도 없습니다.”

그때 부루나미다라니자가 사리불에게 말했다.

“그렇다면 오직 보살승만이 있다는 말인지, 수보리 님에게 물어야 할 것입니다.”

사리불이 곧 수보리에게 물었다.

“그렇다면 오직 보살승만이 있다는 말씀입니까?”

수보리가 말했다.

"모든 것의 진실된 모양 안에 성문승·벽지불승·보살승의 차별이 있겠습니까?"

"수보리 님, 진실된 모양 안에서는 이 셋의 차별이 없습니다."

"사리불 님, 그렇다면 진실된 모양은 하나라고 할 수 있겠습니까, 없겠습니까?"

"없습니다, 수보리 님."

"사리불 님, 진실된 모양 안에서는 나아가 1승의 수행자가 있겠습니까, 없겠습니까?"

"없습니다, 수보리 님."

"사리불 님, 이와 같이 실제로 구해도 이 법을 붙잡을 수는 없습니다. 그런데 그대는 왜 이것은 성문이고 이것은 벽지불이고 이것은 보살이니 하는 생각을 냅니까? 이 셋은 진실된 모양 안에서는 서로 차별이 없습니다. 만약 보살이 이러한 말을 듣고도 놀라지 않고 두려워하지 않고 낙담하지 않고 물러서지 않는다면, 이 보살은 깨달음을 성취할 것임을 반드시 알아야 합니다."

그때 석가모니가 수보리를 칭찬하여 말했다.

"훌륭하고도 훌륭한 말이네, 수보리여. 그대는 부처님의 능력으로 이와 같이 잘 설하는구나. 이른바 진실된 모양 안에서는 3승의 차별이 없으니, 만약 보살이 이러한 말을 듣고도 놀라지 않고 두려워하지 않고 낙담하지 않고 물러서지 않는다면 이 보살은 깨달음을 성취할 것임을 반드시 알아야 하네."

그때 사리불이 석가모니에게 말했다.

"스승님, 이 보살은 어떤 깨달음을 성취합니까?"

"사리불이여, 이 보살은 위없는 깨달음을 성취할 것이네."

사리불이 석가모니에게 말했다.

"스승님, 만약 보살이 최고의 바른 깨달음을 성취하고자 한다면 어떻게 실천해야 합니까?"

석가모니가 말했다.

"모든 중생에 대하여 평등한 마음과 자비로운 마음과 꾸준한 마음과 겸손한 마음과 편안한 마음과 성내지 않는 마음과 괴로워하지 않는 마음과 경박스럽지 않은 마음을 베풀어야 하며, 또 부모 같은 마음과 형제 같은 마음으로 말을 나누어야 하네.

사리불이여, 만약 보살이 최고의 바른 깨달음을 성취하고자 한다면 반드시 이렇게 배우고 이렇게 실천해야 하네."

16

아유월치상품

그때 수보리가 석가모니에게 말했다.

"스승님, 어떤 것을 가리켜 물러섬이 없는 경지에 있는 보살의 모습이라고 합니까? 제가 어떻게 이 물러섬이 없는 경지에 있는 보살을 알아볼 수 있겠습니까?"

석가모니가 말했다.

"수보리여, 범부의 지위니 성문의 지위니 벽지불의 지위니 여래의 지위니 하는 모든 것은 정작 진실된 모양 안에서는 무너짐도 없고 둘도 없고 차별도 없다네. 보살은 이에 의해 모든 대상의 있는 그대로의 모습으로 들어가고 또 분별하지 않는다네. 이야말로 진실된 모양이니, 이 진실된 모양을 따라 모든 대상의 있는 그대로의 모양으로 들어가고, 또 이 진실된 모양으로부터 나와 설령 다른 법을 듣더라도 이를 의심하지 않고 후회하지 않으며, 옳고 그름을 말하지 않으며, 모든 대상이 진실된 모양으로 들어가는 것을 본다네. 이 보살이 널리 말하는 것은 마침내 어떤 것도 이익 되지 않음이 없으니, 반드시 이익만을 말하며 남의 옳고 그름을 보지 않는다네. 수보리여, 이와 같은 모양이거든 이야말로 물러섬이 없는 경지에 있는 보살임을 반드시 알아야 한다네.

또 수보리여, 물러섬이 없는 경지에 있는 보살은 외도의 사문이나 바라문들의 주장을 듣지 않고 있는 그대로 알고 있는 그대로 보며, 또 물러섬이 없는 경지에 있는 보살은 꽃이나 향으로 다른 천신들을 예배하거나 공양하지 않는다네. 수보리여, 이와 같은 모양이거든 이야말로 물러섬이 없는 경지에 있는 보살임을 반드시 알아야 하네.

또 수보리여, 물러섬이 없는 경지에 있는 보살은 결코 3악도에 떨어지지 않으며 여자로 태어나는 일도 없다네. 수보리여, 이와 같은 모양이거든 이야말로 물러섬이 없는 경지에 있는 보살임을 반드시 알아야 한다네.

또 수보리여, 물러섬이 없는 경지에 있는 보살은 산목숨을 스스로 죽이지 않고 또 남에게도 죽이지 않도록 가르치고, 스스로 훔치지 않고 그릇되게 음행하지 않고 거짓말하지 않고 이간질하지 않고 욕하지 않고 실없이 말하지 않고 욕심내어 질투하지 않고 성내지 않고 삿된 것을 보지 않고, 또 남에게도 삿된 것을 보지 않도록 가르치며, 이러한 10선도를 항상 몸으로 실천하고 남에게도 실천하도록 가르쳐야 하며, 나아가 이 보살은 꿈속에서라도 이와 반대되는 10불선도를 행해서는 안 되고, 나아가 꿈속에서라도 언제나 10선도를 실천해야 한다네. 수보리여, 이와 같은 모양이거든 이야말로 물러섬이 없는 경지에 있는 보살임을 반드시 알아야 한다네.

또 수보리여, 물러섬이 없는 경지에 있는 보살은 경전을 독송하면서 마음속으로 생각하기를 '나는 반드시 중생들이 안락함을 얻을 수 있도록 법을 말할 것이다. 이와 같이 법을 보시함으로써 모든 중생들의 소원이 이루어지고, 이와 같이 법을 보시함으로써 모든 중생이 이것을 함께 나눌 수 있기를'이라고 한다네. 수보리여, 이와 같은 모양이거든 이야말로 물러섬이 없는 경지에 있는 보살임을 반드시 알아야 한다네.

또 수보리여, 물러섬이 없는 경지에 있는 보살은 깊은 법을 들을 때 마음에 아무런 의심과 장애가 일어나지 않으며, 말이 또렷하고 부드러우며, 잠이 적으며, 오거나 가거나 마음에 항상 흐트러짐이 없으며, 행동을 서두르지 않으며, 항상 한마음이며, 시선은 아래를 향한 채 느리고 편한 걸음으로 걷는다네. 수보리여, 이와 같은 모양이거든 이야말로 물러섬이 없는 경지에 있는 보살임을 반드시 알아야 한다네.

또 수보리여, 물러섬이 없는 경지에 있는 보살은 옷가지나 잠자리가 더럽지 않으며, 항상 청정함을 즐기어 위의에 빈틈이 없으며, 몸이 항상 편안해서 병에 걸리는 일이 드물다네.

수보리여, 범부의 몸에는 8만 가지나 되는 벌레가 우글거리지만 이 물러섬이 없는 경지에 있는 보살의 몸에서는 어떤 벌레도 찾아볼 수 없다네. 왜냐하면 수보리여, 이 보살의 선근은 세상을 초월하며 선근이 불어남에 따라 마음도 청정해지고 몸도 청정해지기 때문이라네."

수보리가 석가모니에게 말했다.

"스승님, 무엇을 가리켜 보살의 마음이 청정하다고 합니까?"

"수보리여, 보살의 선근이 불어남에 따라 비뚤어진 마음과 그릇된 마음이 점점 저절로 사라지며 없어져서 그 결과 마음이 청정해지니, 마음이 청정한 까닭에 성문과 벽지불의 지위를 넘어선다네. 이것을 가리켜 보살의 마음이 청정하다고 한다네. 수보리여, 이와 같은 모양이거든 이야말로 물러섬이 없는 경지에 있는 보살임을 반드시 알아야 한다네.

또 수보리여, 물러섬이 없는 경지에 있는 보살은 이익에 집착하지 않으며, 인색하거나 성내지 않으며, 어려운 법을 들어도 짐짓 낙담하지 않으며, 지혜가 깊은 까닭에 마음을 모아 법을 들으며, 들은 법을 모두 지혜의 완성에 비추어 본다네. 이 보살에게는 지혜의 완성으로 인하여 세상의 모든 것이 그대로 진실된 모양이니, 물질의 조건에 의지하여 살아가는 일과 지혜의 완성을 거스르는 사람은 보지 않는다네. 수보리여, 이와 같은 모양이거든 이야말로 물러섬이 없는 경지에 있는 보살임을 반드시 알아야 한다네.

또 수보리여, 만약 악마가 보살이 있는 곳으로 와서 요술을 부려 여덟 가지 지옥을 만들어낸 다음 각각의 지옥 가운데에 백천만의 보살이 있는 것처럼 꾸며 놓고 말하기를 '이 보살들은 모두 부처로부터 물러섬이 없는 경지에 오를 것이라는 예언을 받고 지금 이 큰 지옥에 떨어졌다. 그대도 만약 물러섬이 없는 경지에 오를 것이라는 예언을 받는다면 즉시 지옥에 떨어지는 예언을 받은 것이니, 그대가 이제 만일 보살이 되고자 하는 마음을 후회한다면 지옥에 떨어지지 않고 반드시 천상에 태어날 것이다'라고 하더라도 보살은 이 말을 듣고 동요하지 않으며 마음속으로 '물러섬이 없는 경지에 있는 보살이 지옥이나 아귀나 축생의 세계에 떨어진다는 것은 있을 수 없는 일이다'라고 생각한다네. 수보리여, 이와 같은 모양이거든 이야말로 물러섬이 없는 경지에 있는 보살임을 반드시 알아야 한다네.

또 수보리여, 만약 악마가 보살이 있는 곳으로 와서 요술을 부려 스님을 만들어낸 다음에 말하기를 '그대는 일찍이 지혜의 완성을 독송하라고 배웠지만 이 일을 뉘우치고 버려야만 한다. 만약 그대가 이것을 버리고 다시는 듣지 않는다면 내가 항상 그대와 함께 있을 것이다. 그대가 배운 것은 부처의 가르침이 아니니 모두가 문장을 꾸미고 덧붙인 말이며, 내가 말한 경만이 부처의 진짜 가르침이다'라고 할 때 이러한 말을 듣고 마음이 흔들리고 성을 낸다면, 이 보살은 아직도 여러 부처님으로부터 부처가 되리라는 예언을 받지 못한 것이니, 열반에 드는 것이 확정되지 않은 이 보살은 물러섬이 없는 경지에 있는 보살의 성품 안에 아직 머무르지 못한다네.

수보리여, 반대로 이러한 말을 듣고도 마음에 흔들림이 없고 성을 내지 않으며 오직 모든 대상의 모양은 생겨남도 없고 지어냄도 없고 일어남도 없다는 가르침에 의지할 뿐 다른 가르침은 따르지 않는 보살은 마치 번뇌에서 벗어난 아라한이 바로 눈앞에서 모든 대상의 모양을 깨달아 어떤 대상도 만들어내지 않고 일으키지 않는 것과 같아서 악마가 마음대로 하지 못한다네.

수보리여, 보살도 이와 마찬가지이니 성문과 벽지불의 지위를 구하는 이는 이를 파괴할 수 없으며, 다시는 물러나지 않고 모든 것을 꿰뚫는 지혜에 이르며, 물러섬이 없는 경지에 있는 보살의 성품 안에 머무르면서 다른 가르침은 따르지 않는다네. 수보리여, 이와 같은 모양이거든 이야말로 물러섬이 없는 경지에 있는 보살임을 반드시 알아야 한다네.

또 수보리여, 만약 악마가 보살이 있는 곳으로 와서 말하기를 '그대가 행하는 것은 나고 죽는 일이며 모든 것을 꿰뚫는 지혜를 행하는 것은 아니다. 그대는 이제 이 몸의 고통을 벗어나 열반에 드는 것이 옳으니, 그렇게 한다면 다시는 삶과 죽음과 고통을 받는 일이 없을 것이다. 이미 이 몸이 태어나는 일이 없는데 어찌 다시 몸을 받으려고 하는가?'라고 하더라도 이 보살은 그 말을 듣고도 동요하거나 성내지 않는다네.

그러면 악마가 다시 말하기를 '그대는 지금 모든 보살이 갠지스 강의 모래알만큼 아득히 많은 부처님을 옷가지와 음식과 침구와 의약품으로 공양하고, 갠지스 강의 모래알만큼 아득히 많은 부처님이 있는 곳에서 범행을 닦으며, 부처님을 가까이 모시고 보살승을 위해 보살은 어떻게 머무르며 어떻게 행해야 하는지 하는 등의 어려운 문제를 여쭙는 것을 보고 싶어 한다. 하지만 이 보살들은 부처님들이 있는 곳에서 그로부터 배운 대로 훌륭하게 수행하여 이와 같이 가르치고 이와 같이 배우고 이와 같이 행하였으나 아직도 최고의 바른 깨달음을 얻지 못하고 모든 것을 꿰뚫는 지혜에도 머무르지 못하니, 어찌 그대가 최고의 바른 깨달음을 얻을 수 있겠는가?'라고 하더라도 보살은 이 말을 듣고 동요하거나 성내지 않는다네.

그러면 악마는 다시 요술을 부려 많은 비구들을 만들어낸 다음 말하기를 '이 비구들은 온갖 번뇌를 벗어난 아라한들로서 일찍이 부처님의 가르침을 구하려고 마음을 내었지만 지금은 단지 아라한의 지위에 머무르고 있을 뿐이다. 그런데 어찌 그대가 최고의 바른 깨달음을 얻을 수 있겠는가?'라고 하더라도 보살은 마음속으로 '내가 다른 가르침을 듣는다고 해도 잃는 것은 없으니, 만약 마음이 구르지도 않고 다른 생각이 일어나지도 않는다면 이것은 악마의 장난인 줄 알아야 한다. 만약 보살이 이와 같이 모든 바라밀을 행하고 이와 같이 모든 바라밀을 배우고도 모든 것을 꿰뚫는 지혜를 얻지 못한다는 것은 있을 수 없는 일이다'라고 생각한다네.

수보리여, 만약 보살이 모든 부처님이 말씀하신 대로 들은 것을 배워 행하고 이 가르침을 여의지 않고 모든 것을 꿰뚫는 지혜를 염두에 두고 여의지 않는데도 이러한 지혜를 얻지 못한다는 것은 있을 수 없는 일이라네. 수보리여, 이와 같은 모양이거든 이야말로 물러섬이 없는 경지에 있는 보살임을 반드시 알아야 한다네.

또 수보리여, 물러섬이 없는 경지에 있는 보살에게 악마가 와서 말하기를 '모든 것을 꿰뚫는 지혜는 마치 허공과 같아서 이 법에는 실체라고 할 만한 것이 없으며, 어떤 사람도 이 법을 써서 도를 얻는 일이란 있을 수 없다. 왜냐하면 만약 도를 얻는다고 한다면 도를 얻는 것은 대상의 작용이니 모두가 허공과 같으며, 대상을 안다는 것도 대상의 작용으로서 실체가 없으니 모두가 허공과 같으므로 그대는 고통을 자초하고 있는 것이며, 만약 최고의 바른 깨달음을 얻는다고 해도 이것은 악마의 장난이지 부처의 가르침은 아니다'라고 한다면 이에 대하여 보살은 '만약 나로 하여금 모든 것을 꿰뚫는 지혜를 여의도록 한다면 이것은 곧 악마의 장난이다'라고 생각하고 마음을 굳게 가져 동요하지 않고 흔들리지 않는다네. 수보리여, 이와 같은 모양이거든 이야말로 모든 것을 꿰뚫는 지혜는 보살임을 반드시 알아야 한다네.

또 수보리여, 물러섬이 없는 경지에 있는 보살은 첫째 선정·둘째 선정·셋째 선정·넷째 선정에 들고자 하여 마음을 돌리고 가다듬으니, 이 보살이 비록 이 모든 선정에 들어가 다시 욕계의 대상을 취하더라도 선정이 과보에 떨어지는 일이 없다네. 수보리여, 이와 같은 모양이거든 이야말로 물러섬이 없는 경지에 있는 보살임을 반드시 알아야 한다네.

또 수보리여, 물러섬이 없는 경지에 있는 보살은 마음에 탐욕이 없으며, 명예를 좋아하지 않으며, 칭찬 듣기를 바라지 않으며, 모든 중생에 대해 성내는 마음이 없으며, 항상 평안하고 이로움을 주는 마음을 갖는다네. 나아가고 멈추고 오고 감에도 마음에 흐트러짐이 없으며, 항상 한마음으로써 위엄 있는 용모를 잃지 않는다네.

수보리여, 이 보살은 혹시 속가에 머무르고 있더라도 어떤 욕심에도 물들지 않으니, 온갖 욕망을 받아들이되 싫어하는 마음으로 이를 물리치며 항상 두려운 마음을 품는다네. 이는 마치 도적이 들끓는 험악한 길을 갈 때 비록 먹을 것은 많으나 두렵고 꺼림칙한 생각에 스스로 평안하지 못하고 오로지 이 험악한 길을 언제나 다 지날까 하고 생각하는 것과 같다네. 물러섬이 없는 경지에 있는 보살은 비록 속가에 살면서 온갖 욕망을 받아들이되 한결같이 잘못된 마음으로 알고 이에 탐착하지 않으며, 그릇된 삶으로 법에 어긋나게 살아가지 않으며, 차라리 목숨을 버릴지언정 다른 사람에게 해를 입히지는 않는다네. 왜냐하면 보살은 속가에서도 중생을 안락하게 하기 때문이니, 비록 속가라고 할지라도 이러한 공덕을 충분히 이룰 수 있다네. 왜냐하면 지혜의 완성의 능력을 얻었기 때문이지. 수보리여, 이와 같은 모양이거든 이야말로 물러섬이 없는 경지에 있는 보살임을 반드시 알아야 한다네.

또 수보리여, 물러섬이 없는 경지에 있는 보살은 금강저를 든 신들이 따라다니면서 사람 아닌 것들이 달라붙지 않도록 보호해준다네. 이 보살의 마음은 미치거나 어지럽지 않으며, 모든 신체가 온전하여 모자람이 없으며, 현명하고 착한 행동을 닦아서 현명하고 착하지 않음이 없으며, 주문이나 약초로써 여인들을 현혹하지 않으며, 스스로 육신을 위하지도 않고 또 남에게도 그렇게 하지 않도록 가르치며, 항상 청정한 삶을 닦으며, 길흉이나 관상이나 아들을 낳을지 딸을 낳을지를 점치는 등의 일은 아무것도 하지 않는다네. 수보리여, 이와 같은 모양이거든 이야말로 물러섬이 없는 경지에 있는 보살임을 반드시 알아야 한다네.

또 수보리여, 물러섬이 없는 경지에 있는 보살은 또 이러한 모양을 가졌으니 다음과 같다네. 수보리여, 물러섬이 없는 경지에 있는 보살은 세상의 자질구레한 일과 관청에 관한 일과 전쟁에 관한 일과 도적에 관한 일과 마을에 관한 일과 코끼리와 말과 수레와 옷가지와 음식과 침구 등에 관한 일을 말하기 좋아하지 않으며, 꽃과 향과 여자와 기생에 관한 일을 말하기 좋아하지 않으며, 신기한 거북 따위를 말하기 좋아하지 않으며, 큰 바다에 관한 일을 말하기 좋아하지 않으며, 다른 사람을 괴롭히는 일을 말하기 좋아하지 않으며,

미주알고주알 말하기 좋아하지 않으며, 오직 지혜의 완성을 즐겨 말할 뿐이라네. 언제나 모든 것을 꿰뚫는 지혜의 마음을 여의지 않고 소송을 걸어 싸우는 일을 즐기지 않으며, 마음으로 늘 법을 즐기고 법에 어긋나는 일은 즐기지 않으며, 선지식을 반기며, 원한을 맺은 집은 반기지 않으며, 싸움을 화해시키는 일을 즐기며, 남을 헐뜯는 일은 즐기지 않으며, 부처님의 가르침 안에서 출가하는 일을 즐기며, 언제나 다른 세상의 청정한 부처님 나라에 태어나서 원하는 대로 그곳의 모든 부처님을 공양할 수 있기를 즐겨 바란다네.

수보리여, 물러섬이 없는 경지에 있는 보살은 욕망뿐인 세상과 색뿐인 세상에서 여러 번 생사를 거듭하다가 인도의 중앙부에 태어나며, 재주가 뛰어나고 경전을 잘 이해하며, 주문과 점술에 밝아 모든 것을 훤히 알며, 설령 변방에 태어나더라도 반드시 큰 나라에 나게 된다네. 이와 같은 공덕과 모양이 있거든 이야말로 물러섬이 없는 경지에 있는 보살임을 알아야 한다네.

또 수보리여, 물러섬이 없는 경지에 있는 보살은 '나는 과연 물러섬이 없는 경지에 있는 것일까, 아닐까?'라고 의심을 품어서는 안 된다네.

수보리여, 물러섬이 없는 경지에 있다는 것을 스스로 아는 이는 결코 이를 다시 의심하는 일이 없다네. 이것은 마치 수다원과를 깨달은 이가 법에 대해 아무런 의심도 품지 않기에 갖가지 악마의 장난을 알아보고 그것에 현혹되지 않는 것과 같으니, 보살도 이와 마찬가지로 물러섬이 없는 경지에 대해 의심을 품지 않으면 온갖 악마의 장난을 알아보고 그것에 현혹되지 않는다네.

수보리여, 비유하자면 이것은 어떤 사람이 다섯 가지 큰 죄를 짓고 죽음에 이를 때까지 언제나 후회하고 두려워해도 이를 떨쳐 내거나 벗어버릴 수 없는 것과 같으니, 이와 같은 죄를 지은 마음에는 항상 이와 같은 마음이 따르며 마침내 죽음을 맞게 된다네.

수보리여, 물러섬이 없는 경지에 있는 보살도 이와 마찬가지이니, 물러섬이 없는 경지에 있는 보살의 마음이 항상 물러섬이 없는 경지에 머무르면서 동요하지 않고 흔들리지 않는다면 모든 세상의 천인과 아수라를 무너뜨리는 온갖 악마의 장난을 잘 알아보고 이것에 현혹되지 않으며, 깨달은 법에 대하여 그 마음이 확고하고 의심이 없으며, 나아가 다시 태어나더라도 성문과 벽지불의 마음을 갖지 않으며, 자신이 최고의 바른 깨달음을 얻었는지 의심하지 않고 자신이 깨달아 얻은 법안에서 다른 사람을 따르지 않으니, 스스로 깨달아 머무르는 지위가 결코 무너지지 않는다네. 왜냐하면 무너지지 않는 지혜를 얻어서 물러섬이 없는 경지의 성품에 편안히 머무르기 때문이지.

수보리여, 만약 악마가 요술을 부려 부처님의 몸으로 변한 다음 물러섬이 없는 경지에 있는 보살이 있는 곳으로 와서 말하기를 '선남자여, 그대는 지금 아라한을 얻는 것만으로도 충분하니, 무엇으로 최고의 바른 깨달음을 구하겠는가? 왜냐하면 보살에게는 최고의 바른 깨달음을 성취하는 여러 가지 모양이 있지만 그대에게는 없기 때문이다'라고 해도, 수보리여, 보살은 이 말에 아무런 동요도 하지 않고 바로 '이것은 악마나 악마의 존재가 하는 짓이지 결코 부처님의 말씀은 아니다. 부처님의 말씀에 맞지 않고 다른 점이 있다'

라고 생각한다네.

만약 이 보살이 '이것은 악마가 부처님으로 변신해서 나로 하여금 지혜의 완성을 멀리 여의도록 하려는 것이다'고 생각하면 악마는 자취 없이 사라지리니, 이 보살은 이미 일찍이 앞의 석가모니에게서 최고의 바른 깨달음을 얻으리라는 예언을 받고 물러섬이 없는 경지에 평안히 머무르고 있다는 것을 반드시 알아야 한다네. 왜냐하면 이 사람에게는 물러섬이 없는 경지에 있는 보살의 모양이 있기 때문이라네. 수보리여, 이와 같은 모양이거든 이야말로 물러섬이 없는 경지에 있는 보살임을 반드시 알아야 한다네.

또 수보리여, 물러섬이 없는 경지에 있는 보살은 법을 지키기 위해서라면 자신의 목숨도 돌보지 않으니, 정법을 위해 정진하면서 생각하기를 '나는 단지 과거와 현재의 모든 부처님과 정법만을 수호하지 않고, 또 미래의 모든 부처님과 정법도 똑같이 수호할 것이다. 나도 역시 미래에 부처가 되리라는 예언을 받을 것이니, 나는 이 법을 스스로 수호할 것이다'라고 한다네. 이 보살은 이러한 이익을 얻는 까닭에 정법을 수호하며, 나아가 목숨을 돌보지 않으며, 낙담하거나 후회하는 마음을 품지 않는다네. 이와 같은 모양이거든 이야말로 물러섬이 없는 경지에 있는 보살임을 반드시 알아야 한다네. 또 수보리여, 물러섬이 없는 경지에 있는 보살은 여래의 설법을 듣더라도 마음에 아무런 의문도 없다네."

수보리가 석가모니에게 말했다.

"스승님, 이 보살은 여래의 설법을 들을 때만 마음에 의문이 없습니까, 아니면 성문의 설법을 들을 때도 마음에 의문이 없습니까?"

"수보리여, 이 보살은 성문의 설법을 들을 때도 역시 마음에 의문이 없다네. 왜냐하면 이 보살은 모든 법에 대하여 무생법인을 얻었기 때문이지.

수보리여, 보살이 성취한 공덕의 모양이 이렇거든 이야말로 물러섬이 없는 경지에 있는 보살인 줄 반드시 알아야 한다네."

17

심공덕품

그때 수보리가 석가모니에게 말했다.

"참으로 드문 일입니다, 스승님. 이 물러섬이 없는 경지에 있는 보살은 큰 공덕을 성취합니다. 세존께서는 물러섬이 없는 경지에 있는 보살이 가지고 있는 갠지스 강의 모래알만큼 많은 모양을 훌륭하게 말씀해주셨습니다. 말씀하신 모양이란 곧 깊은 지혜의 완성의 모양입니다."

석가모니가 말했다.

"옳고도 옳은 말이네, 수보리여. 그대는 모든 보살이 가진 깊고 깊은 모양을 잘 드러내 보여주었네. 수보리여, 깊고 깊은 모양이라는 것은 곧 공을 가리키니, 이것은 모양도 없고 지어냄도 없고, 일어남도 없고 생겨남도 없고, 사라짐도 없고 실체도 없고 물듦도 없으며, 모든 것이 스러져 고요한 것이며, 모든 것을 멀리 여읜 것이며 열반이라는 의미라네."

"스승님, 오직 공과 더 나아가 열반만이 깊고 깊습니까, 아니면 모든 대상이 다 그렇습니까?"

"수보리여, 모든 대상도 역시 깊고 깊다네. 왜냐하면 수보리여, 대상도 깊고 느낌·표상·의도·분별도 깊기 때문이지. 대상은 진실된 모양이기 때문이라네. 느낌·표상·의도·분별 역시 진실된 모양이기 때문이지.

수보리여, 대상을 여읜 대상은 깊고 깊으며, 느낌·표상·의도·분별을 여읜 정신작용 역시 깊고 깊다네."

수보리가 말했다.

"참으로 드문 일입니다, 스승님. 미묘한 방편에 의해 대상을 가로막고 열반을 드러내 보여주시며, 느낌·표상·의도·분별을 가로막고 열반을 드러내 보여주시다니요."

석가모니가 말했다.

"수보리여, 보살은 이 깊은 지혜의 완성에 대하여 사유하고 관찰하기를 '지혜의 완성이 가르치는 대로 나는 반드시 배울 것이며, 지혜의 완성이 말하는 대로 나는 반드시 행할 것이다'라고 한다네. 이 보살은 이와 같이 사유하고 정진하면서 나아가 하루에 지은 공덕이 한량없다네.

수보리여, 비유하자면 이것은 음욕이 강한 사람이 아름다운 여인을 만나기로 약속한 것과 같으니, 이 여인이 사정이 있어서 제때에 가지 못한다면 수보리여, 그대 생각에 이 사람의 조급함이 어떻겠는가?"

"스승님, 음욕이 강한 이 사람은 오로지 그 여인이 빨리 와서 자신과 더불어 앉고 눕고 즐기고 웃는 것만을 생각할 것입니다."

"수보리여, 그대 생각에 이 사람은 밤낮으로 얼마만큼 음욕이 일어나겠는가?"

"스승님, 이 사람은 밤낮으로 음욕이 일어남이 아주 많을 것입니다."

"수보리여, 만약 보살이 깊은 지혜의 완성이 가르치는 대로 사유하고 익힌다면 포기하고 물러나는 잘못을 여의며, 겁을 헤아리는 삶과 죽음의 고난을 벗어난다네. 이 보살이 깊은 지혜의 완성에 의해 하루 동안 지은 공덕은 어떤 보살이 깊은 지혜의 완성을 멀리 여의고 갠지스 강의 모래알만큼 수많은 세월 동안 보시하여 지은 공덕보다 더 훌륭하다네.

또 수보리여, 만약 보살이 지혜의 완성을 여의고 갠지스 강의 모래알만큼 아득히 많은 세월 동안 수다원과 사다함과 아나함과 아라한과 벽지불과 모든 부처님을 공양한다면, 그대 생각에 그 복이 많겠는가, 적겠는가?"

수보리가 말했다.

"아주 많겠습니다, 스승님. 한량없고 가없으며 말로 다할 수 없습니다."

석가모니가 말했다.

"하지만 이것은 보살이 깊은 지혜의 완성에서 말한 대로 수행하면서 더 나아가 하루 동안 지은 공덕보다도 못하다네. 왜냐하면 보살이 지혜의 완성을 행하면 성문과 벽지불의 지위를 뛰어넘어 보살의 지위에서 최고의 바른 깨달음을 얻기 때문이지.

또 수보리여, 만약 보살이 갠지스 강의 모래알만큼 아득히 많은 세월 동안 지혜의 완성을 여의고 보시와 지계와 인욕과 정진과 선정과 지혜를 닦는다면, 그대 생각에 그 복이 많겠는가, 적겠는가?"

수보리가 말했다.

"아주 많겠습니다, 스승님."

석가모니가 말했다.

"하지만 이것은 보살이 깊은 지혜의 완성에서 말한 대로 수행하면서 더 나아가 하루 동안 보시와 지혜와 인욕과 정진과 선정과 지혜를 닦아 얻은 공덕보다도 못하다네.

또 수보리여, 만약 보살이 갠지스 강의 모래알만큼 아득히 많은 세월 동안 지혜의 완성을 여의고 중생들에게 법으로 보시를 베푼다면, 그대 생각에 그 복이 많겠는가, 적겠는가?"

수보리가 말했다.

"아주 많겠습니다, 스승님."

석가모니가 말했다.

"하지만 이것은 보살이 깊은 지혜의 완성에서 말한 대로 수행하면서 더 나아가 하루 동안 중생들에게 법으로 보시를 베푼 공덕보다도 못하다네. 왜냐하면 만약 보살이 지혜의 완성을 여의지 않는다면 이것은 곧 모든 것을 꿰뚫는 지혜를 여의지 않는 것이기 때문이지.

또 수보리여, 만약 보살이 갠지스 강의 모래알만큼 아득히 많은 세월 동안 지혜의 완성을 여의고 열반으로 나아가는 37품을 닦는다면 그대 생각에 그 복이 많겠는가, 적겠는가?"

수보리가 말했다.

"아주 많겠습니다, 스승님."

석가모니가 말했다.

"하지만 이것은 보살이 지혜의 완성에서 가르친 대로 머무르면서 더 나아가 하루 동안 열반으로 나아가는 37품을 닦는 공덕보다도 못하다네. 왜냐하면 만약 보살이 지혜의 완성을 여의지 않는다면 모든 것을 꿰뚫는 지혜에서 물러나는 일이란 있을 수 없기 때문이지.

또 수보리여, 만약 보살이 갠지스 강의 모래알만큼 아득히 많은 세월 동안 지혜의 완성을 여읜 채 재물과 법을 베풀고 선정을 닦아 지은 공덕을 최고의 바른 깨달음에 회향한다면, 그대 생각에 그 복이 많겠는가, 적겠는가?"

수보리가 말했다.

"아주 많겠습니다, 스승님."

석가모니가 말했다.

"하지만 이것은 보살이 깊은 지혜의 완성에서 말한 대로 수행하면서 더 나아가 하루 동안 재물과 법을 베풀고 선정을 닦아 지은 공덕을 최고의 바른 깨달음에 회향하는 것보다도 못하다네. 왜냐하면 최고의 회향이란 곧 깊은 지혜의 완성을 여의지 않는 것이기 때문이라네."

수보리가 석가모니에게 말했다.

"스승님, 부처님의 말씀대로 일으켜 만들어낸 대상은 어떤 것도 망상과 분별에 지나지 않는다면 보살이 많은 복을 얻는다는 것은 무슨 말인지요?"

"수보리여, 보살이 지혜의 완성을 행할 때에는 자신이 지은 공덕조차도 역시 공하고 실체가 없으며 허망하며 견고하지 않고 감옥과 같다는 것을 잘 안다네. 만약 보살이 이와 같이 잘 관찰하면 깊은 지혜의 완성을 여의지 않으며, 깊은 지혜의 완성을 여의지 않으면 곧 한량없는 아승기의 공덕을 얻는다네."

"스승님, 한량없음과 아승기에는 어떤 차이가 있습니까?"

"수보리여, 아승기란 수가 끝없어서 셀 수 없는 것이고, 한량없음은 모두 수와 양을 뛰어넘는 것을 말한다네."

"스승님, 어떤 인연으로 대상도 역시 한량없고, 느낌·표상·의도·분별도 역시 한량없습니까?"

석가모니가 말했다.

"수보리여, 대상도 공하기 때문에 한량없고, 느낌·표상·의도·분별도 공하기 때문에 한량없다네."

"스승님, 한량없다는 것은 무슨 말입니까?"

"수보리여, 한량없다는 것은 곧 공을 가리키니, 이는 모양도 없고 지어냄도 없다는 의미이네."

"스승님, 한량없는 것만이 공하고 다른 것은 그렇지 않습니까?"

"수보리여, 그대는 내가 모든 것이 공하다고 말한 것을 알지 못하는가?"

"스승님, 부처님께서는 모든 것이 공하다고 말씀하셨습니다."

"수보리여, 공하다는 것은 곧 다함이 없다는 뜻이며 공하다는 것은 곧 한량없다는 뜻이니, 이러한 까닭에 이 법의 뜻에는 차별이 없다네.

수보리여, 부처님께서 말씀하신 것은 다함이 없으며 한량이 없으며 공하며 모양이 없으며 지어냄이 없으며 일어남이 없으며 생겨남이 없으며 소멸함이 없으며 실체가 없으며 물듦이 없는 열반이니, 다만 문자 그대로 방편 때문에 말씀하신다네."

수보리가 말했다.

"참으로 드문 일입니다, 스승님. 모든 것의 진실된 모양은 말로 다할 수 없지만 이제 그것을 말씀하셨습니다, 스승님. 제가 부처님의 말씀을 이해하기로는 어떤 것도 말로 다할 수 없다는 것입니다."

"옳고도 옳은 말이네, 수보리여. 어떤 것도 말로 다할 수는 없다네. 수보리여, 모든 것의 공한 모양은 말로 다할 수 없네."

"스승님, 이 말로 다할 수 없는 뜻은 늘어나지도 않고 줄어들지도 않으니, 만약 그렇다면 단바라밀도 마땅히 늘어나지도 않고 줄어들지도 않고, 시라바라밀·찬제바라밀·비리야바라밀·선바라밀도 마땅히 늘어나지도 않고 줄어들지도 않습니다. 이 모든 바라밀이 늘어나지도 않고 줄어들지도 않는다면 보살은 늘어나지도 줄어들지도 않는 바라밀로 어떻게 최고의 바른 깨달음을 얻으며, 어떻게 최고의 바른 깨달음을 가까이할 수 있습니까?

스승님, 만약 보살이 모든 바라밀을 늘지도 줄지도 않게 한다면 정작 최고의 바른 깨달음을 가까이할 수는 없을 것입니다."

"옳고도 옳은 말이네, 수보리여. 말로 다할 수 없는 뜻은 늘어나지도 않고 줄어들지도 않으니, 보살이 훌륭한 방편으로 지혜의 완성을 행하고 지혜의 완성을 닦을 때는, 예를 들어 단바라밀이 늘어난다거나 줄어든다고 생각하지 말고 '이 단바라밀은 단지 단바라밀이라는 글자에 지나지 않는다'라고 생각하며, 이 보살이 보시를 행할 때에도 이와 같이 생각하고 그 마음과 모든 선근을 모두 최고의 바른 깨달음의 모양처럼 회향해야 한다네.

수보리여, 보살이 훌륭한 방편으로 지혜의 완성을 행하고 지혜의 완성을 닦을 때는, 예를 들어 시라바라밀이 늘어난다거나 줄어든다거나, 찬제바라밀이나 비리야바라밀이나 선바라밀 또한 늘어난다거나 줄어든다고 생각하지 말아야 한다네.

수보리여, 보살이 훌륭한 방편으로 지혜의 완성을 행하고 지혜의 완성을 닦을 때는 지혜의 완성이 늘어난다거나 줄어든다고 생각하지 말고, '이 지혜의 완성은 단지 지혜의 완성이라는 글자에 지나지 않는다'라고 생각해야 하며, 지혜를 닦을 때에는 그 생각과 그 마음과 그 선근을 최고의 바른 깨달음의 모양처럼 회향해야 한다네."

수보리가 석가모니에게 말했다.

"스승님, 어떤 것을 가리켜 최고의 바른 깨달음이라고 합니까?"

"수보리여, 최고의 바른 깨달음이란 곧 이 진실된 모양으로서 늘어나거나 줄어들지 않는다네. 만약 보살이 언제나 이러한 생각을 가지고 행한다면 바로 최고의 바른 깨달음에 가까워질 것이네.

수보리여, 이와 같이 말로 다할 수 없는 뜻은 비록 늘어나지도 줄어들지도 않지만 어떤 생각도 물러나지 않고 어떤 바라밀도 쇠퇴하지 않는다네. 보살이 이와 같이 행하면 곧 최고의 바른 깨달음에 가까워지며 또 보살의 행이 쇠퇴하지 않으니, 이렇게 생각하는 이는 최고의 바른 깨달음에 가까이 다가가 이를 얻는다네."

"스승님, 보살은 처음의 마음으로 최고의 바른 깨달음을 얻습니까, 나중의 마음으로 최고의 바른 깨달음을 얻습니까?

스승님, 처음의 마음에는 나중의 마음이 갖추어져 있지 않고, 또 나중의 마음에는 처음의 마음이 갖추어져 있지 않습니다.

스승님, 만약 처음의 마음과 나중의 마음이 모두 온전하지 않다면 보살의 모든 선근이 어떻게 늘어날 수 있습니까?"

"수보리여, 비유하자면 이것은 등불이 타오르는 것과 같으니, 그대 생각에 이때 처음의 불꽃이 심지를 타오르게 한다고 보는가, 뒤의 불꽃이 심지를 타오르게 한다고 보는가?"

"스승님, 처음의 불꽃이 심지를 타오르게 하는 것도 아니지만 또 처음의 불꽃이 아니면 심지는 타오를 수 없으며, 뒤의 불꽃이 심지를 타오르게 하는 것도 아니지만 또 뒤의 불꽃이 아니면 심지는 타오를 수 없습니다."

"수보리여, 그대 생각에 이 심지가 타오른다고 보는가?"

"스승님, 이 심지는 실제로 타오릅니다."

"수보리여, 보살도 이와 마찬가지이니 처음의 마음으로 최고의 바른 깨달음을 얻는 것은 아니지만 정작 처음의 마음을 여의고 그러할 수는 없으며, 나중의 마음으로 최고의 바른 깨달음을 얻는 것은 아니지만 정작 나중의 마음을 여의고 그러할 수는 없다네."

"스승님, 이 인연법은 참으로 깊어서 보살은 처음의 마음으로도 최고의 바른 깨달음을 얻을 수 없지만 또 처음의 마음을 여의고도 이를 얻을 수는 없습니다. 나중의 마음으로도 최고의 바른 깨달음을 얻을 수 없지만 또 나중의 마음을 여의고도 이를 얻을 수는 없습니다."

"수보리여, 만약 마음이 이미 소멸하였다면 그대 생각에 이 마음이 다시 생겨나겠는가, 생겨나지 않겠는가?"

"생겨나지 않습니다, 스승님."

"수보리여, 만약 마음이 생겨난다면 그대 생각에 이것은 모양이 소멸한 것이겠는가, 소멸한 것이 아니겠는가?"

"스승님, 이것은 모양이 소멸한 것입니다."

"수보리여, 그대 생각에 이렇게 모양이 소멸하는 법은 반드시 소멸하겠는가, 소멸하지 않겠는가?"

"소멸하지 않습니다, 스승님."

"수보리여, 그대 생각에 마음은 또 이와 같이 머무르되 진실된 모양대로 머무르겠는가, 머무르지 않겠는가?"

"스승님, 마음은 이와 같이 머무르되 진실된 모양대로 머뭅니다."

"수보리여, 만약 마음이 이와 같이 머무르되 진실된 모양대로 머무른다면 곧 항상됨에 집착한다는 말 아닌가?"

"아닙니다, 스승님."

"수보리여, 그대 생각에 이 진실된 모양은 깊겠는가, 깊지 않겠는가?"

"스승님, 이 진실된 모양은 아주 깊습니다."

"수보리여, 그대 생각에 이 진실된 모양은 곧 이 마음이겠는가, 아니겠는가?"

"아닙니다, 스승님."

"수보리여, 이 진실된 모양은 이 마음을 여의겠는가, 여의지 않겠는가?"

"여의지 않습니다, 스승님."

"수보리여, 그대는 이 진실된 모양을 보는가, 보지 못하는가?"

"보지 못합니다, 스승님."

"수보리여, 만약 어떤 사람이 이와 같이 행한다면 그대 생각에 이 것은 아주 깊이 행하는 것이겠는가, 아니겠는가?"

"스승님, 만약 어떤 사람이 이와 같이 행한다면 이것은 행함이 없는 것을 행하는 것입니다. 왜냐하면 이 사람은 어떤 행도 행하지 않기 때문입니다."

"수보리여, 만약 보살이 지혜의 완성을 행한다면 어느 곳에서 행하는 것이겠는가?"

"스승님, 실상의 진리 가운데에서 행하는 것입니다."

"수보리여, 만약 보살이 실상의 진리 가운데에서 행한다면 그대 생각에 이 사람은 모양을 행하는 것이겠는가, 아니겠는가?"

"아닙니다, 스승님."

"수보리여, 그대 생각에 이 보살은 모든 모양을 파괴하겠는가, 파괴하지 않겠는가?"

"파괴하지 않습니다, 스승님."

"수보리여, 그대 생각에 이 보살은 어떻게 해서 모든 모양을 파괴하지 않겠는가?"

"스승님, 이 보살은 '나는 이 몸에서 모든 모양을 끊어내고 보살도를 행하겠다'라고 배우지 않았습니다. 만약 모든 모양을 끊어낸다면 불도를 구족하지 못하고 반드시 성문이 되기 때문입니다.

스승님, 이 보살은 큰 방편의 힘으로 모든 모양을 그대로 지나쳐서 어떤 모양도 취하지 말아야 한다는 것을 압니다."

그때 사리불이 수보리에게 말했다.

"만약 보살이 꿈속에서 3해탈문인 공해탈과 무상해탈과 무작해탈을 닦는다면 지혜의 완성에 이익이 있겠습니까, 없겠습니까?"

"만약 낮에도 그렇게 해서 이익이 있다면 꿈속에서도 반드시 이익이 있을 것입니다. 왜냐하면 부처님들은 낮과 밤중의 꿈 사이에 아무런 차이도 없다고 말씀하셨기 때문입니다.

사리불 님, 만약 보살이 지혜의 완성을 닦는다면 바로 지혜의 완성에 이익이 있습니다. 이러한 까닭에 꿈속에서도 지혜의 완성에 이익이 있습니다.

사리불 님, 만약 어떤 사람이 꿈속에서 업을 짓는다면 이 업에 과보가 있겠습니까, 없겠습니까? 부처님들은 모든 것이 꿈과 같다고 말씀하셨으니 여기에는 과보가 따르지 않음이 분명합니다. 하지만 깨어나 분별할 때는 반드시 과보가 따를 것입니다.

사리불 님, 만약 어떤 사람이 꿈속에서 사람을 죽인 다음, 깨어나서 '잘 죽였다'라고 분별한다면 그 업은 어떻게 되겠습니까?"

"수보리 님, 반연이 없으면 업도 없고 반연이 없으면 마음도 없습니다."

"이와 같이 사리불이여, 반연이 없으면 업도 없고 반연이 없으면 마음도 없습니다. 반연이 있으면 업도 있고 반연이 있으면 마음도 있습니다. 만약 보고 듣고 깨닫고 아는 가운데에서 마음을 행할 때 비로소 더러움에 물든 마음이라느니 청정한 마음이라느니 하는 것도 있겠지요.

사리불 님, 이러한 까닭에 인연의 업이 생기고 인연이 없으면 그렇지 않으며, 인연이 있으면 마음이 생기고 인연이 없으면 그렇지 않은 것입니다."

사리불이 수보리에게 물었다.

"만약 보살이 꿈속에서 보시를 베풀고, 이를 최고의 바른 깨달음을 위해 회향한다면 이 보시를 가리켜 진정으로 회향했다고 말할 수 있을까요?"

"사리불 님, 부처님으로부터 최고의 바른 깨달음을 얻으리라는 예언을 받은 미륵보살님이 지금 바로 앞에 계시니, 이를 여쭙는다면 곧 답을 주실 것입니다."

사리불이 곧 미륵보살에게 물었다.

"수보리 님이 말하기를 '이 일은 미륵보살님께서 반드시 답을 주실 것이다'고 하였습니다만."

미륵보살이 사리불에게 말했다.

"사리불 님, 말한 바대로 만약 미륵보살이 답을 한다면 지금 미륵이라는 그 이름이 답을 하겠습니까, 아니면 그 육신이 답을 하겠습니까, 느낌·표상·의도·분별이 답을 하겠습니까, 육신의 공함이 답을 하겠습니까, 느낌·표상·의도·분별의 공함이 답을 하겠습니까?

이것은 육신의 공함도 답을 할 수 없고, 느낌·표상·의도·분별의 공함도 답을 할 수 없습니다.

사리불 님, 나는 이에 답할 수 있는 어떤 대상도 알지 못하며, 이에 답하는 사람과 이 답을 필요로 하는 대상과 이에 답할 수 있는 대상도 알지 못합니다. 또 나는 어떤 대상도 최고의 바른 깨달음을 얻으리라는 예언을 받았다는 것도 알지 못합니다."

사리불이 미륵보살에게 말했다.

"보살님께서 말씀하신 것은 법의 깨달음에서 오는 것입니까, 아닙니까?"

미륵보살이 말했다.

"내가 말한 것은 법의 깨달음이 아닙니다."

사리불은 마음속으로 '미륵보살의 지혜는 아주 깊구나. 오랫 동안 지혜의 완성을 행해온 덕분일 것이다'라고 생각했다.

그때 석가모니가 사리불의 마음을 꿰뚫어보시고 그에게 말했다.

"그대는 이 법을 보고 지님으로써 아라한과를 얻는가?"

"아닙니다, 스승님."

"사리불이여, 보살도 이와 마찬가지네. 지혜의 완성을 행하면 방편의 힘이 생겨나기 때문에 '이 법에 의해 최고의 바른 깨달음을 얻으리라는 예언을 받지만, 정작 이미 받았거나 지금 받거나 앞으로 받을 것이다'라고는 생각하지 않는다네. 만약 보살이 이와 같이 행한다면 곧 지혜의 완성을 행하는 것이니, 최고의 바른 깨달음을 얻지 못할까 두려워하지 않고 스스로 부지런히 정진한다면 반드시 최고의 바른 깨달음을 얻을 것이네.

사리불이여, 보살은 언제라도 놀라지 않고 두려워하지 않으니, 설령 사나운 짐승들 가운데에 있어도 마땅히 놀라거나 무서워하지 않는다네. 왜냐하면 보살은 으레 마음속으로 '만약 지금 내가 사나운 짐승들에게 잡아먹히더라도 나는 단바라밀을 성취하여 최고의 바른 깨달음에 가까이 다가갈 수 있기를 바라는 마음으로 이 육신을 보시할 것이다. 내가 반드시 이와 같이 부지런히 정진하여 최고의 바른 깨달음을 얻을 때면 세상 가운데 축생의 고통은 모두 사라질 것이다'라고 생각하기 때문이라네.

사리불이여, 보살은 설령 원수나 도적들 가운데에 있어도 마땅히 놀라거나 두려워하지 않는다네. 왜냐하면 보살의 길을 닦을 때에는 목숨도 아까워하지 않는 법이니, 보살은 마음속으로 '설령 나의 목숨을 빼앗고자 해도 나는 찬제바라밀을 성취하여 최고의 바른 깨달음에 가까이 다가갈 수 있기를 바라는 마음으로 이에 대해 성을 내지 않을 것이다. 내가 반드시 이와 같이 부지런히 정진하여 최고의 바른 깨달음을 얻을 때면 세상 가운데 원수와 도적과 해를 입히려는 악한 자는 모두 사라질 것이다'라고 생각하기 때문이네.

보살은 설령 물 한 방울 나지 않는 곳에 있어도 놀라거나 두려워하지 않는다네. 왜냐하면 보살은 으레 마음속으로 '나는 반드시 모든 중생을 위해 법을 말해주어서 갈증을 씻어줄 것이다. 만약 내가 갈증으로 목숨을 잃는다 해도 나는 이 중생들이 복덕이 없는 까닭에 물 한 방울 나지 않는 곳에 있음을 알고 반드시 이와 같이 부지런히 정진하여 최고의 바른 깨달음을 얻은 다음 세상 가운데 물 한 방울 없는 곳의 중생들로 하여금 부지런히 정진하고 모든 복덕을 닦도록 하여 세상 가운데에 저절로 8공덕수가 있도록 할 것이다'라고 생각하기 때문이네.

또 사리불이여, 보살은 설령 굶주림에 있어서도 놀라거나 두려워하지 않는다네. 왜냐하면 보살은 으레 마음속으로 '내가 반드시 이와 같이 부지런히 정진하여 최고의 바른 깨달음을 얻을 때면 세상 가운데 이와 같은 굶주림의 고통은 사라지고 즐거움이 넘치며, 마치 도리천에서 그러한 것처럼 마음먹은 대로 모든 것이 즉시 이루어질 것이다'라고 생각하기 때문이네.

만약 보살이 이와 같이 놀라지도 않고 두려워하지도 않는다면 이 보살은 최고의 바른 깨달음을 얻을 수 있다는 것을 반드시 알게.

또 사리불이여, 보살은 설령 병이 들끓는 곳에 있어도 놀라거나 두려워하지 않는다네. 왜냐하면 보살은 으레 마음속으로 '이 가운데에 법이 없어서 병이 있는 것이니, 내가 반드시 이와 같이 부지런히 정진하여 최고의 바른 깨달음을 얻을 때면 세상에 사는 모든 중생의 세 가지 병도 모두 사라질 것이다. 나는 반드시 부지런히 정진하여 모든 부처님의 행을 따르리라'라고 생각하기 때문이네.

또 사리불이여, 보살은 설령 까마득히 오랜 세월 뒤에 최고의 바른 깨달음을 얻는다고 해도 놀라거나 두려워하지 않는다네. 왜냐하면 보살은 으레 세상은 태초 이래 한 생각 정도의 짧은 시간밖에 흐르지 않았고, 결코 아득히 멀다고 여기지 않으며, 설령 과거의 세월이 아무리 아득하다고 해도 정작 한 생각과 같다고 여기기 때문이네.

사리불이여, 이와 같이 보살은 설령 까마득히 오랜 세월 뒤에 최고의 바른 깨달음을 얻는다고 해도 놀라거나 두려워하거나 물러나거나 낙담하지 않는다네."

18

항가제바품

이때 무리 가운데에 있던 항가제바라는 여인이 자리에서 일어나 오른쪽 어깨를 드러내고 오른쪽 무릎을 땅에 댄 채 합장을 올리면서 석가모니를 향해 말했다.

"스승님, 저는 이 일에 놀라거나 두려워하지 않습니다. 저는 다음 생에도 중생들을 위해 이 일을 널리 말해주겠습니다."

그리고 나서 곧 금빛 꽃을 석가모니에게 흩뿌리자 부처님 머리 위의 허공 가운데에 꽃잎이 머무는 것이었다. 석가모니는 빙그레 미소를 지었다.

아난이 자리에서 일어나 오른쪽 어깨를 드러낸 다음 오른쪽 무릎을 땅에 대고 합장을 올리면서 석가모니를 향해 말하였다.

"스승님, 어떤 까닭으로 미소를 지으십니까? 모든 부처님의 상법에는 까닭 없이 미소 짓는 일이 없었습니다."

석가모니가 아난에게 말했다.

"이 항가제바 여인은 미래의 성수겁에 이르러 반드시 금화라는 부처가 될 것이네. 그때 여자의 몸을 남자의 몸으로 바꾸어 아촉불

252

의 국토에 태어나 항상 범행을 닦을 것이니, 그곳에서 목숨이 다하면 한 부처님의 국토에서 다시 다른 부처님의 국토에 이르러 또 항상 범행을 닦아서 최고의 바른 깨달음을 얻고 모든 부처님을 여의지 않을 것이네. 비유하자면 이것은 전륜성왕이 이곳에서 저곳으로 다니되 태어나서 죽을 때까지 발에 흙을 묻히지 않는 것과 같다네.

아난이여, 이 여인도 역시 그러해서 한 부처님의 국토에서 다른 부처님의 국토에 이를 때마다 항상 범행을 닦아서 최고의 바른 깨달음을 얻고 모든 부처님을 여의지 않을 것이네.”

아난은 마음속으로 '장차 이 보살을 따르는 무리는 마치 부처님을 따르는 무리와 같겠구나'라고 생각하였다.

석가모니가 바로 아난의 마음을 꿰뚫어보시고 그에게 말했다.

“정말로 그렇다네. 장차 이 보살을 따르는 무리는 마치 부처님을 따르는 무리와 같을 것임을 반드시 알아야 한다네.

아난이여, 이 금화불 덕분에 성문으로서 열반에 들어가는 이는 한량없고 가없어서 헤아릴 수 없으며, 그 세상에는 사나운 짐승과 원수와 도적을 만나는 재난이 없으며, 또 굶주림과 질병에 의한 고통도 없을 것이네.

아난이여, 이 금화불이 최고의 바른 깨달음을 얻을 때에는 이와 같이 두려움을 주는 재난은 모두 사라질 것이네.”

아난이 석가모니에게 말했다.

“스승님, 이 여인은 처음에 어디에서 최고의 바른 깨달음의 선근을 심었습니까?”

“아난이여, 이 여인은 처음에 연등불이 계신 곳에서 최고의 바른 깨달음의 선근을 심고 이 선근을 최고의 바른 깨달음에 회향했다네. 그리고 연등불께 금빛 꽃을 흩뿌려 최고의 바른 깨달음을 구하였다네.

아난이여, 당시 나는 다섯 송이의 꽃을 연등불께 공양하고 최고의 바른 깨달음을 구하였으니, 연등불께서는 나의 선근을 알아보시고 바로 내게 최고의 바른 깨달음을 얻으리라는 예언을 주셨다네. 이 여인은 마침 내가 부처님으로부터 예언을 받았다는 말을 듣고 자신도 미래에 반드시 그러한 예언을 받을 수 있기를 발원하여 마침내 최고의 바른 깨달음을 얻으리라는 예언을 받은 것이라네.

아난이여, 이 여인은 처음에 연등불께서 계신 곳에서 선근을 심고 최고의 바른 깨달음의 마음을 내었다네."

아난이 석가모니에게 말했다.

"스승님, 이 여인은 오랜 세월 동안 최고의 바른 깨달음의 행을 닦았습니까?"

석가모니가 말했다.

"정말로 그렇다네, 아난이여. 이 여인은 오랜 세월 동안 최고의 바른 깨달음의 행을 닦았다네."

그때 수보리가 석가모니에게 말했다.

"스승님, 만약 보살이 지혜의 완성을 행하려 한다면 어떻게 공을 닦아서 어떻게 공삼매에 들어가야 합니까?"

석가모니가 말했다.

"수보리여, 보살이 지혜의 완성을 닦고자 한다면 반드시 모든 대상은 공하다고 알고, 느낌·표상·의도·분별이 공하다고 알며, 반드시 산란하지 않은 마음으로 그렇게 알아야 할 것이니, 정작 이러한 법을 보지 않으면 깨달음이 없을 것이네."

수보리가 말했다.

"스승님, 부처님의 말씀대로라면 보살은 공에 대한 깨달음을 얻지 않습니다. 그렇다면 보살은 어떤 이유에서 공삼매에 들어가도 정작 깨달음을 얻지 않는 것입니까?"

"수보리여, 만약 보살이 공에 대한 관찰을 온전히 성취하고자 한다면 오직 공을 관찰할 뿐 깨달음을 얻지는 말고 '나는 마땅히 공을 배우되 지금은 공을 배워야 할 때이지 공을 깨달을 때가 아니다'라고 마음을 내야 하고, 마음을 주변의 대상에 깊이 묶어두지 말아야 하네. 그때 보살은 깨달음에 도움을 주는 수행법에서 물러나지 않으며 짐짓 번뇌를 떨쳐내려고 하지 않는다네. 왜냐하면 이 보살은 큰 지혜가 있고 선근이 깊기에 마음속으로 능히 '지금은 배울 때이지 깨달을 때가 아니다. 내가 하는 일은 지혜의 완성을 얻기 위함이기 때문이다'라고 생각한다네.

수보리여, 비유하자면 이것은 마치 용감하고 힘세고 흔들림이 없고 용모가 단정하여 사람들로부터 사랑과 공경을 받으며, 병법에 능하고 무기를 잘 다루고 64서에 능통하고 다 갖추었으며, 다른 기술도 잘 닦아서 모자람이 없고 남을 위해 사랑하고 생각해주며, 하는 일마다 모두 훌륭하게 이루어내고 이로부터 이익이 많아 풍요로워져서, 사람들로부터 더욱 존경받고 환영받는 어떤 사람이 사정이 생겨 부모와 처자들을 이끌고 험악하고 힘든 길을 지날 때 부모와 처자들이 무서워하지 않도록 안심시키기 위해 '이 길은 비록

험해서 도적이 나오기는 하지만 별 탈 없이 반드시 무사할 것이다'
라고 말하고 지혜로운 마음으로 길을 헤쳐 나아가니, 마침내 아무
런 적도 만나지 않고 부모와 처자들을 어려움에서 구해내어 성읍
의 마을에 무사히 도착한 다음 다친 곳도 없고 마음이 흐트러지지
도 않은 것을 보고 도중에 도적들이 일행에게 나쁜 마음을 내지 않
은 것에 대해 크게 기뻐하는 것과 같다네. 왜냐하면 이 사람은 모든
능력을 갈고 닦았기에 오는 도중에 요술을 부려 도적들 앞에 무기
를 든 허깨비 사람들을 많이 풀어놓자 모든 도적들이 이를 보고 스
스로 물러갔기 때문이지. 이러한 까닭에 그 일행은 반드시 평안하
고 무사할 수 있었던 것이라네.

수보리여, 이와 같이 보살은 모든 중생을 인연으로 삼아 마음을
자비의 삼매에 묶어두고 모든 번뇌와 번뇌를 부추기는 대상을 벗
어나며, 모든 악마와 악마를 도와주는 대상을 벗어나며, 성문과 벽
지불의 지위를 벗어나서 공삼매에 머물되 정작 번뇌를 등지지 않
는다네.

수보리여, 이때 보살은 공해탈문을 닦되 무상을 깨달으려고 하지
않으며 유상에 떨어지지도 않는다네. 비유하자면 이것은 새가 허
공을 날아가되 떨어지는 일이 없고 허공을 지나가되 허공에 머무
르는 일이 없는 것과 같다네.

수보리여, 보살도 이와 마찬가지여서 설령 공을 행하고 공을 배
우더라도 무상을 행하고 무상을 배우며, 무작을 행하고 무작을 배
우며, 불법을 모두 성취하지 않고 공과 무상과 무작에 떨어지지 않
는다네. 비유하자면 이것은 활 만드는 사람이 활 쏘는 재주가 뛰어

나서 허공에 화살을 쏘아 올리면 앞의 화살과 뒤의 화살이 서로 맞닿아 앞의 화살을 자유자재로 오랫동안 떨어지지 않게 하는 것과 같다네.

수보리여, 이와 같이 보살이 지혜의 완성을 행하면 방편의 힘에 의해 보호를 받는 까닭에 굳이 최상의 진리를 깨달으려 하지 않고 최고의 바른 깨달음의 선근을 성취하고자 하기 때문에 마침내 최고의 바른 깨달음을 성취하게 되면 동시에 최고의 깨달음에 이르는 것이라네.

수보리여, 이러한 까닭에 보살이 지혜의 완성을 행하고자 한다면 반드시 '모든 법의 본래 모양을 굳이 깨달으려 하지 않으리라'라고 생각해야 한다네."

수보리가 석가모니에게 말했다.

"스승님, 보살이 하는 일은 정말 어려우며 참으로 드문 일입니다. 이와 같이 빈틈없이 배우고도 정작 깨달으려 하지 않는다니 말입니다."

석가모니가 수보리에게 말했다.

"이 보살은 어떤 중생도 떨쳐버리지 않는 까닭에 이와 같이 위대한 서원을 발할 수 있는 것이라네.

수보리여, 만약 어떤 보살이 '나는 어떤 중생도 떨쳐버리지 않고 반드시 이들을 제도하여 공삼매의 해탈문과 무상삼매와 무작삼매의 해탈문에 들게 하리라'라고 생각한다면, 이 보살은 도중에 굳이 최고의 깨달음을 얻으려고 하지 않는다네. 왜냐하면 이 보살은 방편의 힘에 의해 보호를 받기 때문이지.

또 수보리여, 만약에 보살이 이른바 공삼매의 해탈문과 무상삼매와 무작삼매의 해탈문과 같은 깊은 선정에 들고자 한다면, 이 보살은 먼저 '중생들은 오랫동안 중생이라는 모양에 집착해 왔으며 얻을 것이 있다고 집착해 왔으니, 내가 최고의 바른 깨달음을 얻어 마땅히 이러한 견해를 끊고 다른 중생들에게 이를 말하여 바로 공삼매의 해탈문에 들게 하리라'라고 생각해야 한다네. 이 보살은 이러한 마음가짐에 의해 방편의 힘을 성취하는 까닭에 중도에 굳이 최고의 진리를 깨달으려 하지 않으며, 또 남을 위하는 자·비·희·사를 실천하는 4무량심삼매를 잃지 않는다네. 왜냐하면 이 보살은 방편의 힘을 성취하였기에 훌륭한 법이 더욱 불어나고 모든 선근이 이익으로 통하며, 또 보살의 모든 능력과 모든 깨달음도 함께 늘어나기 때문이지.

또 수보리여, 보살은 '중생들은 오랫동안 나라고 할 만한 것이 실재한다고 믿어 왔으나, 내가 최고의 바른 깨달음을 얻어 이러한 견해를 끊고 다른 중생들에게 이를 말하여 바로 무상삼매의 해탈문에 들게 하리라'라고 생각해야 한다네. 이 보살은 이러한 마음가짐에 의해 방편의 힘을 성취하는 까닭에 중도에 굳이 최고의 진리를 깨달으려 하지 않으며, 또 남을 위하는 자·비·희·사를 실천하는 4무량심삼매를 잃지 않는다네. 왜냐하면 이 보살은 방편의 힘을 성취하였기에 훌륭한 법이 더욱 불어나고 모든 선근이 이익으로 통하며, 또 보살의 모든 능력과 모든 깨달음도 함께 늘어나기 때문이지.

또 수보리여, 보살은 '중생들은 오랫동안 변함이 없다는 생각과 즐거움뿐이라는 생각과 깨끗하다는 생각과 나라는 것이 있다는 생각으로 온갖 것을 만들어냈으나, 내가 최고의 바른 깨달음을 얻어 변함이 없다는 생각과 즐거움뿐이라는 생각과 깨끗하다는 생각과 나라는 것이 있다는 생각을 끊고 다른 중생들에게 이를 말하되 이 법은 무상하여 항상 되지 않으며, 이것은 고통스러워 즐겁지 않으며, 이것은 더러워 깨끗하지 않으며, 이것은 나라는 것이 없어 나가 아니라고 말하리라'라고 생각해야 한다네. 이 보살은 이러한 마음가짐에 의해 방편의 힘을 성취하는 까닭에 짐짓 부처님의 삼매를 얻지 않고, 불법을 성취하지 않고, 최고의 바른 깨달음을 구족하지 않고 ,무작삼매의 해탈문에 들어가되 정작 중도에 최고의 진리를 깨닫지는 않는다네.

또 수보리여, 보살은 '중생들은 오랫동안 얻을 수 있는 실체가 있다고 믿어왔고 지금도 그것을 얻고자 하며 이전에도 유상을 행하더니 지금도 유상을 행하며, 이전에도 뒤바뀐 생각이더니 지금도 뒤바뀐 생각이며, 이전에도 대상이 서로 얽혀 있는 모양을 행하더니 지금도 대상이 서로 얽혀 있는 모양을 행하며, 이전에도 실없는 모양을 행하더니 지금도 실없는 모양을 행하며, 이전에도 그릇된 견해를 행하고 지금도 그릇된 견해를 행하니, 내가 부지런히 정진하여 최고의 바른 깨달음을 얻은 다음 중생들로 하여금 이러한 모양을 모두 끊게 하고 다른 중생들에게도 모든 허물을 떨쳐버리라고 말하리라'고 생각해야 한다네.

수보리여, 보살은 이와 같이 중생을 생각해야 하고 이러한 마음가짐에 의해 방편의 힘을 성취하는 까닭에 비로소 공·무상·무작·무기·무생·무소유 등의 법상을 깊이 관찰할 수 있다네.

수보리여, 만약 보살이 이와 같은 지혜를 성취하면 설령 욕계와 색계와 무색계에 머물더라도 대상을 일으키는 일은 결코 없을 것이네.

또 수보리여, 보살이 최고의 바른 깨달음을 얻고자 한다면 그 보살은 반드시 다른 보살에게 '이 모든 대상을 어떻게 배워야 공에 들어가되 공을 깨닫지 않고, 무상·무작·무기·무생·무소유에 들어가되 무소유를 깨닫지 않고 능히 지혜의 완성을 닦을 수 있겠습니까?'라고 물어야 한다네. 이에 대해 어떤 보살은 단지 모든 것은 공·무상·무작·무기·무생·무소유라고 생각할 뿐 먼저 이러한 마음을 성취해야 한다고 말하거나 가르치지는 말라고 말할 것이네. 여기에서 이 보살은 과거세의 석가모니에게서 최고의 바른 깨달음을 얻으리라는 예언을 받지 못하고 아직 물러섬이 없는 경지에 머무르고 있지 못하다는 사실을 반드시 알아야 하네. 왜냐하면 이 보살은 물러섬이 없는 경지에 있는 보살의 고유한 모양을 설명할 수가 없어서 바른 답을 제시하지 못하는 것이니, 이 보살은 아직 물러섬이 없는 경지에 오르지 못했다는 것을 반드시 알아야 하네."

"스승님, 물러섬이 없는 경지에 있다는 것은 어떻게 알 수 있습니까?"

"수보리여, 만약 보살이 들은 적이 있든 없든, 이와 같이 바른 답을 제시하면 이야말로 물러섬이 없는 경지에 있다는 것을 반드시 알게."

"스승님, 이러한 까닭에 많은 중생들이 깨달음을 구해도 이와 같이 바른 답을 제시할 수 있는 이는 소수에 지나지 않습니다."

"수보리여, 물러섬이 없는 경지를 얻으리라는 예언을 받는 보살은 소수이며, 게다가 최고의 바른 깨달음을 얻으리라는 예언을 받아야만 이와 같이 바른 답을 제시할 수 있지. 그러므로 마땅히 이러한 보살의 선근은 밝고 깨끗해서 어떤 세상의 천인이나 아수라도 파괴하지 못한다는 것을 반드시 알아야 하네."

19

아유월치각마품

석가모니가 수보리에게 말했다.

 "수보리여, 만약 어떤 보살마하살이 꿈속에서도 욕계와 색계와 무색계와 성문의 지위와 벽지불의 지위를 탐내지 않으며 모든 법은 꿈과 같다고 관찰하여 짐짓 깨달음을 얻지 않는다면, 이야말로 물러남이 없는 지위에 있는 보살의 모양인 줄 반드시 알아야 하네.

 또 수보리여, 만약 어떤 보살이 꿈속에서도 부처님이 대중들 및 수제자들과 함께 있으면서 백천만이나 되는 무수한 비구승들과 백천만억이나 되는 무수한 대중들이 부처님을 공경하여 주위를 맴돌 적에 이들을 위해 법을 말씀하시는 모양을 본다면, 이야말로 물러섬이 없는 경지에 있는 보살의 모양인 줄 반드시 알아야 하네.

 또 수보리여, 만약 어떤 보살이 꿈속에서 스스로 자신의 몸이 허공에 있으면서 대중들을 위해 법을 말하거나 몸에서 빛이 나는 것을 보고 잠에서 깨어나 '나는 욕계와 색계와 무색계가 모두 꿈인 줄을 알았으니 반드시 최고의 바른 깨달음을 얻어 중생들을 위해 이와 같은 법을 말하리라'라고 생각한다면, 이야말로 물러섬이 없는 경지에 있는 보살의 모양인 줄 반드시 알아야 하네.

또 수보리여, 보살이 최고의 바른 깨달음을 얻을 때 그 세상에는 지옥과 아귀와 축생이라는 이름조차도 모두 없어지는 이유가 무엇이겠는가?

수보리여, 보살은 비록 꿈속에서라도 축생을 보게 되면 '내가 최고의 바른 깨달음을 부지런히 정진하여 얻을 때 그 세상에는 지옥과 아귀와 축생이라는 이름조차도 모두 사라지이다'라고 기원하기 때문이니, 이야말로 물러섬이 없는 경지에 있는 보살의 모양인 줄 반드시 알아야 하네.

또 수보리여, 보살은 만약 성곽에 불이 나는 것을 보면 곧 마음속으로 '내가 꿈속에서 보았던 모양도 이와 같았다'라고 생각하니, 보살이 이와 같이 꿈에서 본 대로 모양을 성취하면 이야말로 물러섬이 없는 경지에 있는 보살의 모양인 줄 반드시 알아야 하네. 나아가 만약 '나의 이러한 모양이 진실로 물러섬이 없는 경지라면 나의 말에 능력이 있을 테니 이제 성곽의 불길이 바로 꺼지기를'이라고 말할 때 정말로 불길이 꺼진다면 이 보살은 앞의 부처님에게서 최고의 바른 깨달음을 얻으리라는 예언을 받았음을 반드시 알아야 하네. 하지만 불길이 집에서 집으로 계속 번지고 마을에서 마을로 옮겨간다면, 이 보살은 최고의 바른 깨달음을 얻으리라는 예언을 아직 받지 않았음을 반드시 알아야 하네. 수보리여, 이것은 중생들에게 바른 법을 파괴한 무거운 죄가 있어서 그로 인한 재앙을 현세에 받는 것이니, 이러한 까닭에 이야말로 물러섬이 없는 경지에 있는 보살의 모양인 줄 반드시 알아야 하네.

또 수보리여, 이제 물러섬이 없는 경지에 있는 보살의 모양을 다시 말할 것이니, 만약 남자나 여자가 귀신에게 붙잡히게 되면 이에 대해 보살은 마음속으로 '만약 내가 일찍이 앞의 부처님에게서 최고의 바른 깨달음을 얻으리라는 예언을 받고 마음 깊이 최고의 바른 깨달음을 얻기 위해 청정한 행을 닦고 성문과 벽지불의 마음을 여의었다면 반드시 최고의 바른 깨달음을 얻을 것이며, 얻지 못할 리는 없을 것이다. 지금 시방의 헤아릴 수 없이 아득히 많은 모든 부처님은 모르는 것이 없고 보지 못하는 것이 없으며, 얻지 못하는 것이 없고 깨닫지 못하는 것이 없으니, 만약 모든 부처님이 나의 깊은 마음을 아신다면 나는 반드시 최고의 바른 깨달음을 얻을 것이니, 이로써 내 말에 능력이 있을 테니 이제 이 남자나 이 여인은 귀신은 속히 사라지기를'이라고 생각한다네. 여기에서 만약 이 보살이 그러한 말을 할 때 사람 아닌 것이 도망치지 않는다면, 이 보살은 앞의 부처님에게서 최고의 바른 깨달음을 얻으리라는 예언을 아직 받지 못하였음을 반드시 알아야 하네.

하지만 수보리여, 만약 이 보살이 이런 말을 할 때 사람 아닌 것이 도망친다면, 이 보살은 앞의 부처님에게서 최고의 바른 깨달음을 얻으리라는 예언을 받았음을 반드시 알아야 하네.

또 수보리여, 그런데 이때 아직 예언을 받지 못한 어떤 보살은 '만약 내가 이미 앞의 부처님에게서 예언을 받았다면 이제 사람 아닌 것은 반드시 이 사람들을 놓아주고 사라지기를'이라고 서원한다네. 이때 악마가 바로 그곳으로 와서 사람 아닌 것을 사라지도록 하지. 왜냐하면 악마의 능력이 사람 아닌 것보다 뛰어나서 사람 아닌 것이 바로 떠나가기 때문이지.

여기에서 이 보살은 스스로 생각하기를 '나의 능력에 의해 사람 아닌 것이 멀리 사라졌다'라고 하여 정작 악마의 능력을 알아보지 못하고 다른 보살들까지 경멸하고 천시하면서 '나는 앞의 부처님 에게서 이미 예언을 받았지만 그대들은 앞의 부처님이 계신 곳에 서 최고의 바른 깨달음을 얻으리라는 예언을 아직 받지 못했다'라 고 한다네. 이러한 까닭에 교만이 한껏 늘어나고 이로써 모든 것을 꿰뚫는 지혜인 부처님의 위없는 지혜를 멀리하게 되지. 이러한 보 살은 결국 사소한 인연에 의해 교만이 생겼으니, 이렇게 되면 방편 의 힘이 없어져서 성문의 지위나 벽지불의 지위에 떨어지게 됨을 반드시 알아야 하네.

수보리여, 그의 서원이 악마의 장난을 끌어들이는 원인이 되었 으며 여기에서 보살이 만약 선지식을 가까이하지 않으면 악마에게 더욱 단단히 묶이게 되니, 수보리여, 이것이 악마의 장난인 줄 반드 시 알게.

또 수보리여, 악마는 이름을 인연으로 삼아 보살을 파괴하고 어 지럽히고자 온갖 모양으로 변화하여 보살에게 와서 말하기를 '선 남자여, 그대는 일찍이 모든 부처님에게서 최고의 바른 깨달음을 얻으리라는 예언을 받은 적이 있다. 그대의 이름은 이것이었고, 부 모의 이름은 이것이었고, 형제자매의 이름은 이것이었고, 나아가 일곱 생의 부모 이름은 이것이었으며, 그대는 이러한 나라, 이러한 성, 이러한 마을, 이러한 집안에 태어났다'라고 하되, 만약 듣는 이 의 성품이 온화하다 싶으면 문득 '전생에도 성품이 그러했다'라고 말하고, 그 성질이 급하다 싶으면 문득 '전생에도 그러했다'라고 말한다네.

만약 이 보살이 아련야에서 수행하거나 걸식을 하거나 누더기 옷을 입거나 밥을 먹은 후에 음료를 마시지 않거나 한자리에서만 먹거나 양에 맞게 먹거나 공동묘지에 머물거나 한데에 머물거나 나무 밑에 앉거나 눕지 않고 항상 앉아 있거나 좌구 위에 앉아 있거나 욕심을 줄이고 만족할 줄 알아 멀리 벗어나 있거나 다리에 바르는 기름을 받지 않거나 말을 적게 하고 논의를 적게 함을 즐기면 '그대는 전생에도 아련야에서 수행을 하였고, 나아가 말을 적게 하고 논의를 적게 함을 즐겼으며, 금생에도 두타의 공덕이 있지만 전생에도 역시 두타의 공덕이 있었다'라고 악마는 말한다네.

그때 이 보살은 자신의 이름 및 두타 공덕에 대한 악마의 이야기를 듣고 이러한 인연으로 교만심을 내니, 악마는 다시 말하기를 '그대는 이미 과거에 최고의 바른 깨달음을 얻으리라는 예언을 받았다. 왜냐하면 그대는 지금 물러섬이 없는 경지의 공덕의 모양을 지니고 있기 때문이다'라고 한다네. 수보리여, 하지만 이 사람에게 과연 내가 말한 물러섬이 없는 경지에 있는 보살의 원래 모양이 있겠는가?

수보리여, 이 보살은 악마에게 붙잡혀 있음을 반드시 알아야 한다네. 왜냐하면 이 사람에게는 물러섬이 없는 경지에 있는 보살의 모양은 전혀 없고 단지 악마가 말하는 이름만을 듣고 문득 다른 보살들을 경멸하고 천시하였기 때문이니, 이 보살은 이름으로 인하여 악마의 장난에 빠졌음을 반드시 알아야 하네.

또 수보리여, 다른 보살도 이름으로 인하여 악마의 장난에 빠지게 되니, 악마가 그에게 와서 말하기를 '그대는 일찍이 앞의 부처님에게서 최고의 바른 깨달음을 얻으리라는 예언을 받았으니 그대가 부처가 되면 이와 같은 이름으로 불리게 될 것이다'라고 한다네. 이 보살은 자신이 원래 생각하고 있던 이름이 악마의 말과 같음을 알고 지혜와 방편이 없는 까닭에 마음속으로 '내가 최고의 바른 깨달음을 얻으면 그에 어울리는 이름을 생각했었는데 이 비구가 말하는 것이 내가 원래 생각했던 것과 일치하는구나'라고 생각하여 문득 악마에게 집착하고 그를 믿어 그 말을 받아들이며, 단지 이름이 원인이 되어 다른 비구들을 경멸하고 천시한다네.

수보리여, 하지만 이 사람에게는 내가 말한 물러섬이 없는 경지에 있는 보살의 원래 모양이 전혀 없어서 다른 보살들을 경멸하고 천시하는 까닭에 모든 것을 꿰뚫는 지혜인 부처님의 위없는 지혜를 멀리한다네. 이 사람이 만약 방편과 선지식을 멀리한다면 반드시 악지식을 만나 성문이나 벽지불의 지위에 떨어지고 말 것이네.

수보리여, 그런데 만약 이 보살이 금생의 몸으로 앞의 모든 마음을 참회하고 성문이나 벽지불의 지위를 멀리한다면 오랫동안 삶과 죽음을 되풀이한 뒤 비로소 지혜의 완성에 의해 최고의 바른 깨달음을 얻을 것이네. 왜냐하면 이 모든 마음의 죄가 무겁기 때문이네. 비유하자면 이것은 비구가 4바라이 가운데 하나나 둘을 범하면 더 이상 사문이 아니고 부처님의 자손이 아닌 것과 같아서 이 보살도 이름에 의해 다른 보살들을 경멸한 까닭에 이로 인한 죄가 앞의 4바라이보다 더 무거우며, 아니 4바라이는 그냥 두고라도 오히려 5

역죄보다도 더 무겁다네. 이른바 이름에 의해 교만심이 생긴 것이니, 이름이 인연이 되어 악마의 교묘한 장난이 일어난 줄을 보살은 반드시 알아채고 이를 멀리해야 한다네.

또 수보리여, 악마는 보살이 멀리 떨어진 곳에서 수행하는 것을 보고 문득 다가와서 말하기를 '선남자시여, 멀리 떨어진 곳에서 수행하는 것을 여래께서는 항상 칭찬하셨습니다'라고 한다네.

수보리여, 하지만 나는 보살이 외진 곳에 있는 아련야나 조용한 곳이나 산속이나 나무 밑이나 들판에 있는 것을 멀리 떨어져 있는 것이라고 말한 적이 없다네."

"스승님, 만약 외진 곳에 있는 아련야나 조용한 곳이나 산속이나 나무 밑이나 들판에 있는 것을 멀리 떨어져 있는 것이 아니라고 한다면 어떤 것을 멀리 떨어져 있는 것이라고 합니까?"

"수보리여, 만약 보살이 성문이나 벽지불의 마음을 버리고 이와 같이 멀리 떨어져 있다면 설령 마을에서 가까운 곳에 있다고 해도 멀리 떨어져 있다고 할 수 있으며, 또 외진 곳에 있는 아련야나 조용한 곳이나 산속이나 나무 밑이나 들판에 있는 것도 멀리 떨어져 있다고 할 수 있다네.

수보리여, 이와 같이 멀리 떨어져 있는 것은 나도 허락하는 바이네. 만약 보살이 밤낮으로 수행하면서 이와 같이 멀리 떨어져 있다면 설령 마을에서 가까운 곳에 있다고 해도 멀리 떨어져 있다고 할 수 있으며, 또 외진 곳에 있는 아련야나 조용한 곳이나 산속이나 나무 밑이나 들판에 있는 것도 멀리 떨어져 있다고 할 수 있다네.

수보리여, 악마가 멀리 떨어진 곳이라고 칭찬하는 외진 곳에 있는 아련야나 조용한 곳이나 산속이나 나무 밑이나 들판은 설령 이 보살이 이와 같이 멀리 떨어진 곳에 있다 해도 정작 성문이나 벽지불의 마음을 멀리하지 않고 지혜의 완성을 닦지 않는다면 어떤 지혜도 성취할 수 없기 때문에 이것을 가리켜 잡스럽고 뒤섞인 행이라고 한다네. 이 보살은 이와 같이 멀리 떨어져 있어도 청정하지 않으며, 오히려 마을 가까이에 살면서도 마음이 청정한 보살들과 성문과 벽지불의 마음을 멀리하는 보살들과 선하지 않은 행동에 물듦이 없이 모든 선정 및 해탈로 이끄는 삼매와 신통력을 얻고 지혜의 완성에 통달한 보살들을 경멸한다네.

이 방편이 없는 보살은 설령 새와 짐승들과 도적과 악귀만이 들끓는 100유순이나 아득히 멀리 떨어져 있는 곳에서 백천만억의 세월을 보내더라도 멀리 떨어져 있다는 것의 원래 모양을 알지 못하며, 마음 깊이 최고의 바른 깨달음을 발할 줄도 모른다네. 이러한 보살은 달리 시끄럽고 어지러운 것을 닦는 이라고 부르기도 하니, 만약에 이와 같이 멀리 떨어져 있음에 탐착하고 의지한다면 이 사람은 나의 마음을 흡족하게 하지 못할 것이네. 왜냐하면 내가 허락한 멀리 떨어져 수행하는 법을 이 사람은 알지 못하며, 이 사람에게는 이와 같이 멀리 떨어져 수행하는 법이 없기 때문이지.

또 수보리여, 어떤 악마는 보살에게 와서 허공에 머무른 채로 말하기를 '훌륭하고도 훌륭합니다. 그대가 행하는 것은 원래의 멀리 떨어져 수행하는 법이며 석가모니가도 칭찬하시는 것입니다. 이와 같이 멀리 떨어져 있음으로써 그대는 신속히 최고의 바른 깨달음을 얻을 것입니다'라고 한다네. 그러면 이 보살은 멀리 떨어져 있는

곳으로부터 마을 가까이로 와서 불도를 닦는 다른 비구들의 심성
이 온화하고 부드러운 것을 보고는 문득 경멸하는 마음을 내어 '그
대들은 시끄럽고 어지러운 것을 닦는 이들이다'라고 말한다네.

수보리여, 이 보살은 시끄럽고 어지러운 것을 원래의 멀리 떨어
져 수행하는 것이라고 하고, 원래의 멀리 떨어져 수행하는 것을 시
끄럽고 어지러운 것이라고 하여 이와 같이 말하는 과오에 의해 공
경심을 갖지 않으니, 마땅히 공경할 것을 경멸하고 마땅히 경멸할
것을 오히려 공경하면서 마음속으로 생각하기를 '나는 사람 아닌
것이 나를 생각하고 찾아와서 나를 도와주는 것을 보았다. 석가모
니가 허락하신 원래의 멀리 떨어져 수행하는 법을 나는 행하고 있
다. 그대들은 마을 가까이에 있으니 누가 그대들을 생각하고 누가
그대들을 도와주겠는가?'라고 하고는 다른 보살들과 청정한 수행
자들을 경멸한다네.

수보리여, 이러한 사람과 이러한 보살은 전타라임을 반드시 알아
야 하며, 이러한 사람은 다른 보살들을 냄새와 오물로 더럽힌다는
것을 반드시 알아야 하며, 이러한 사람은 겉모양만 보살과 비슷함
을 반드시 알아야 하며, 이러한 사람은 모든 세상의 천신과 인간 가
운데에 있는 큰 도적이고 스님의 모습을 흉내 낸 도적임을 반드시
알아야 하네.

수보리여, 불도를 구하는 사람은 모름지기 이러한 사람을 가까이
하지 말아야 한다네. 왜냐하면 이러한 사람들을 가리켜 증상만인
이라고 하기 때문이지.

수보리여, 만약에 보살이 모든 것을 꿰뚫는 지혜를 소중히 여기

고 최고의 바른 깨달음을 소중히 여겨서 깊은 마음으로 최고의 바른 깨달음을 얻고자 하며 모든 중생을 이익 되게 하고자 한다면 결코 이러한 사람을 가까이하지 말 것이니, 모름지기 불도를 구하는 사람은 언제나 자신의 수행에 도움이 되는 것을 구하고, 언제나 욕계와 색계와 무색계를 멀리하고 두려워해야 하며, 그곳의 사람들에 대해 반드시 자·비·희·사의 4무량심을 내어서 '내가 반드시 이와 같이 부지런히 정진하여 최고의 바른 깨달음을 얻을 때 이러한 악은 없을 것이며, 설령 그러한 악이 일어나더라도 속히 없어질 것이다'라고 생각해야 하네.

수보리여, 이러한 일은 모두 보살이 가진 지혜의 힘에 의한다네."

20
심심구보리품

석가모니가 수보리에게 말했다.

"만약 보살이 최고의 바른 깨달음을 얻고자 한다면 반드시 선지식을 가까이해야 하네."

수보리가 석가모니에게 말했다.

"스승님, 어떤 것을 가리켜 보살의 선지식이라고 합니까?"

석가모니가 수보리에게 말했다.

"모든 부처님과 세존이 이 보살의 선지식이지. 왜냐하면 보살을 능숙하게 가르쳐서 지혜의 완성으로 들어가게 하기 때문이네. 이것을 가리켜 보살의 선지식이라고 한다네.

또 수보리여, 6바라밀이 이 보살의 선지식이네. 6바라밀은 보살의 큰 스승이고, 6바라밀은 보살의 나아갈 길이고, 6바라밀은 보살의 광명이고, 6바라밀은 보살의 횃불이라네.

수보리여, 과거세의 모든 부처님도 6바라밀로부터 태어났고, 미래의 모든 부처님도 6바라밀로부터 태어나고, 현재의 시방에 한량없고 아득히 많은 세계의 모든 부처님도 6바라밀로부터 태어났으며, 또 과거와 현재와 미래의 부처님이 이룩한 모든 것을 꿰뚫는 지혜도 6바라밀에 의해 생겨난다네. 왜냐하면 모든 부처님이 6바라밀을 행하고 또 4섭법으로 모든 중생들을 거두어들이니, 이른바 보시섭·애어섭·이익섭·동사섭에 의해 최고의 바른 깨달음을 얻기 때문이지.

수보리여, 이러한 까닭에 6바라밀은 큰 스승이고 아버지이고 어머니이고, 집이고 돌아갈 곳이고 망망대해 가운데 섬이고, 구세주이고 최고의 진리이며, 6바라밀은 모든 중생들을 이롭게 한다네. 이러한 까닭에 보살이 스스로 자신의 깊은 지혜를 뚜렷이 하고자 한다면 다른 사람의 말을 따르지 말고 다른 가르침을 믿지 말며, 나아가 모든 중생의 의문을 씻어주고자 한다면 반드시 이 지혜의 완성을 배워야 한다네."

"스승님, 무엇을 가리켜 지혜의 완성의 모양이라고 합니까?"

"수보리여, 걸림이 없는 모양이 지혜의 완성이라네."

"스승님, 그렇다면 지혜의 완성이 걸림이 없는 모양인 것처럼 모든 것의 모양도 그러합니까?"

"수보리여, 지혜의 완성이 걸림이 없는 모양인 것처럼 모든 것의 모양도 역시 걸림이 없는 모양이네. 왜냐하면 수보리여, 모든 대상은 모양을 여의었고 모든 대상은 모양이 공하기 때문이니, 지혜의 완성도 또 모양을 여의었고 모양이 공하며, 모든 대상 역시 모양을 여의었고 모양이 공한 줄 반드시 알아야 한다네."

"스승님, 만약 모든 대상이 모양을 여의었고 모양이 공하다면, 어떤 이유에서 중생들에게 더러움이 있고 청정함이 있습니까? 왜냐하면 모양을 여읜 대상에는 더러움이나 청정함이 없을 터이고 모양이 공한 대상에도 더러움이나 청정함이 없을 터이니, 모양을 여읜 법과 모양이 공한 법은 정작 최고의 바른 깨달음도 얻을 수 없으며, 모양을 여읜다는 것을 여의고 모양이 공한 것을 여의면 무엇이 다시 최고의 바른 깨달음을 얻을 수 있겠습니까? 스승님, 어떻게 해야 제가 이제 이 뜻을 바로 알 수 있겠습니까?"

"수보리여, 내가 다시 그대에게 묻겠으니 생각대로 대답해 보게. 수보리여, 그대 생각에 중생들은 오랫동안 나라는 생각과 내 것이라는 생각에 집착해 왔겠는가, 아니겠는가?"

"그렇습니다, 스승님. 중생들은 오랫동안 나라는 생각과 내 것이라는 생각에 집착해 왔습니다."

"수보리여, 그대 생각에 나라는 것과 내 것이라는 것은 공하겠는가, 공하지 않겠는가?"

"스승님, 나라는 것과 내 것이라는 것은 공합니다."

"수보리여, 그대 생각에 중생들은 나라는 생각과 내 것이라는 생각에 의해 삶과 죽음을 오고 가겠는가, 오고 가지 않겠는가?"

"그렇습니다, 스승님. 중생들은 나라는 생각과 내 것이라는 생각에 의해 삶과 죽음을 오고 갑니다."

"수보리여, 이와 같은 것을 일컬어 중생이 더럽다고 한다네. 하지만 중생을 따라 받아들이고 집착하기 때문일 뿐 그 가운데 더러움이 실제로 있는 것은 아니며, 또 더러움을 실제로 받아들이는 이도 없다네.

수보리여, 만약 아무런 대상도 받아들이지 않는다면 나라는 것도 없고 내 것이라는 것도 없으니, 이를 일컬어 청정하다고 하나 그 가운데에 청정함이 실제로 있는 것은 아니며, 또 청정함을 실제로 받아들이는 이도 없다네. 만약 보살이 이와 같이 행한다면 이를 일컬어 지혜의 완성을 행한다고 한다네."

"스승님, 만약 보살이 이와 같이 하여 대상을 행하지 않고 느낌·표상·의도·분별을 행하지 않는다면 어떤 세상의 천인과 아수라라도 이 보살을 항복시키지 못합니다.

스승님, 보살이 이와 같이 행한다면 어떤 성문이나 벽지불의 행보다도 뛰어나서 마침내 뛰어나다는 말조차 무색한 곳에 머무릅니다. 스승님. 뛰어나다는 말조차 무색한 보살은 밤낮으로 이 지혜의 완성을 생각하는 마음에 걸맞게 행함으로써 최고의 바른 깨달음에 가까이 다가가며 최고의 바른 깨달음을 신속히 얻습니다."

석가모니가 수보리에게 말했다.

"그대 생각에 가령 이 땅 위의 중생들이 한꺼번에 모두 사람의 몸을 얻어 최고의 바른 깨달음의 마음을 발하고, 목숨이 다하도록 보시하겠다는 마음을 발하며, 이러한 보시를 최고의 바른 깨달음에 회향한다면 이 사람들은 그러한 인연으로 복이 많겠는가, 적겠는가?"

수보리가 말했다.

"아주 많겠습니다, 스승님."

석가모니가 말했다:

"만약 보살이 더 나아가 단 하루만이라도 지혜의 완성을 생각하는 마음에 걸맞게 행한다면 이보다 복이 뛰어나며, 보살이 지혜의 완성을 생각하는 마음에 걸맞게 행한다면 모름지기 모든 중생의 복밭이 될 수 있다네. 왜냐하면 모든 부처님을 제외하면 정작 어떤 중생도 이와 같이 깊은 자비심이 없으니, 이러한 보살마하살과 같이 다른 모든 보살들도 지혜의 완성에 의해 이러한 지혜가 생기고, 이러한 지혜에 의해 모든 중생들이 형벌을 당할 때처럼 온갖 고통을 받는 것을 보고 바로 크게 가엾이 여기는 마음을 내어 천안으로 모든 중생을 살피며, 한량없는 중생이 끊임없이 고통 받는 지옥에 떨어져 온갖 고초를 겪는 것에 대하여 불쌍히 여기는 마음을 품되 정작 그 모양에 머무르지 않고 다른 모양에도 머무르지 않기 때문이지.

수보리여, 이러한 것을 가리켜 모든 보살의 큰 지혜와 광명이라고 하니, 이러한 도를 따르는 이는 곧 모든 중생들의 복밭이 되고 최고의 바른 깨달음으로부터 물러남이 없기에 옷가지와 음식과 잠자리와 약품 등의 필수품을 공양 받되 한마음으로 지혜의 완성을 닦고 익히는 까닭에 보시 받는 은혜를 능히 맑게 할 수 있으며, 또 모든 것을 꿰뚫는 지혜에 다가설 수 있다네.

이와 같은 까닭에 만약 보살이 국토 안에 있는 사람들의 시주물을 헛되이 먹으려 하지 않고, 모든 중생들에게 이익을 주려 하고, 모든 중생들에게 바른 깨달음을 보여주려 하고, 지옥에 붙들려 있는 모든 중생들을 풀어 주려 하고, 모든 중생들에게 지혜의 눈을 주려 한다면 반드시 지혜의 완성을 생각하는 마음에 걸맞게 행해야 한다네.

만약 보살이 지혜의 완성을 생각하는 마음에 걸맞게 행한다면 이 보살이 말하는 것도 역시 지혜의 완성에 들어맞을 것이네. 왜냐하면 이 보살이 말하는 것은 모두 지혜의 완성을 그대로 따르고 그 생각도 역시 말을 따르니, 이 보살은 이와 같이 밤낮으로 지혜의 완성을 생각하기 때문이네.

수보리여, 비유하자면 이것은 어떤 사람이 그때까지 보물을 얻지 못하다가 뒤에 보물을 얻고 크게 기뻐했으나, 다시 보물을 잃고 슬퍼하고 괴로워하면서 항상 마음속으로 '큰 보물을 잃었으니 나는 이제 어찌해야 하나'라고 생각하는 것과 같다네.

수보리여, 보살도 이와 마찬가지여서 여기의 큰 보물이라는 것은 곧 지혜의 완성이니, 보살이 보물을 이미 얻었으면 언제나 모든 것을 꿰뚫는 지혜를 염두에 두고 마음으로 지혜의 완성을 생각해야 한다네."

수보리가 석가모니에게 말했다.

"스승님, 만약 모든 생각의 성품이 원래부터 여의어 있다면 정작 지혜의 완성을 생각하는 마음을 여의어서는 안 된다는 말씀은 어찌된 것입니까?"

"수보리여, 만약 보살이 이와 같이 안다면 이는 곧 지혜의 완성을 여의지 않는 것이라네. 왜냐하면 지혜의 완성은 공하기에 그 가운데 새삼 물러나거나 잃을 것은 없기 때문이지."

"스승님, 만약 지혜의 완성이 공하다면 보살은 어떻게 해서 지혜의 완성에 의해 늘어남이 있으며, 어떻게 해서 최고의 바른 깨달음에 가까이 다가설 수 있습니까?"

"수보리여, 보살은 지혜의 완성을 행하되 늘어나거나 줄어드는 것이 없다네. 수보리여, 만약 보살이 이러한 말을 듣고 놀라지도 않고 두려워하지도 않고 낙담하지도 않고 물러나지도 않는다면, 이 보살이야말로 지혜의 완성을 행하고 있다는 것을 반드시 알아야 하네.

"스승님, 지혜의 완성의 모양을 공하다고 한다면 이것은 지혜의 완성을 행하는 것입니까, 행하지 않는 것입니까?"

"행하지 않는 것이네, 수보리여."

"스승님, 지혜의 완성을 여의고 나면 따로 어떤 법이 지혜의 완성을 행합니까, 행하지 않습니까?"

"행하지 않네, 수보리여."

"스승님, 공하다고 하는 것은 공을 행하는 것입니까, 아닙니까?"

"아니네, 수보리여."

"스승님, 공을 여의는 것은 공을 행하는 것입니까, 아닙니까?"

"아니네, 수보리여."

"스승님, 대상을 행하는 것은 지혜의 완성을 행하는 것입니까, 아닙니까?"

"아니네, 수보리여."

"스승님, 느낌·표상·의도·분별을 행하는 것은 지혜의 완성을 행하는 것입니까, 아닙니까?"

"아니네, 수보리여."

"스승님, 대상을 여의고 나면 따로 어떤 법이 지혜의 완성을 행합니까, 아닙니까?"

"아니네, 수보리여."

"스승님, 느낌·표상·의도·분별을 여의고 나면 따로 어떤 법이 지혜의 완성을 행합니까, 아닙니까?"

"아니네, 수보리여."

"스승님, 보살이 어떻게 행하는 것을 가리켜 지혜의 완성을 행한다고 합니까?"

"수보리여, 그대 생각에 그대는 지혜의 완성을 행하는 어떤 법을 보았는가, 보지 못하였는가?"

"보지 못하였습니다, 스승님."

"수보리여, 그대가 본 지혜의 완성의 법은 보살이 행할 곳인가, 아닌가?"

"아닙니다, 스승님."

"수보리여, 그대 생각에 그대가 보지 못한 법은 과연 생겨나겠는가, 생겨나지 않겠는가?"

"생겨나지 않습니다, 스승님."

"수보리여, 이것을 가리켜 모든 부처님의 무생법인이라고 하니, 보살이 이와 같이 무생법인을 성취하면 반드시 최고의 바른 깨달음을 얻으리라는 예언을 받는다네.

수보리여, 이것을 가리켜 모든 부처님의 무소외의 도라고 하니, 보살이 이 길을 잘 닦고 가까이한다면 부처님의 무상지·대지·자연지·일체지·여래지를 얻지 못하는 것은 있을 수 없는 일이네.

"스승님, 어떤 대상도 생겨남이 없다면 이에 의해 최고의 바른 깨달음을 얻으리라는 예언을 받습니까, 받지 못합니까?"

"받지 못하네, 수보리여."

"스승님, 이제 무엇을 가리켜 최고의 바른 깨달음을 얻으리라는 예언을 받는 것이라고 합니까?"

"수보리여, 그대 생각에 그대는 어떤 대상이 최고의 바른 깨달음을 얻으리라는 예언을 받는 것을 보았는가, 보지 못하였는가?"

"보지 못하였습니다, 스승님. 저는 어떤 대상도 최고의 바른 깨달음을 얻으리라는 예언을 받는 것을 보지 못하였으며, 또 대상이 작용하는 곳과 대상을 얻는 것을 보지 못하였습니다."

"수보리여, 이와 같이 모든 대상은 붙잡을 수 없으니 '이 대상은 붙잡을 수 있으며, 이 대상이 작용하는 곳도 붙잡을 수 있다'라고 말해서는 안 되네."

그때 대중 가운데에 있던 석제환인이 석가모니에게 말했다.

"스승님, 지혜의 완성은 아주 깊어서 보기도 어렵고 알기도 어려우니 마침내는 여의기 때문입니다. 만약 어떤 사람이 이 지혜의 완성을 듣고 베껴 쓰고 지니고 독송한다면 이 사람의 복덕이 적지 않다는 것을 반드시 알아야 할 것입니다."

"석제환인이여, 어떤가? 가령 염부제의 중생들이 10선도를 성취하더라도 이에 의해 얻는 복덕은 이 사람이 지혜의 완성을 듣고 베껴 쓰고 지니고 독송하는 것만 같지 않으며, 그 100분의 일 혹은 백천만억분의 일에도 미치지 못하며, 나아가 숫자로는 도저히 비교할 수가 없다네."

그때 어떤 한 비구가 석제환인에게 말했다.

"석제환인 님, 이와 같은 선남자와 선여인은 그대보다 훌륭합니다."

석제환인이 말했다.

"이 사람들이 한 번만 마음을 내도 나보다 더 훌륭한데 하물며 지혜의 완성을 듣고 베껴 쓰고 지니고 독송하고 들은 대로 행한다면 그뿐이겠습니까? 이 사람들은 모든 세상의 천인과 아수라보다 더 훌륭합니다. 아니, 보살이 지혜의 완성을 행하면 모든 세상의 천인과 아수라보다도 더 훌륭할 뿐만 아니라 또 수다원과 사다함과 아나함과 아라한과 벽지불보다도 더 훌륭합니다. 아니, 보살이 지혜의 완성을 행하면 수다원과 더 나아가 벽지불뿐만 아니라 지혜의 완성을 여의고 아무런 방편도 없이 단바라밀을 행하는 보살보다 더 훌륭합니다. 아니, 지혜의 완성을 여의고 아무런 방편도 없이 단바라밀을 행하는 보살보다 더 훌륭할 뿐만 아니라 지혜의 완성을 여의고 아무런 방편도 없이 시라바라밀과 찬제바라밀과 비리야바라밀과 선바라밀을 행하는 보살보다 더 훌륭합니다. 이러한 보살은 가장 훌륭합니다.

만약 보살이 지혜의 완성에서 말하는 대로 행한다면 모든 세상의 천인과 아수라보다 훌륭하니, 모든 세상의 천인과 아수라가 모두 반드시 공경하며 공양합니다.

만약 보살이 지혜의 완성에서 가르치는 대로 행한다면 이 보살은 어떤 종류의 지혜의 씨앗도 단절되지 않으며, 이 보살은 최고의 바른 깨달음에 가까이 다가서며, 이 보살은 반드시 도량에 앉으며, 이 보살은 나고 죽음에 빠져 있는 중생들을 구해냅니다. 보살이 이와 같이 배우는 것을 가리켜 지혜의 완성을 배운다고 하며, 이와 같이 배우는 것을 가리켜 성문과 벽지불을 배우지 않는다고 합니다.

만약 보살이 이와 같이 배우면 사천왕이 네 개의 발우를 가지고 그곳에 와서 말하기를 '선남자여, 그대가 신속히 최고의 바른 깨달음을 배워 얻어 도량에 앉아 있으면 우리들은 반드시 이 발우를 그대에게 바칠 것입니다'라고 합니다.

스승님, 저 자신도 스스로 와서 문안을 드릴 텐데 하물며 다른 천자들이겠습니까?

보살이 지혜의 완성을 배우면 모든 부처님들이 항상 염두에 두고 보호하며, 세상 중생들의 온갖 번뇌는 이 보살이 지혜의 완성을 따라 훌륭히 행하는 까닭에 모두 사라집니다, 스승님. 이것이 이 보살이 현세에 얻는 공덕입니다."

그때 아난은 마음속으로 '이렇게 말하는 것은 석제환인 자신의 지혜에 의한 것일까, 아니면 부처님의 능력에 의한 것일까?'라고 생각했다. 석제환인이 아난의 마음을 꿰뚫어보고 아난에게 말했다.

"이것은 부처님의 능력에 의한 것입니다."

석가모니가 아난에게 말했다.

"옳고도 옳은 말이네, 아난이여. 석제환인의 말대로 이것은 모두 부처님의 능력에 의한 것이라네.

아난이여, 보살이 지혜의 완성을 배우고 지혜의 완성을 닦을 때 삼천대천세계의 모든 악마들은 이 보살이 과연 중도에서 섣불리 최고의 진리를 깨닫고 성문이나 벽지불의 지위에 떨어질 것인지, 아니면 무사히 최고의 바른 깨달음에 이를 것인지를 의심한다네."

21

공경보살품

석가모니가 아난에게 말했다.

"만약 보살이 지혜의 완성의 행을 여의지 않는다면 그때 악마는 마치 심장에 화살이 박힌 것처럼 괴로워하면서 큰비와 벼락과 천둥소리로 보살을 놀라게 하고 털이 곤두서게 하여 최고의 바른 깨달음으로부터 물러나도록 하거나 생각이 어지럽도록 한다. 아난이여, 하지만 악마가 반드시 모든 보살들을 괴롭히고 어지럽히는 것은 아니라네."

"스승님, 그렇다면 악마에게 어지럽힘을 당하는 보살은 어떤 보살입니까?"

"아난이여, 어떤 보살은 전생에 깊은 지혜의 완성을 말하는 것을 듣고도 이를 믿지 않고 받아들이지 않는다네. 악마는 바로 이와 같은 사람을 괴롭히고 어지럽혀서 제 마음대로 하는 것이지.

또 아난이여, 만약 보살이 깊은 지혜의 완성을 듣고 의심을 품는다면 깊은 지혜의 완성이 있겠는가, 없겠는가? 아난이여, 이러한 보살도 역시 악마에게 휘둘리게 된다네.

또 아난이여, 어떤 보살은 선지식을 여의고 악지식을 가까이하여 깊은 지혜의 완성의 뜻을 듣지 못하며 듣지 못하는 까닭에 보지도 못하고 알지도 못하니, 어찌 지혜의 완성을 행할 것이며 어찌 지혜의 완성을 닦겠는가? 아난이여, 이러한 사람도 역시 악마에게 휘둘리게 된다네.

또 아난이여, 만약 보살이 그릇된 법을 받아들이면 이러한 사람도 역시 악마에게 휘둘리게 되니, 악마는 마음속으로 '이 사람은 나를 도와주며 또 다른 사람들로 하여금 나를 돕도록 해서 나의 소원이 잘 이루어지게 한다'라고 생각하지. 아난이여, 이러한 사람도 역시 악마에게 휘둘리게 된다네.

또 아난이여, 보살은 어떻게 해서 악마에게 휘둘리는가? 만약 보살이 깊은 지혜의 완성을 듣고 다른 보살에게 말하기를 '이 지혜의 완성은 아주 깊어서 우리들도 아직 그 의미를 모르는데 그대들이 어찌 알아들을 수 있겠는가?'라고 한다면, 이러한 사람도 역시 악마에게 휘둘리게 된다네.

아난이여, 만약에 보살이 다른 보살을 얕보며 말하기를 '나는 멀리 떨어져서 수행하고 있으나 그대들에게는 이러한 공덕이 없다'라고 한다면, 그때 악마는 이 말을 듣고 크게 기뻐하며 날뛴다네.

아난이여, 만약 어떤 보살이 악마를 위해 그 이름을 부르고 그 이름을 얻었다는 이유에서 청정하고 선량한 다른 보살을 얕본다면, 이러한 사람들에게는 물러섬이 없는 경지에 있는 보살의 공덕이 없을 뿐만 아니라 짐짓 물러섬이 없는 경지에 있는 보살을 가장하는 까닭에 번뇌가 불어난다네.

자신은 스스로 높이고 남은 낮추면서 '나에게는 공덕이 있고 그대는 그렇지 않다'라고 말하면, 그때 악마는 이 말을 듣고 크게 기뻐하며 마음속으로 '나의 궁전은 비어 있지 않을 것이니 지옥과 아귀와 축생이 더욱 불어나리라'라고 생각한다네.

악마의 신통력이 더욱 늘어나는 까닭에 이 사람이 하는 말은 다른 사람들이 모두 믿고 받아들여서 보고 배운 것도 그대로 따르고, 말하고 행동한 것도 그대로 따르니 번뇌가 더욱 불어난다네. 또 이 사람과 같이 생각이 뒤바뀌어 있는 까닭에 몸과 마음과 생각에 의한 업을 지어 모든 것이 고통스러우니, 이로부터 지옥과 아귀와 축생이 더욱 불어난다네. 아난이여, 악마는 이러한 이익을 보고 또 더욱 기뻐한다네.

아난이여, 만약 불도를 구하는 사람이 성문인 사람과 다투면 악마는 다시 이것을 보고 마음속으로 '이 사람은 비록 모든 것을 꿰뚫는 지혜를 멀리 여의었지만 그리 크게 여의지는 않았다'라고 생각한다네.

아난이여, 하지만 보살이 보살과 다투는 것을 보면 악마는 곧 크게 기뻐하면서 다시 마음속으로 '이 두 사람은 모든 것을 꿰뚫는 지혜를 멀리 여의었다'라고 생각한다네.

아난이여, 만약 최고의 바른 깨달음을 얻으리라는 예언을 아직 얻지 못한 보살이 그러한 예언을 받은 보살에게 성을 내고 원망하면서 서로 싸우고 욕한다면, 설령 모든 것을 꿰뚫는 지혜를 얻고자 하더라도 그러한 생각 하나에 1겁씩 까마득히 오랜 세월을 지난 뒤에라야 비로소 거룩한 서원으로 꾸밀 수 있다네."

아난이 석가모니에게 말했다.

"스승님, 이와 같은 죄를 지은 사람도 참회할 수 있습니까? 반드시 그러한 생각에 1겁씩 까마득히 오랜 세월을 지난 뒤라야만 비로소 거룩한 서원으로 꾸미는 마음을 낼 수 있습니까?"

석가모니가 말했다.

"나는 보살과 성문 모두 죄에서 벗어남이 있다거나 벗어남이 없다고는 말하지 않네.

아난이여, 만약 보살이 싸우고 욕하면서 서로 화해하지 않고 마음속에 원한을 가진다면 나는 이 사람들이 죄에서 벗어난다고 말하지 않네. 이러한 사람들은 설령 모든 것을 꿰뚫는 지혜를 얻고자 하더라도 그러한 생각 하나에 1겁씩 까마득히 오랜 세월을 지난 뒤에라야 비로소 거룩한 서원으로 꾸밀 수 있다네.

아난이여, 만약 보살이 보살과 싸우고 욕한 뒤에는 바로 화해하고 다시는 싸우지 않고 마음속으로 '나는 반드시 모든 중생을 위해 겸손해져야 한다. 만약 내가 성내고 싸워서 다른 사람에게 보복하고자 한다면 이는 곧 크게 허물을 짓는 것이다. 나는 반드시 모든 중생을 위해 다리가 되고 다른 사람들을 얕보지 말아야 할 것이니 하물며 보복이겠는가? 반드시 벙어리와 귀머거리와 같이 해서 결코 깊은 마음을 스스로 무너뜨리지 않을 것이다. 내가 최고의 바른 깨달음을 얻을 때면 반드시 이들을 제도할 것이니, 어찌 화를 돋우어 스스로 성내겠는가?'라고 생각해야 한다네.

아난이여, 보살의 길을 구하는 이는 설령 성문인 사람일지라도 그에게 결코 화를 내서는 안 되네."

아난이 석가모니에게 말했다.

"스승님, 만약 보살이 보살과 함께 머무른다면 그 법도를 어떻게 해야 합니까?"

석가모니가 말했다.

"서로 바라볼 때마다 부처님인 듯해야 하니, '이 사람은 나의 큰 스승이며 같은 배를 타고 함께 도를 행하며 그가 배운 것은 나도 반드시 배워야 하며, 만약 그가 잡된 것을 행하면 나는 배우지 않을 것이며, 그가 청정하여 모든 것을 꿰뚫는 지혜를 염두에 두고 배운다면 나도 반드시 배울 것이다'라고 생각해야 하니. 만약 보살이 이와 같이 배운다면 이것을 가리켜 함께 배운다고 하는 것이네."

그때 수보리가 석가모니에게 말했다.

"스승님, 만약 보살이 다함을 위해 배운다면 이것을 모든 것을 꿰뚫는 지혜를 배운다고 하며, 생겨남이 없음을 위해 배우고 여읨을 위해 배우고 멸함을 위해 배운다면 모든 것을 꿰뚫는 지혜를 배운다고 합니다."

석가모니가 수보리에게 말했다.

"그대가 말한 대로 보살이 다함을 위해 배우는 것을 모든 것을 꿰뚫는 지혜를 배운다고 하며, 생겨남이 없음과 여읨과 멸함을 위해 배우는 것을 모든 것을 꿰뚫는 지혜를 배운다고 하네. 수보리여, 그대 생각에 여래는 그 진실된 모양에 의해 여래라고 하니, 이 진실된 모양은 다함이 없고 여읨이 없고 멸함이 없겠는가?"

"그렇습니다, 스승님."

"수보리여, 이와 같이 배우는 것을 가리켜 모든 것을 꿰뚫는 지혜를 배운다고 하니, 모든 것을 꿰뚫는 지혜를 배운다는 것은 곧 지혜의 완성을 배우는 것이고 부처님이 가지고 있는 10력·4무소외·18불공법을 익히는 것을 말한다네.

수보리여, 보살이란 이와 같이 배우는 이를 말하니 곧 모든 배움의 끝에 이른 것이며, 이와 같이 배우는 이는 악마나 악마의 졸개들이라도 짓밟을 수 없다네. 이와 같이 배우는 이는 물러섬이 없는 경지를 신속히 얻으며, 이와 같이 배우는 이는 신속히 도량에 앉으며, 이와 같이 배우는 이는 스스로 갈 곳을 배우며, 이와 같이 배우는 이는 중생을 구하여 보호하는 것을 배우며, 이와 같이 배우는 이는 대자대비를 배우며, 이와 같이 배우는 이는 3전 12행상의 법륜을 배우며, 이와 같이 배우는 이는 중생을 제도하는 법을 배우며, 이와 같이 배우는 이는 부처님의 종자를 끊지 않는 것을 배우며, 이와 같이 배우는 이는 감로문을 여는 것을 배운다고 한다네.

수보리여, 범부는 근기가 무르익지 않아서 이와 같이 배울 수 없으며, 모든 중생을 이끌고자 하는 이는 능히 이와 같이 배울 수 있네.

수보리여, 보살이 이와 같이 배우면 지옥과 축생과 아귀에 떨어지지 않으며, 외딴 곳에 태어나지 않으며, 이와 같이 배운 이는 전타라의 집안에 태어나지 않으며, 대나무와 풀잎을 얽어 만든 집에 태어나지 않으며, 똥오줌을 치우는 집에 태어나지 않으며, 가난한 집에 태어나지 않는다네.

수보리여, 보살이 이와 같이 배우면 한 눈이 멀거나 두 눈이 머는 일이 없으며, 앉은뱅이나 귀머거리가 되는 일이 없으며, 아둔하거나 불구가 되는 일이 없으니 육신이 모두 온전하다네.

수보리여, 보살이 이와 같이 배우면 다른 목숨을 빼앗지 않고, 남의 물건을 훔치지 않고, 그릇되게 음행하지 않고, 거짓말하지 않고, 이간질하지 않고, 욕설하지 않고, 헛말하지 않고, 탐내어 시기하지 않고, 성내어 괴롭히지 않고, 삿되이 보지 않고, 삿된 수단으로 살아가지 않고, 삿된 견해를 가진 무리를 감싸지 않고, 계율을 어긴 무리들을 감싸지 않는다네.

수보리여, 보살이 이와 같이 배우면 장수천에 태어나는 일이 없다네. 왜냐하면 보살은 방편을 성취하기 때문이지. 무엇이 방편인가 하면 이것은 지혜의 완성에 의해 일어나니, 보살은 비록 선정에 들되 선정에 의해 생겨나는 것은 없다네.

수보리여, 보살이 이와 같이 배우면 부처님의 청정한 능력과 청정하여 두려움이 없는 것을 얻는다네."

"스승님, 만약 모든 대상이 본래 청정한 모양이라면 보살은 왜 굳이 청정한 대상을 구합니까?"

석가모니가 말했다.

"옳고도 옳은 말이네, 수보리여. 모든 대상은 본래 청정한 모양이므로 보살은 이 본래 청정한 모양의 대상 가운데에서 지혜의 완성을 행하더라도 놀라거나 두려워하거나 낙담하거나 물러서지 않는다네. 이것을 가리켜 청정한 지혜의 완성이라고 한다네.

수보리여, 범부는 모든 대상이 본래 청정하다는 것을 알지 못하고 보지 못한다네. 이러한 까닭에 보살은 부지런히 정진하리라 마음을 내고, 그 가운데에서 배움으로써 모든 청정한 능력과 아무 것도 두려워하지 않는 경지를 얻는다네.

수보리여, 보살이 이와 같이 배우면 한결같이 모든 중생의 마음과 마음의 움직임을 꿰뚫어볼 수 있다네.

수보리여, 비유하자면 이것은 좁은 땅에서만 사금이 나는 것과 같이, 역시 중생들 가운데에서도 적은 사람들만이 이와 같이 지혜의 완성을 배운다네. 비유하자면 중생들 가운데 적은 사람들만이 전륜성왕의 업을 일으키고 많은 사람들은 작은 왕의 업을 일으키는 것과 같다네.

수보리여, 이와 같이 적은 중생들만이 지혜의 완성의 도를 행하고 다른 많은 사람들은 성문과 벽지불의 가르침에 대해 마음을 낼 뿐이네.

수보리여, 적은 사람들만이 최고의 바른 깨달음의 마음을 배울 수 있고, 최고의 바른 깨달음을 배우는 가운데 다시 적은 사람들만이 이와 같이 말하고 행하며, 이와 같이 말하고 행하는 가운데 다시 적은 사람들만이 지혜의 완성을 따르고 배우며, 따르고 배우는 가운데 다시 적은 사람들만이 물러섬이 없는 경지를 얻는다네.

수보리여, 이러한 까닭에 보살은 적은 사람들 가운데 다시 저은 사람들이 되고자 반드시 지혜의 완성을 배우고 지혜의 완성을 닦는 것이라네."

22

무간번뇌품

석가모니가 수보리에게 말했다.

"만약 보살이 이와 같이 지혜의 완성을 배우면 번뇌하는 마음이 생겨나지 않고 인색한 마음이 생겨나지 않고 계율을 어기는 마음이 생겨나지 않고 성내어 괴롭히는 마음이 생겨나지 않고 게으른 마음이 생겨나지 않고 어지러운 마음이 생겨나지 않고 어리석은 마음이 생겨나지 않는다네.

수보리여, 보살이 이와 같이 배우면 한결같이 모든 바라밀을 감싸 안으니, 비유하자면 이것은 62견이 모두 육신이 실재한다는 견해에 포함되는 것과 같다네.

수보리여, 보살이 지혜의 완성을 배울 때는 한결같이 모든 바라밀을 감싸 안는다네. 비유하자면 이것은 사람이 죽으면 생명의 뿌리가 멸함에 따라 다른 감각기관도 모두 멸하는 것과 같다네. 수보리여, 이와 같이 보살이 지혜의 완성을 배우면 한결같이 모든 바라밀을 감싸 안는다네. 수보리여, 이러한 까닭에 만약 보살이 모든 바라밀을 감싸 안고자 한다면 반드시 지혜의 완성을 배워야 한다네.

수보리여, 보살이 지혜의 완성을 배우면 모든 중생들 가운데 최고의 우두머리가 된다네. 수보리여, 그대 생각에 삼천대천세계의 중생들은 정녕 많겠는가, 적겠는가?"

　"스승님, 염부제의 중생들도 오히려 많다고 하는데 하물며 삼천대천세계의 중생들이겠습니까?"

　"수보리여, 그대 생각에 이 중생들이 모두 보살이 되고 그 중에 한 사람이 목숨이 다할 때까지 석가모니에게 옷가지와 음식과 잠자리와 의약품을 공양한다면 이 사람은 이러한 인연으로 얻는 복덕이 많겠는가, 적겠는가?"

　"아주 많겠습니다, 스승님."

　"수보리여, 만약 어떤 보살이 손가락을 퉁기는 만큼 짧은 시간 동안만이라도 지혜의 완성을 닦는다면 그 복은 이것보다 더 많네. 수보리여, 이와 같이 지혜의 완성은 모든 보살에게 큰 이익이 되며 능히 최고의 바른 깨달음을 얻는 것을 도와준다네.

　이러한 까닭에 수보리여, 만약 보살이 최고의 바른 깨달음을 얻고자 하고, 모든 중생들의 최고 우두머리가 되고자 하고, 모든 중생들을 구제하여 보호하고자 하고, 불법을 온전히 성취하고자 하고, 부처님이 행사하시는 곳을 얻고자 하고, 부처님이 즐기시는 것을 얻고자 하고, 부처님의 사자후를 얻고자 하고, 삼천대천세계에서 크게 법을 말하고자 한다면 반드시 지혜의 완성을 배워야 한다네. 수보리여, 나는 지혜의 완성을 배우지 않은 보살이 이와 같은 이익을 온전히 성취하는 것을 보지 못했다네."

　"스승님, 이 보살은 또 성문의 이익도 온전히 성취합니까?"

"수보리여, 보살이 지혜의 완성을 배우면 물론 성문의 이익도 온전히 성취할 수 있지만 단지 성문법 가운데에 머무르기를 바라지 않을 뿐이니, 모든 공덕을 성취하고 이것을 모두 알되 마음속으로 '나는 반드시 성문의 이러한 공덕까지도 말해서 중생들을 교화하리라'라고 생각한다네.

만약 보살이 이와 같이 배우면 능히 모든 세상의 천인과 아수라의 복밭이 되고 성문과 벽지불의 복밭이 되어 가장 뛰어나게 되며, 보살이 이와 같이 배우면 모든 것을 꿰뚫는 지혜에 가까이 다가서게 된다네.

만약 보살이 지혜의 완성을 버리지 않고 지혜의 완성을 여의지 않고, 이와 같이 지혜의 완성을 행하면 이것을 가리켜 모든 것을 꿰뚫는 지혜에서 물러나지 않는다고 하니, 이 보살은 성문과 벽지불의 지위를 멀리하고 최고의 바른 깨달음에 가까이 다가서게 된다네.

만약 보살이 마음속으로 '이것은 지혜의 완성이고 누구누구는 지혜의 완성에 의해 반드시 모든 것을 꿰뚫는 지혜를 얻는다'라고 생각하여 이와 같이 분별한다면 이것은 지혜의 완성을 행하는 것이 아니라네.

만약 보살이 지혜의 완성을 분별하지 않고 지혜의 완성을 보지 않고 이것이 지혜의 완성이라느니 누구누구는 지혜의 완성에 의해 반드시 모든 것을 꿰뚫는 지혜를 얻는다느니 등의 생각을 하지 않고, 이와 같이 보지도 않고 듣지도 않고 깨닫지도 않고 알지도 않는다면 곧 지혜의 완성을 행하는 것이네."

그때 석제환인이 마음속으로 생각하였다.

'이 보살은 지혜의 완성을 행하는 것만으로도 이미 모든 중생들보다 뛰어난데 하물며 최고의 바른 깨달음을 얻고 난 뒤에랴. 어떤 사람이 지혜의 완성을 듣기만 해도 큰 이익을 얻고 최고의 수명을 누릴 텐데 하물며 최고의 바른 깨달음에의 마음을 발함에랴. 이 사람은 반드시 이 세상 사람들의 흠모를 받으며 세상 사람들을 이끌게 될 것이다.'

그때 석제환인은 요술로 만들어낸 만다라꽃을 부처님 머리 위에 한 움큼 흩뿌리면서 말했다.

"스승님, 만약 어떤 사람이 최고의 바른 깨달음의 마음을 발하였다면 그로 하여금 불법을 온전히 성취하게 하시고, 모든 것을 꿰뚫는 지혜를 온전히 성취하게 하시고, 스스로 깨달아 아는 법을 온전히 성취하게 하시고, 번뇌가 없는 법을 온전히 성취하게 하옵소서.

스승님, 누군가가 최고의 바른 깨달음의 마음을 낸다면 저는 한순간이라도 이로부터 그를 물러서도록 하겠다고 생각하지 않겠습니다.

스승님, 저는 나고 죽는 가운데에서 온갖 고통을 맛본 뒤 한순간이라도 보살을 물러서게 하겠다고 생각하지 않겠으며, 또 저 자신도 최고의 바른 깨달음을 위해 부지런히 정진하겠습니다. 왜냐하면 이 사람들은 능히 이와 같은 마음을 발하여 모든 세상에 큰 이익이 되기 때문이고, 저는 저 자신을 먼저 제도한 뒤에 아직 제도하지 못한 이들을 제도하기 위해서이며, 저 자신이 먼저 해탈한 뒤에 아직 해탈하지 못한 이들을 해탈시키기 위해서이며, 저 자신이 먼저 평안을 얻은 뒤에 아직 평안을 얻지 못한 이들을 평안하게 하기 위해서이며, 저 자신이 먼저 열반에 이른 뒤에 아직 열반에 이르지 못한 이들로 하여금 열반에 이르도록 하고자 하기 때문입니다.

스승님, 만약 어떤 사람이 처음 마음을 낸 보살과 6바라밀을 행하는 것과 물러섬이 없는 경지에 있는 보살과 다음 생에서 성불이 약속되어 있는 보살을 보고 기뻐한다면 이 사람이 받는 복덕은 얼마나 됩니까?"

"석제환인이여, 수미산의 크기는 헤아릴 수 있어도 정작 이 사람이 기뻐하여 받는 복덕의 크기는 헤아릴 수 없다네. 석제환인이여, 삼천대천세계의 크기는 오히려 헤아릴 수 있어도 이 사람이 기뻐하여 받는 복덕의 크기는 헤아릴 수 없다네."

"스승님, 이 마음은 허깨비와 같은데 어떻게 최고의 바른 깨달음을 얻을 수 있다는 말씀이십니까?"

"그대 생각에 그대는 이 사람의 마음이 허깨비와 같음을 보는가, 보지 못하는가?"

"보지 못합니다, 스승님. 저는 이 마음이 허깨비와 같음을 보지 못합니다."

"그렇다면 그대 생각에 만약 이 허깨비를 보지 못하고 허깨비와 같은 마음을 보지 못한다면, 정작 허깨비와 허깨비와 같은 마음을 여의고 최고의 바른 깨달음을 얻는 대상을 따로 본다는 말인가?"

"아닙니다, 스승님. 허깨비와 허깨비와 같은 마음을 여의고 최고의 바른 깨달음을 얻는 대상을 따로 보지는 않습니다.

스승님, 제가 다른 대상이 있음을 보지 못하는데 어떻게 대상이 있다거나 없다거나 말할 수 있겠습니까?

스승님, 만약 이 대상이 본래부터 여의어 있다면 이 대상은 있다거나 없다거나 하는 자리에 있지 않습니다. 만약 이 대상이 본래부터 여의어 있다면 결코 최고의 바른 깨달음을 얻을 수 없습니다.

스승님, 또 있다고 할 만한 것이 없는 대상도 역시 최고의 바른 깨달음을 얻을 수 없습니다. 이러한 까닭에 지혜의 완성은 본래 모든 것을 여의었으니, 만약 본래부터 대상을 여의었다면 이와 같은 대상을 닦고 익힌다는 것은 불가능하며 다른 대상을 생겨나게 하는 것도 불가능합니다. 지혜의 완성이 본래부터 모든 것을 여의었기 때문입니다.

스승님, 지혜의 완성이 본래부터 모든 것을 여의었다면 어떻게 최고의 바른 깨달음을 얻을 수 있으며, 또 최고의 바른 깨달음도 본래부터 모든 것을 여의었다면 어떻게 여읨으로써 여읨을 얻을 수 있겠습니까?"

"옳고도 옳은 말이다, 수보리여. 지혜의 완성도 본래부터 여의었고 최고의 바른 깨달음도 본래부터 여의었으니, 바로 이러한 까닭에 최고의 바른 깨달음을 얻을 수 있는 것이라네. 수보리여, 만약 지혜의 완성이 본래부터 모든 것을 여의지 않았다면 이것은 지혜의 완성이 아니라네. 수보리여, 이와 같이 지혜의 완성을 여의지 않으면 최고의 바른 깨달음을 얻을 수 있으니 정작 여의지 않음으로써 여읨을 얻는 것이라네."

23

칭양보살품

그때 수보리가 석가모니에게 말했다.

"스승님, 보살이 지혜의 완성을 행하는 것은 곧 매우 깊은 뜻을 행하는 것입니다."

"옳고도 옳은 말이네, 수보리여. 보살이 지혜의 완성을 행하는 것은 곧 매우 깊은 뜻을 행하는 것이네. 수보리여, 보살이 하는 일은 아주 어렵고 깊은 뜻을 행하되 그 뜻을 깨달아 얻지는 않으니, 이른바 성문과 벽지불의 지위가 그것이라네."

"스승님, 제가 부처님의 말씀을 이해하기로는 보살이 하는 일은 그리 어렵지 않습니다. 왜냐하면 깨달아 얻는 이도 붙잡을 수 없고, 깨달아 쓸 대상도 붙잡을 수 없고, 깨달을 대상도 붙잡을 수 없기 때문입니다. 만약 보살이 이와 같이 말하는 것을 듣고도 놀라거나 두려워하거나 낙담하거나 물러나지 않는다면 이 보살은 지혜의 완성을 행하고 있는 줄을 반드시 알아야 합니다.

또 자신이 지혜의 완성을 행하는 것을 보지 않고 또 이와 같이 분별하지 않는다면 이 보살은 최고의 바른 깨달음에 가까이 다가서 있고, 성문과 벽지불의 지위로부터는 멀리 떨어져 있다는 것을 반드시 알아야 합니다.

스승님, 비유하자면 이것은 허공과 같아서 마음속으로 '이것은 멀고 이것은 가깝다'는 따위의 생각을 내지 않습니다. 왜냐하면 허공에는 분별이 없기 때문입니다, 스승님. 지혜의 완성도 이와 같아서 마음속으로 '성문과 벽지불의 지위는 나와 멀고 최고의 바른 깨달음은 나와 가깝다'라고 생각하지 않습니다. 왜냐하면 지혜의 완성에는 분별이 없기 때문입니다.

스승님, 비유하자면 이것은 요술로 만들어낸 허깨비가 마음속으로 '나를 만들어낸 사람은 나와 가깝고 구경꾼들은 나와 멀다'라고 생각하지 않는 것과 같습니다. 왜냐하면 스승님, 요술로 만들어낸 허깨비에게는 분별이 없기 때문입니다.

스승님, 지혜의 완성도 역시 이와 같아서 마음속으로 '성문과 벽지불의 지위는 나와 멀고 최고의 바른 깨달음은 나와 가깝다'라고 생각하지 않습니다. 왜냐하면 지혜의 완성에는 분별이 없기 때문입니다.

스승님, 비유하자면 이것은 거울 속의 그림자가 마음속으로 '그림자의 원인이 되는 것은 나와 가깝고 그 밖의 것은 나와 멀다'라고 생각하지 않는 것과 같습니다. 왜냐하면 그림자에는 분별이 없기 때문입니다.

스승님, 지혜의 완성도 역시 이와 같아서 마음속으로 '성문과 벽지불의 지위는 나와 멀고 최고의 바른 깨달음은 나와 가깝다'라고 생각하지 않습니다. 왜냐하면 지혜의 완성에는 분별이 없기 때문입니다.

스승님, 여래에게는 미워함도 없고 사랑함도 없는 것과 같이 지혜의 완성에도 역시 미워함도 없고 사랑함도 없습니다.

스승님, 여래에게 아무런 분별도 없는 것과 같이 지혜의 완성에도 아무런 분별이 없습니다.

스승님, 여래께서 임시로 만들어낸 허깨비는 마음속으로 '성문과 벽지불의 지위는 나와 멀고 최고의 바른 깨달음은 나와 가깝다'라고 생각하지 않습니다. 왜냐하면 여래께서 임시로 만들어낸 허깨비에게는 분별이 없기 때문입니다.

스승님, 지혜의 완성도 역시 이와 같아서 마음속으로 '성문과 벽지불의 지위는 나와 멀고 최고의 바른 깨달음은 나와 가깝다'라고 생각하지 않습니다. 왜냐하면 지혜의 완성에는 분별이 없기 때문입니다.

스승님, 여래께서 임시로 만들어낸 허깨비는 필요에 따라 능히 만들어낼 수 있지만 분별은 없습니다.

스승님, 지혜의 완성도 역시 이와 같아서 닦고 익힘에 따라 모든 것을 훌륭하게 이루어낼 수 있지만 분별은 없습니다.

스승님, 비유하자면 이것은 기술자들이 필요에 따라 나무를 이용하여 남자나 여자 인형을 훌륭하게 만들되 정작 이들에게는 분별이 없는 것과 같습니다.

스승님, 지혜의 완성도 역시 이와 같아서 닦고 익힘에 따라 모든 것을 훌륭하게 이루어낼 수 있지만 분별은 없습니다."

수보리가 석가모니에게 말했다.

"스승님, 보살이 지혜의 완성을 행하는 것은 곧 견고한 뜻을 행하는 것입니다."

석가모니가 수보리에게 말했다.

"보살이 지혜의 완성을 행하는 것은 곧 견고한 뜻을 행하는 것이네."

그때 욕계의 모든 천자들은 마음속으로 '만약 어떤 사람이 최고의 바른 깨달음의 마음을 발하여 능히 이와 같이 깊은 지혜의 완성을 행하되 짐짓 최고의 진리를 깨닫지 않고 성문이나 벽지불의 지위에 떨어지는 경우, 이 보살은 어려운 일을 겪게 된다는 사실을 알고 세상의 모든 중생들은 이 보살에게 반드시 경례를 올려야 한다'라고 생각하였다.

수보리가 천자들에게 말했다.

"보살은 깊이 지혜의 완성을 행하되 짐짓 깨달음을 얻지 않는 것이니, 어려움을 겪는다는 말은 옳지 않습니다. 설령 보살이 한량없고 가없는 중생을 위해 크게 장엄하고자 해도 중생은 본래부터 붙잡을 수가 없고 제도할 대상도 붙잡을 수가 없으나, 능히 마음을 내어 '나는 반드시 이들을 제도할 것이다'라고 다짐하기에 어렵다고 하는 것입니다.

여러 천자님들, 이 사람이 중생들을 제도하고자 하는 것은 곧 허공을 제도하고자 하는 것과 같습니다. 왜냐하면 허공이 모든 것을 여의는 것과 같이 중생도 역시 모든 것을 여의기 때문입니다. 이러한 까닭에 이 보살이 아주 어려운 일을 겪는다는 것을 반드시 알아야 합니다.

중생이 본래 없음에도 중생을 위해 크게 장엄하고자 하는 것은 마치 어떤 사람이 허공과 싸우는 것과 같습니다. 석가모니는 중생을 붙잡을 수 없다고 말씀하셨으니 중생은 모든 것을 여의기 때문이며, 제도해주는 이도 역시 모든 것을 여의어 있습니다.

중생이 여의어 있기 때문에 대상도 여의어 있고, 중생이 여의어 있기 때문에 느낌·표상·의도·분별도 여의어 있으며, 중생이 여의어 있기 때문에 모든 대상도 여의어 있으니, 만약 보살이 이와 같이 말하는 것을 듣고도 놀라거나 두려워하거나 낙담하거나 물러나지 않는다면 이 보살은 지혜의 완성을 행하고 있는 줄 반드시 알아야 합니다."

석가모니가 수보리에게 물었다.

"보살은 어떤 인연으로 놀라거나 두려워하거나 낙담하거나 물러나지 않는가?"

"스승님, 공하기 때문에 낙담하지 않으며 있지 않기 때문에 낙담하지 않습니다. 왜냐하면 낙담하는 이도 붙잡을 수 없고, 낙담하는 대상도 붙잡을 수 없으며, 낙담하는 곳도 붙잡을 수 없기 때문입니다.

만약 보살이 이와 같이 말하는 것을 듣고도 놀라거나 두려워하거나 낙담하거나 물러나지 않는다면 이 보살은 지혜의 완성을 행하고 있는 줄 반드시 알아야 합니다.

"수보리여, 보살이 이와 같이 지혜의 완성을 행하면 석제환인과 범천왕과 중생계의 주인과 자재천왕을 비롯한 모든 천자들이 경례를 올린다네.

수보리여, 석제환인과 범천왕과 중생계의 주인과 자재천왕을 비롯한 모든 천자들이 경례를 올릴 뿐만 아니라, 이와 같이 지혜의 완성을 행하면 범천의 모든 천신들과 범보천과 범중천과 대범천과 광천과 소광천과 무량광천과 광음천과 정천과 소정천과 무량정천과 변정천과 무음천과 복생천과 광과천과 무광천과 무열천과 묘견천과 선견천과 무소천의 모든 천신들이 이 지혜의 완성을 행하는 보살에게 경례를 올린다네.

수보리여, 이제 현재의 헤아릴 수 없이 많은 세계의 모든 부처님들께서 지혜의 완성을 행하는 이 보살을 염두에 두시니, 이와 같이 보살이 지혜의 완성을 행할 때는 모든 부처님이 염두에 두시며, 이러한 보살은 곧 물러섬이 없는 경지에 있는 보살임을 반드시 알아야 하네.

수보리여, 설령 갠지스 강의 모래알만큼 많은 세상의 중생들을 모두 악마로 변화시킨다고 해도 이 모든 악마들이 지혜의 완성을 행하는 보살을 무너뜨릴 수는 없다네.

수보리여, 보살이 성취하는 두 가지 법은 결코 악마가 무너뜨릴 수 없으니 무엇이 두 가지인가 하면, 첫째는 모든 대상을 공하다고 관찰하는 것이고, 둘째는 어떤 중생도 외면하지 않는 것이네. 이 두 법을 성취하면 결코 악마가 무너뜨릴 수 없다네.

수보리여, 다시 두 가지 법이 더 있으니 악마가 결코 무너뜨릴 수 없다네. 무엇이 두 가지인가 하면, 첫째는 말하는 대로 능히 행하는 것이고, 둘째는 모든 부처님을 염두에 두는 것이네. 보살이 이 두 가지 법을 성취하면 모든 천자들이 와서 공양하고 공경하고 안부를 여쭈면서 이렇게 말한다네.

'선남자여, 그대는 이와 같이 행하였으므로 머지않아 반드시 불도를 얻을 것입니다. 그대는 이와 같이 행하였으니 도움이 없는 중생에게는 반드시 도움이 되고, 집 없는 중생에게는 반드시 집이 되고, 의지할 곳이 없는 중생에게는 반드시 의지가 되고, 섬이 없는 중생에게는 반드시 섬이 되고, 최고의 진리가 없는 중생에게는 최고의 진리가 되고, 돌아갈 곳이 없는 중생에게는 반드시 돌아갈 곳이 되고, 빛이 없는 중생에게는 반드시 빛이 되고, 나아갈 곳이 없는 중생에게는 반드시 나아갈 곳이 될 것입니다.'

왜냐하면 이 보살이 지혜의 완성을 행하여 네 가지 공덕을 성취하니, 현재 시방의 한량없고 가없으며 아득히 많은 세상의 모든 부처님들이 비구승들에게 둘러싸여 한결같이 이 보살의 이름을 들어 칭찬하고 찬탄하는 말을 하기 때문이라네.

수보리여, 비유하자면 이것은 내가 지금 법을 설하면서 실상 보살을 비롯하여 아촉불의 국토에서 범행을 닦으며 지혜의 완성을 행하기를 여의지 않는 보살들의 이름을 들어 칭찬하고 찬탄하는 것과 같다네.

수보리여, 이와 같이 현재 시방의 모든 부처님들은 각기 그 나라의 모든 보살들 이름을 비롯하여 범행을 닦으며 지혜의 완성을 행하기를 여의지 않는 사람들의 이름을 들어 칭찬하고 찬탄한다네."

수보리가 석가모니에게 말했다.

"스승님, 부처님들이 법을 설할 때는 언제든지 모든 보살들을 칭찬하고 찬탄하십니까?"

"그렇지 않네, 수보리여. 부처님들이 법을 설할 때 칭찬을 듣는 이도 있고 칭찬을 듣지 못하는 이도 있다네.

수보리여, 부처님이 법을 설할 때는 물러섬이 없는 경지에 있는 모든 보살을 칭찬하고 찬탄한다네."

"스승님, 아직 물러섬이 없는 경지를 얻지 못한 이도 역시 모든 부처님들이 법을 설할 때 칭찬하고 찬탄합니까?"

"수보리여, 아직 물러섬이 없는 경지를 얻지 못한 이도 역시 모든 부처님들이 법을 설할 때 칭찬하고 찬탄한다네. 어떤 사람이, 아촉불이 아직 보살이었을 때 행하던 도를 능히 배운다면 이 보살이 비록 물러섬이 없는 경지를 얻지 못했더라도 역시 모든 부처님들은 이를 칭찬하고 찬탄한다네.

수보리여, 실상보살이 행하던 도를 능히 배운다면 이와 같은 보살은 비록 물러섬이 없는 경지를 얻지 못했더라도 역시 모든 부처님들은 이를 칭찬하고 찬탄한다네.

또 수보리여, 어떤 보살은 지혜의 완성을 행하여 어떤 대상도 생겨나지 않는다는 것을 믿고 이해하되 아직 무생법인을 얻지 못하고, 어떤 대상도 공하다는 것을 믿어 알되 물러섬이 없는 경지 보살의 지위에 대하여 자유자재함을 얻지 못하며, 능히 모든 법이 고요히 스러져 있는 모양을 행하되 아직 물러섬이 없는 경지 보살의 지위에는 이르지 못한다네.

수보리여, 보살이 이와 같이 행하면 모든 부처님들이 법을 설할 때 역시 칭찬하고 찬탄한다네. 아직 물러섬이 없는 보살의 지위를 얻지 못했으면서도 모든 부처님들이 법을 설할 때 칭찬하고 찬탄하는 사람은 곧 성문과 벽지불의 지위를 여의고 부처님의 지위를 가까이해서 반드시 최고의 바른 깨달음을 얻으리라는 예언을 받을 것이네.

수보리여, 만약 보살이 지혜의 완성을 행하여 모든 부처님들의 칭찬과 찬탄을 받는다면 이 보살은 반드시 물러섬이 없는 경지에 오르리라는 것을 명심해야 한다네."

24
촉루품

석가모니가 수보리에게 말했다.

"만약 보살이 이와 같이 아주 깊은 지혜의 완성을 듣고도 의심하지 않고 후회하지 않고 어려워하지 않고 믿어 이해한다면 이 보살은 아촉불 및 모든 보살들의 처소에서 깊은 지혜의 완성을 들어도 역시 믿고 이해할 것이네.

수보리여, 만약 보살이 이와 같이 부처님이 말한 지혜의 완성을 믿고 이해한다면 이 사람은 반드시 물러섬이 없는 보살의 지위에 오르리라는 것을 명심해야 하네.

수보리여, 어떤 사람은 단지 지혜의 완성을 듣기만 해도 이익을 얻는데 하물며 이를 믿고 이해하고 행함이랴. 이러한 사람은 반드시 모든 것을 꿰뚫는 지혜에 머무를 것이네."

수보리가 석가모니에게 말했다.

"스승님, 만약 진실된 모양을 여읜다면 다시는 붙잡을 대상이 없는데 정작 뉘라서 모든 것을 꿰뚫는 지혜에 머무르며, 뉘라서 최고의 바른 깨달음을 얻으며, 뉘라서 법을 설한다는 말씀이십니까?"

석가모니가 수보리에게 말했다.

"그대는, 만약 진실된 모양을 여읜다면 다시는 붙잡을 대상이 없는데 정작 뉘라서 모든 것을 꿰뚫는 지혜에 머무르며, 뉘라서 최고의 바른 깨달음을 얻으며, 뉘라서 법을 설하겠는가라고 내게 물었네.

옳고도 옳은 말이네, 수보리여. 진실된 모양을 여의면 그 안에 머무르는 대상도 붙잡을 수가 없고, 진실된 모양도 더 이상 붙잡을 수가 없는데 하물며 진실된 모양에 머무르는 사람이랴. 진실된 모양에 머물러도 최고의 바른 깨달음을 붙잡을 수 없고, 진실된 모양을 여의어도 역시 최고의 바른 깨달음을 붙잡을 수는 없으며, 진실된 모양에 머물러도 법을 말할 수 없고, 진실된 모양을 여의어도 역시 법을 말할 수는 없다네."

그때 석제환인이 석가모니에게 말했다.

"스승님, 진실된 모양에 머무르는 이도 없고, 최고의 바른 깨달음을 얻는 이도 없고, 법을 말하는 이가 없어도 보살은 이 깊은 법을 들으면 의심하지 않고 후회하지 않고 어려워하지 않고 최고의 바른 깨달음을 얻으려 하다니, 이것은 참으로 힘든 일입니다."

수보리가 석제환인에게 말했다.

"석제환인 님, 말씀하신 대로 보살은 이 깊은 법을 듣고도 의심하지 않고 후회하지 않고 어려워하지 않고 최고의 바른 깨달음을 얻으려 하니, 이것은 참으로 힘든 일입니다. 하지만 석제환인 님, 모든 대상은 공하니 그 가운데에서 누가 의심하고 후회하고 어려워하겠습니까?"

석제환인이 수보리에게 말했다.

"수보리 님, 말씀하시는 것이 모두 공에 바탕하여 걸림이 없으십니다. 비유하자면 이것은 허공에 활을 쏘아 화살이 거침없이 나아가는 것과 같으니, 수보리 님 말씀에 걸림이 없기가 꼭 이와 같습니다."

그때 석제환인이 석가모니에게 말했다.

"스승님, 저는 이와 같이 말하고 이와 같이 대답했습니다. 여래를 따라서 말하고 법에 맞도록 대답한 것입니까, 아닙니까?"

"석제환인이여, 그대는 이와 같이 말하고 이와 같이 대답했으니, 여래를 따라 말하고 법에 맞도록 모두 바르게 대답하였네.

석제환인이여, 수보리가 말한 것은 모두 공에 바탕하지만 수보리는 정작 지혜의 완성을 얻지 못했으니 하물며 지혜의 완성을 행하는 사람이랴. 정작 최고의 바른 깨달음을 얻지 못했으니 하물며 최고의 바른 깨달음을 얻은 사람이랴. 정작 모든 것을 꿰뚫는 지혜를 얻지 못했으니 하물며 모든 것을 꿰뚫는 지혜를 얻은 사람이랴. 정작 진실된 모양을 얻지 못했으니 하물며 진실된 모양을 얻은 사람이랴. 정작 생겨남이 없음을 얻지 못했으니 하물며 생겨남을 얻은 사람이랴. 정작 모든 지혜의 힘을 얻지 못했으니 하물며 모든 지혜의 힘을 얻은 사람이랴. 정작 두려움이 없음을 얻지 못했으니 하물며 두려움이 없음을 얻은 사람이랴. 정작 법을 얻지 못했으니 하물며 법을 말하는 사람이랴.

석제환인이여, 수보리는 항상 멀리 여의는 것을 즐기고 얻는 것이 없는 행을 즐기지만, 석제환인이여, 수보리의 이러한 행은 보살의 행에 비해 백분의 일에도 미치지 못하며, 아니 백천만억분의 일에도 미치지 못하며 나아가 숫자로는 도저히 비교할 수가 없다네.

석제환인이여, 여래의 행을 제외하면 보살이 지혜의 완성을 행하는 것이야말로 가장 크고 가장 훌륭하고 가장 높고 미묘하며, 보살의 행이야말로 성문과 벽지불의 행에 비해 가장 크고 가장 훌륭하고 가장 높고 미묘하다네.

석제환인이여, 이러한 까닭에 만약 어떤 사람이 모든 중생들 가운데 가장 높은 사람이 되고자 한다면 반드시 보살이 행하는 지혜의 완성을 행해야 하네."

그때 대중 가운데 있던 도리천의 모든 천자들이 하늘나라의 만다라꽃을 부처님 머리 위에 흩뿌렸다. 600명의 비구들은 모두 자리에서 일어나 오른팔의 가사 자락을 어깨까지 걷어올리고 오른쪽 무릎을 땅에 꿇은 채 부처님을 향하여 합장을 올렸다. 이들은 부처님의 신통력으로 꽃잎을 가득 움켜쥐어 석가모니의 머리 위에 흩뿌리면서 말했다.

"스승님, 저희들은 반드시 이 최상의 행을 이루겠습니다."

석가모니가 곧 미소를 지었다. 모든 부처님 법이 그렇듯이 석가모니가 미소를 짓자 파랗고 노랗고 빨갛고 하얀 한량없는 색깔의 빛이 그 입으로부터 나오더니, 이 모든 광명이 한량없고 가없는 세상을 두루 비추고 마침내 범천에까지 이르렀다. 그리고는 다시 석가모니의 몸을 세 번 휘감아 돈 뒤 그 머릿속으로 들어갔다.

아난은 곧 자리에서 일어나 오른팔의 가사자락을 어깨까지 걷어올리고 오른쪽 무릎을 땅에 꿇은 채 합장을 올리면서 석가모니에게 말했다.

"스승님, 어떤 까닭으로 미소를 지으십니까? 어떤 부처님도 까닭이 없이는 미소를 짓지 않으십니다."

석가모니가 아난에게 말했다.

"이 600명의 비구들은 반드시 성수겁 때에 성불하여 모두 산화라는 이름으로 불릴 것이네.

아난이여, 이 모든 여래와 비구의 숫자는 서로 같고, 수명도 역시 2만 겁으로 똑같을 것이네. 이 모든 비구들은 그 뒤부터 다시 태어나는 곳마다 항상 출가하니, 그 세상에는 항상 다섯 가지 색깔의 아름다운 꽃비가 내릴 것이네.

아난이여, 이러한 까닭에 만약에 어떤 사람이 하늘세계의 행을 행하고자 한다면 반드시 지혜의 완성을 행해야 한다네. 만약에 어떤 보살이 여래의 행을 행하고자 한다면 반드시 지혜의 완성을 행해야 한다네.

아난이여, 만약 어떤 보살이 지혜의 완성을 행하거든 이 사람은 인간으로 있다가 이 세상에 다시 태어났거나, 아니면 도솔천에서 죽어 이 세상에 태어난 것임을 반드시 알아야 한다네. 왜냐하면 도솔천에 있는 사람은 지혜의 완성을 행하기가 수월하기 때문이지.

아난이여, 만약 보살이 지혜의 완성을 행하되 이를 지니고 독송하고 베껴 쓰는 것을 즐기며, 지혜의 완성을 베껴 써서 다른 보살들에게 그 이익과 즐거움을 가르쳐준다면 이 사람은 여래의 견해를 행하고 있다는 것을 반드시 알아야 하며, 이 사람은 모든 부처님들에 대해 선근을 심었고 그 제자들에 대해 선근을 심은 것은 아니라는 점을 반드시 알아야 한다네.

아난이여, 만약 보살이 지혜의 완성을 배우되 놀라지도 않고 두려워하지도 않으면서 이것을 지니고 독송하는 것을 즐기고 들은 대로 행한다면 이 사람은 지금 곧 현재의 부처님이 계신 곳에 이를 것임을 반드시 알아야 한다네.

만약 지혜의 완성에 대해 믿음이 있어서 이를 헐뜯지 않고 거스르지 않는다면 이 사람은 이미 모든 부처님을 공양한 적이 있다는 것을 반드시 알아야 한다네.

아난이여, 만약 어떤 사람이 부처님에 대하여 선근을 심어 놓고 아라한과 벽지불의 지위를 구하더라도 그 선근은 헛되지 않겠지만, 결코 지혜의 완성을 여의어서는 안 된다네.

아난이여, 이러한 까닭에 내가 이제 지혜의 완성을 그대에게 당부하니, 내가 말한 법 가운데 지혜의 완성을 제외하고는 설령 지니고 있다가 잊어버리더라도 과실이 적겠지만, 만약 그대가 지혜의 완성을 지니고 있다가 한 구절이라도 잊어버리면 그 과실이 무거울 것이네.

아난이여, 이러한 까닭에 내가 이제 그대에게 지혜의 완성을 당부하니, 그대는 부디 내 말을 명심하고 빠짐없이 독송하여 이익이 있도록 하고, 훌륭한 생각을 마음에 품도록 하며, 구절의 끊고 맺음을 분명히 해야 할 것이네. 왜냐하면 지혜의 완성은 과거와 미래와 현재 모든 부처님의 법의 창고이기 때문이지.

아난이여, 만약 어떤 사람이 바로 지금 자비로운 마음으로 나를 공경하고 공양하고자 한다면 이 사람은 이러한 마음으로 지혜의 완성을 공양하여 이것을 지니고 독송하고 들은 대로 행해야 할 것이니, 이는 곧 나를 공양하는 것이네. 아난이여, 이 사람은 단지 나만을 공양하는 것이 아니라 과거와 미래와 현재의 모든 석가모니에게도 함께 공양하는 것이네.

아난이여, 만약 그대가 나를 공경하여 소중하게 여기고 버리지 않는다면 이와 마찬가지로 지혜의 완성도 공경하여 소중하게 여기고 버리지 말아야 하며, 나아가 한 구절이라도 신중히 하여 잊지 말아야 하네.

아난이여, 내가 지혜의 완성을 당부하는 인연은 설령 1겁이나 100겁이나 천만억 나유타 겁이나, 나아가 갠지스 강의 모래알만큼 아득히 오랜 겁 동안 말한다 해도 다 말하지 못할 것이네.

아난이여, 지금은 단지 간단하게 말할 뿐이니, 내가 지금 큰 스승이 된 것과 같이 과거와 미래와 현재의 모든 부처님도 모든 세간의 천인과 아수라 가운데에서 역시 큰 스승이 되고, 지혜의 완성 역시 모든 세간의 천인과 아수라 가운데에서 큰 스승이 될 것이네. 이와 같이 한량없는 인연이 있는 까닭에 나는 모든 세간의 천인과 아수라 가운데에서 그대에게 지혜의 완성을 당부하는 것이네.

아난이여, 만약 어떤 사람이 부처님을 공경하여 소중하게 여기고, 법을 존중하여 소중하게 여기고, 스님을 공경하여 소중하게 여기며, 과거와 미래와 현재의 모든 부처님의 최고의 바른 깨달음을 공경하여 소중하게 여긴다면 이와 같이 공경하고 소중하게 여기는 마음으로 지혜의 완성도 공경하고 소중하게 여기는 것이 당연할 터이니, 이러한 것이 바로 내가 교화하는 데 쓰는 방법이네.

아난이여, 만약 어떤 사람이 지혜의 완성을 지니고 독송한다면 이 사람은 곧 과거와 미래와 현재의 모든 부처님의 최고의 바른 깨달음을 지니고 있는 것이라는 점을 반드시 알아야 하네.

아난이여, 누군가가 지혜의 완성을 끊어내려고 할 때 지혜의 완성을 보호하여 도와준다면 이 사람은 곧 과거와 미래와 현재의 모든 부처님의 최고 바른 깨달음을 보호하고 도와주는 것이네. 왜냐하면 아난이여, 모든 부처님의 최고의 바른 깨달음은 한결같이 지혜의 완성에서 생겨나기 때문이니, 만약 과거의 모든 부처님의 최고의 바른 깨달음이 모두 지혜의 완성에서 생겨난다면 미래의 모든 부처님의 최고의 바른 깨달음도 역시 지혜의 완성에서 생겨날 것이고, 현재의 아득히 많아 한량없는 세상의 모든 부처님의 최고의 바른 깨달음도 역시 지혜의 완성에서 생겨날 것이네.

아난이여, 이러한 까닭에 만약 보살이 최고의 바른 깨달음을 얻고자 한다면 반드시 6바라밀을 잘 배워야 한다네. 왜냐하면 아난이여, 이 바라밀은 모든 보살의 어머니여서 능히 부처를 낳기 때문이니, 만약 보살이 이 6바라밀을 잘 배우면 반드시 최고의 바른 깨달음을 얻을 것이네.

아난이여, 이러한 까닭에 나는 이 6바라밀을 그대에게 거듭 당부하는 것이네. 왜냐하면 이 6바라밀은 모든 부처님의 다함이 없는 법의 창고이기 때문이지.

아난이여, 만약 그대가 소승인을 위해 소승의 가르침을 말하여 삼천대천세계의 중생들로 하여금 이 법에 의해 모두 아라한과를 얻게 하더라도 그대가 내 제자로서 쌓은 공덕이란 말할 수 없을 정도로 작다네. 하지만 보살들을 위해 6바라밀을 설한다면 그대가 내 제자로서 쌓은 공덕에 부족함이 없어서 나는 대단히 기뻐할 것이네.

아난이여, 만약 어떤 사람이 이 소승의 가르침으로 삼천대천세계의 중생들로 하여금 모두 아라한과를 얻게 한다면 그로 인하여 보시와 지계와 선한 일을 행한 복덕이 정녕 많겠는가, 적겠는가?”

아난이 말했다.

“아주 많겠습니다, 스승님.”

석가모니가 아난에게 말했다.

“이 복이 비록 많지만 성문인이 보살을 위해 하루 동안 지혜의 완성을 말하는 복덕만 못하다네.

아난이여, 하루는 그만두고라도 단지 밥 먹는 동안, 아니 밥 먹는 동안은 그만두고라도 한 시간 동안, 아니 한 시간은 그만두고라도 1분 동안, 아니 1분 동안은 그만두고라도 한순간만이라도 보살을 위해 지혜의 완성을 말한다면 이 사람의 선근과 복덕은 모든 성문과 벽지불도 감히 견줄 수가 없다네. 만약 보살이 이와 같이 행하고 이와 같이 생각한다면 최고의 바른 깨달음에 대해 물러나는 일이 결코 없을 것이네.”

25

견아촉불품

석가모니가 이와 같이 지혜의 완성을 설하자, 당시 무리 가운데에 있던 비구와 비구니와 우바새와 우바이의 4부 대중 및 천·용·야차·건달바·아수라·가루라·긴나라·마후라가 등 사람인 듯 아닌 듯한 것들 모두 부처님의 신통력에 의해 아촉불이 공경심을 가진 큰 무리에 둘러싸여 법을 설하고 있는 장면을 보았다. 마치 큰 바닷물이 고여 있는 것과 같았다.

그때 그곳의 비구들은 모두 아라한으로서 번뇌에서 말끔히 벗어나 다시는 번뇌가 없고 마음이 자유자재하였으며, 또 그곳의 보살마하살들은 숫자를 헤아릴 수가 없었다. 석가모니가 신통력을 거두자 그곳의 4부 대중 등은 즉시 아촉여래를 비롯하여 성문과 보살의 국토가 장식된 모습을 더 이상 볼 수 없었다.

석가모니가 아난에게 말했다.

"모든 대상도 이와 같아서 눈으로 대할 수가 없으니, 이제 아촉불과 함께 모든 아라한과 모든 보살이 다시는 보이지 않는 것과 같다네. 왜냐하면 대상은 대상을 보지 못하고 대상은 대상을 알지 못하기 때문이네.

아난이여, 모든 대상은 알지 못하는 것이고 보지 못하는 것이고, 지어냄이 없는 것이고 탐욕이 없는 것이고 분별하지 않는다네.

아난이여, 모든 대상은 불가사의해서 마치 허깨비와 같으며, 모든 대상은 받아들이는 것이 없으니 견고하지 않기 때문이네. 보살이 이와 같이 행하면 이것을 가리켜 지혜의 완성을 행한다고 하고, 어떤 대상에도 집착하지 않는다고 하며, 보살이 이와 같이 배우면 이것을 가리켜 지혜의 완성을 배운다고 한다네.

아난이여, 만약 보살이 모든 대상을 넘어 건너편 언덕에 닿고자 한다면 반드시 지혜의 완성을 배워야 하네. 왜냐하면 아난이여, 지혜의 완성을 배우는 것은 모든 배움 가운데 첫째로서 모든 세상을 평안하고 이익 되게 하기 때문이지.

아난이여, 이와 같이 배우는 사람은 의지할 곳이 없는 이에게 의지할 곳이 되어 주고, 이와 같이 배우는 사람은 모든 부처님이 허락하고 모든 부처님이 칭찬하니, 일찍이 모든 부처님도 이와 같이 배워서 능히 손가락으로 삼천대천세계를 뒤흔들었다네.

아난이여, 모든 부처님이 이 지혜의 완성을 배워서 과거와 미래와 현재의 모든 대상에 대해 걸림이 없는 깨달음을 얻었네. 아난이여, 이러한 까닭에 지혜의 완성은 가장 높고 가장 미묘하다네.

아난이여, 만약 누군가가 지혜의 완성의 무게나 크기를 재어 보고자 한다면 이것은 곧 허공의 무게나 크기를 재어 보고자 하는 것과 같네. 왜냐하면 이 지혜의 완성은 한량이 없기 때문이지.

아난이여, 나는 지혜의 완성에 한계가 있다거나 양이 있다고 말한 적이 없네. 아난이여, 그 글자와 문장과 말은 한량이 있겠지만 지혜의 완성은 한량이 없다네."

"스승님, 어떤 까닭에 지혜의 완성은 한량이 없습니까?"

"아난이여, 지혜의 완성은 다함이 없기 때문에 한량이 없으며, 지혜의 완성은 모든 것을 여의기 때문에 한량이 없다네.

아난이여, 과거의 모든 부처님은 지혜의 완성에서 생겨났으니 지혜의 완성은 다함이 없다네. 미래의 모든 부처님도 지혜의 완성에서 생겨나니 지혜의 완성은 다함이 없다네. 현재의 한량없는 세상의 모든 부처님도 지혜의 완성에서 생겨나니 지혜의 완성은 다함이 없다네. 이러한 까닭에 지혜의 완성은 이전에도 다함이 없고 지금도 다함이 없고 앞으로도 다함이 없다네.

아난이여, 만약 어떤 사람이 지혜의 완성을 다하고자 한다면 이는 곧 허공을 다하고자 하는 것과 같다네."

수보리는 그때 마음속으로 '이 일은 아주 심오하니 스승님에게 여쭙는 것이 마땅할 것이다'라고 생각하고 곧 석가모니에게 말했다.

"스승님, 이 지혜의 완성은 다함이 없습니까?"

"수보리여, 지혜의 완성은 다함이 없네. 허공이 다함이 없기 때문에 지혜의 완성도 다함이 없는 것이지."

"스승님, 어떻게 해야 지혜의 완성이 생겨납니까?"

"수보리여, 대상은 다함이 없다는 것에 의해 지혜의 완성이 생겨난다네. 느낌·표상·의도·분별은 다함이 없다는 것에 의해 지혜의 완성이 생겨난다네.

수보리여, 보살이 도량에 앉아 있을 때 이와 같이 인연법을 관찰하되 양극단을 여의니, 이것이 바로 부처님만의 고유한 법이라네.

만약 보살이 인연법을 이와 같이 관찰하면 결코 성문과 벽지불의 지위에 떨어지지 않고 신속히 모든 것을 꿰뚫는 지혜에 다가가 반드시 최고의 바른 깨달음을 얻을 것이네.

수보리여, 만약 이 보살들이 모두 물러난다면 미처 생각이 미치지 못해서, 보살이란 반드시 지혜의 완성을 행해야 한다는 것과 어떻게 다함이 없는 법으로 12인연의 법을 관찰하는지 알지 못할 것이네.

수보리여, 만약 이 보살들이 모두 물러난다면 이와 같은 방편의 힘을 얻지 못하며 이 보살들이 물러나지 않는다면 모두가 이와 같은 방편의 힘을 얻을 것이네.

보살이 지혜의 완성을 행한다는 것은 이와 같이 다함이 없는 법으로 12인연의 법을 관찰하는 것이니, 만약 보살이 이와 같이 관찰할 때는 어떤 대상도 인연 없이 생겨난다는 것을 보지 않고, 또 어떤 대상도 항상하다는 것을 보지 않고, 어떤 대상도 지어냄과 받아들임이 있다는 것을 보지 않는다네.

수보리여, 이것을 가리켜 보살이 지혜의 완성을 행할 때 12인연 법을 관찰한다고 하는 것이네.

수보리여, 만약 보살이 지혜의 완성을 행할 때는 대상도 보지 않고, 느낌·표상·의도·분별도 보지 않고, 이 부처님의 세상도 보지 않고 저 부처님의 세상도 보지 않고, 또 대상이 존재한다는 견해를 따라 이 부처님의 세상과 저 부처님의 세상도 보지 않는다네.

수보리여, 만약 어떤 보살이 능히 이와 같이 지혜의 완성을 행한다면 이때 악마는 마치 심장에 화살이 꽂힌 것처럼 슬퍼할 것이네. 비유하자면 이것은 부모를 막 잃고 크게 슬퍼하는 것과 같으니, 보살이 이와 같이 지혜의 완성을 행한다면 악마는 마치 심장에 화살이 꽂힌 것처럼 슬퍼할 것이네."

"스승님, 단지 한 악마만이 슬퍼합니까, 아니면 삼천대천세계의 모든 악마들이 함께 슬퍼합니까?"

"수보리여, 모든 악마들이 다 함께 슬퍼하면서 각자 머무르고 있는 곳에서 스스로 편하지 못하다네.

수보리여, 보살이 이와 같이 지혜의 완성을 행하면 어떤 세상의 천인과 아수라라도 마음대로 하지 못하며, 어떤 법에 대해서도 물러나게 할 수가 없네.

수보리여, 이러한 까닭에 보살이 지혜의 완성을 얻고자 한다면 반드시 이와 같이 지혜의 완성을 행해야 하네.

보살이 이와 같이 지혜의 완성을 행할 때면 곧 단바라밀과 시라바라밀과 찬제바라밀과 비리야바라밀과 선바라밀을 성취하게 되니, 보살이 이와 같이 지혜의 완성을 행할 때면 곧 모든 지혜의 완성을 성취하고 또 방편의 힘을 성취하며, 이 보살이 지혜의 완성을 행하면 지어내어 생겨난 모든 것을 꿰뚫어 알게 된다네.

수보리여, 이러한 까닭에 보살이 방편의 힘을 얻고자 한다면 반드시 지혜의 완성을 배워야 하며 지혜의 완성을 닦아야 한다네.

수보리여, 만약 보살이 지혜의 완성을 행하여 지혜의 완성이 생겨나거든 반드시 현재의 한량없고 가없는 세상의 모든 부처님이 가지고 있는 모든 것을 꿰뚫는 지혜 역시 지혜의 완성에서 생겨났다는 것을 생각해야 하니, 보살이 이와 같이 생각할 때는 반드시 '시방의 모든 부처님들이 얻은 모든 법의 모양을 나도 반드시 얻으리라' 하고 다짐해야 하네.

수보리여, 보살이 지혜의 완성을 행할 때는 반드시 이와 같은 생각을 일으켜야 하네.

수보리여, 만약 보살이 능히 이와 같은 생각을 일으킨다면 나아가 비록 한순간일지라도 갠지스 강의 모래알만큼 오랜 세월 동안 보시를 베푼 복덕보다 더 훌륭하니 하물며 하루나 혹은 반나절 동안이랴. 이 보살은 틀림없이 물러섬이 없는 경지에 이르리라는 것을 반드시 알아야 하며, 이 보살은 모든 부처님들이 생각하고 있다는 것을 반드시 알아야 하네.

수보리여, 모든 부처님들이 생각하고 있는 보살은 다른 곳에 나지 않고 반드시 최고의 바른 깨달음에 서게 된다네. 이 보살은 끝내 지옥과 아귀와 축생에 떨어지지 않고 항상 좋은 곳에 태어나서 모든 부처님을 여의지 않지.

수보리여, 보살이 지혜의 완성을 행하여 지혜의 완성이 생겨났다면 설령 한순간일지라도 이와 같은 공덕을 얻는데 하물며 하루나 혹은 그 이상이랴. 향상보살이 지금 아촉불이 계신 곳에서 보살의 길을 닦는 것처럼 언제나 지혜의 완성의 행을 여의지 않도록 해야 하네."

이와 같이 법을 설하자, 비구들과 천인들과 아수라를 포함한 모든 무리가 크게 기뻐하였다.

26

수지품

석가모니가 수보리에게 말했다.

"어떤 대상도 분별하지 않으니 지혜의 완성도 이와 같다는 것을 반드시 알아야 하며, 어떤 대상도 파괴되지 않으니 지혜의 완성도 이와 같다는 것을 반드시 알아야 하며, 모든 대상은 단지 거짓된 이름일 뿐이니 지혜의 완성도 이와 같다는 것을 반드시 알아야 하며, 어떤 대상도 말로써 할 뿐이니 지혜의 완성도 이와 같다는 것을 반드시 알아야 한다네. 또 이러한 말에도 있는 것이 없고 있을 곳이 없으니 지혜의 완성도 이와 같다는 것을 반드시 알아야 하며, 어떤 대상도 헛되이 거짓으로 쓰이는 것이니 지혜의 완성도 이와 같다는 것을 반드시 알아야 한다네. 어떤 대상도 한량이 없으니 지혜의 완성도 이와 같다는 것을 반드시 알아야 하며, 대상은 한량이 없으니 지혜의 완성도 이와 같다는 것을 반드시 알아야 하며, 느낌·표상·의도·분별은 한량이 없으니 지혜의 완성도 이와 같다는 것을 반드시 알아야 하며, 어떤 대상도 모양이 없으니 지혜의 완성도 이와 같다는 것을 반드시 알아야 하며, 어떤 대상도 막힘이 없는 모양이니 지혜의 완성도 이와 같다는 것을 반드시 알아야 한다네.

어떤 대상도 본래 청정하니 지혜의 완성도 이와 같다는 것을 반드시 알아야 하며, 어떤 대상도 말이 없으니 지혜의 완성도 이와 같다는 것을 반드시 알아야 하며, 어떤 대상도 똑같이 소멸하니 지혜의 완성도 이와 같다는 것을 반드시 알아야 하며, 어떤 대상도 열반과 같으니 지혜의 완성도 이와 같다는 것을 반드시 알아야 하며, 어떤 대상도 오지 않고 가지 않고 생겨나지 않으니 지혜의 완성도 이와 같다는 것을 반드시 알아야 하며, 어떤 대상도 나와 네가 없으니 지혜의 완성도 이와 같다는 것을 반드시 알아야 하며, 현자와 성인은 본래 청정하니 지혜의 완성도 이와 같다는 것을 반드시 알아야 하며, 모든 번뇌를 씻어버리니 지혜의 완성도 이와 같다는 것을 반드시 알아야 한다네. 왜냐하면 대상은 형체도 없고 장소도 없고 고유의 성질도 없기 때문이고, 느낌·표상·의도·분별은 형체도 없고 장소도 없고 고유의 성질도 없기 때문이라네.

어떤 대상도 불태울 수가 없으니 지혜의 완성도 이와 같다는 것을 반드시 알아야 하며, 어떤 대상도 물들지 않고 여의지 않으니 지혜의 완성도 이와 같다는 것을 반드시 알아야 한다네. 왜냐하면 대상은 소유할 모습이 없는 까닭에 물들지 않고 여의지 않으며, 느낌·표상·의도·분별에도 소유할 모습이 없는 까닭에 물들지 않고 여의지 않기 때문이니, 모든 대상의 성질이 청정하듯이 지혜의 완성도 그러하다는 것을 반드시 알아야 한다네.

어떤 대상도 얽매여 있지 않으니 지혜의 완성도 이와 같다는 것을 반드시 알아야 하며, 어떤 대상도 부처님의 지혜로 보면 보리를

322

깨달으니 지혜의 완성도 이와 같다는 것을 반드시 알아야 하며, 어떤 대상도 공하여 모양이 없고 지어냄도 없으니 지혜의 완성도 이와 같다는 것을 반드시 알아야 하며, 어떤 대상도 자비심을 즐기는 것을 으뜸으로 하니 지혜의 완성도 이와 같다는 것을 반드시 알아야 하며, 어떤 대상도 깨끗한 모양이고 자비로운 모양이며 허물이 없고 성내지 않으니 지혜의 완성도 이와 같다는 것을 반드시 알아야 한다네.

큰 바다는 끝이 없으니 지혜의 완성도 이와 같다는 것을 반드시 알아야 하며, 허공은 가없으니 지혜의 완성도 이와 같다는 것을 반드시 알아야 하며, 햇빛은 가없으니 지혜의 완성도 이와 같다는 것을 반드시 알아야 하며, 대상은 모든 것을 여의니 지혜의 완성도 이와 같다는 것을 반드시 알아야 한다네. 느낌·표상·의도·분별은 모든 것을 여의니 지혜의 완성도 이와 같다는 것을 반드시 알아야 하며, 모든 성품은 가없으니 지혜의 완성도 이와 같다는 것을 반드시 알아야 하며, 훌륭한 법의 모임은 한량없으니 지혜의 완성도 이와 같다는 것을 반드시 알아야 하며, 모든 대상의 삼매는 가없으니 지혜의 완성도 이와 같다는 것을 반드시 알아야 하며, 불법은 가없으니 지혜의 완성도 이와 같다는 것을 반드시 알아야 하며, 대상은 가없으니 지혜의 완성도 이와 같다는 것을 반드시 알아야 하며, 공한 것은 가없으니 지혜의 완성도 이와 같다는 것을 반드시 알아야 한다네.

마음과 마음의 작용은 가없으니 지혜의 완성도 이와 같다는 것을 반드시 알아야 하며, 정신작용은 가없으니 지혜의 완성도 이와 같다는 것을 반드시 알아야 하며, 훌륭한 법은 한량없으니 지혜의 완성도 이와 같다는 것을 반드시 알아야 하며, 훌륭하지 않은 법은 한량없으니 지혜의 완성도 이와 같다는 것을 반드시 알아야 하며, 모든 대상은 사자후와 같으니 지혜의 완성도 이와 같다는 것을 반드시 알아야 한다네. 왜냐하면 대상은 큰 바다와 같고 느낌·표상·의도·분별도 큰 바다와 같으며, 대상은 허공과 같고 느낌·표상·의도·분별도 허공과 같으며, 대상은 수미산과 같이 장엄하고 느낌·표상·의도·분별도 수미산과 같이 장엄하며, 대상은 햇빛과 같고 느낌·표상·의도·분별도 햇빛과 같다네. 대상은 소리가 가없는 것과 같고 느낌·표상·의도·분별도 소리가 가없는 것과 같으며, 대상은 중생의 성품이 가없는 것과 같고 느낌·표상·의도·분별도 중생의 성품이 가없는 것과 같다네. 대상은 대지와 같고 느낌·표상·의도·분별도 대지와 같으며, 대상은 물과 같고 느낌·표상·의도·분별도 물과 같으며, 대상은 불과 같고 느낌·표상·의도·분별도 불과 같으며, 대상은 바람과 같고 느낌·표상·의도·분별도 바람과 같다네. 대상은 공의 씨앗과 같고 느낌·표상·의도·분별도 공의 씨앗과 같으며, 대상은 훌륭한 모양의 모임을 여읜 것과 같고 느낌·표상·의도·분별도 훌륭한 모양의 모임을 여읜 것과 같으며, 대상은 화합하여 이루어진 존재를 여의고 느낌·표상·의도·분별도 화합하여 이루어진 존재를 여의며, 대상은 삼매인 까닭에 가없고 느낌·표상·의도·분별도 삼매인 까닭에 가없다네.

대상은 대상을 여의니 대상의 성품과 대상은 곧 이 불법과 같고, 느낌·표상·의도·분별도 정신작용을 여의니 정신작용의 성품과 정신작용은 곧 이 불법과 같으며, 대상의 모양은 가없고 느낌·표상·의도·분별의 모양도 가없으며, 대상은 공하여 가없고 느낌·표상·의도·분별도 공하여 가없으며, 대상은 정신작용인 까닭에 가없고 느낌·표상·의도·분별도 정신작용인 까닭에 가없다네. 대상에서는 좋으니 나쁘니 하는 것을 붙잡을 수 없고 느낌·표상·의도·분별에서도 좋으니 나쁘니 하는 것을 붙잡을 수 없으며, 대상은 파괴할 수 없고 느낌·표상·의도·분별도 파괴할 수 없으며, 대상은 곧 사자후이고 느낌·표상·의도·분별도 곧 사자후이기 때문이니, 지혜의 완성도 이와 같다는 것을 반드시 알아야 한다네."

살타파륜품

석가모니가 수보리에게 말했다.

"만약 보살이 지혜의 완성을 구하고자 한다면 반드시 살타파륜 보살이 지금 뇌음위왕 부처님이 있는 곳에서 행하는 보살도처럼 해야 한다네."

수보리가 석가모니에게 말했다.

"스승님, 살타파륜 보살이 지혜의 완성을 어떻게 구했습니까?"

석가모니가 수보리에게 말했다.

"살타파륜 보살이 지혜의 완성을 구할 때는 세상일에 의존하지 않고 목숨을 돌보지 않고 이익을 탐하지 않았지. 언젠가 인적이 없는 숲 속 공중으로부터 보살의 귀에 이러한 소리가 들려왔네.

'선남자여, 그대는 이 동쪽으로 가면 반드시 지혜의 완성을 듣고 이를 얻을 것이니, 그곳으로 갈 때는 피곤하다고 생각하지 말고, 졸린다고 생각하지 말고, 먹을 것을 생각하지 말고, 밤낮을 생각하지 말고, 추위와 더위를 생각하지 말아야 한다. 이와 같은 일은 생각하지도 말고 보지도 말고 헤아리지도 말며, 아첨하여 비뚤어진 마음을 여의며, 잘난 체하고 남을 얕보지 말아야 한다.

　모든 중생의 모양을 반드시 여의고, 모든 이익과 명예를 반드시 여의고, 훌륭한 법을 내지 못하게 하는 5개를 반드시 여의고, 시기하는 마음을 반드시 여의고, 또 안과 밖의 모든 대상을 분별하지 않아야 한다. 갈 때는 좌우를 돌아보지 말 것이며, 앞과 뒤도 생각하지 말고 위와 아래도 생각하지 말고 사방도 생각하지 말고, 대상과 느낌·표상·의도·분별도 행하지 말아야 한다. 왜냐하면 만약 대상과 느낌·표상·의도·분별을 행하면 이것은 불법을 행하는 것이 아니라 삶과 죽음을 행하는 것이기 때문이니, 이와 같이 행하는 사람은 지혜의 완성을 얻지 못한다.'

　살타파륜 보살이 공중의 소리를 향해 말했다네.

　'저는 반드시 이와 같이 배우고 행하겠습니다. 왜냐하면 저는 모든 중생을 위해 광명이 되고 모든 불법에 통달하고 싶기 때문입니다.'

　다시 공중으로부터 소리가 들려왔다네.

　'훌륭하고도 훌륭하다, 선남자여. 그대는 반드시 공은 무상이고 무작인 것을 믿고 이해해야 하며, 모든 모양을 여의고 있다는 견해를 여의며, 5온으로 중생이 이루어졌다는 견해와 사람은 축생 따위와 다르다는 견해와 내가 실재한다는 견해를 여의고 지혜의 완성을 구해야 한다.

　선남자여, 반드시 악지식을 여의고 선지식을 가까이해야 하니, 선지식은 능히 공은 무상·무작·무생·무멸의 법이라고 말한다.

　선남자여, 그대가 능히 이와 같이 하면 머지않아 지혜의 완성을 들을 것이니, 혹은 경전에서 들을 것이고 혹은 법사에게서 들을 것이다.

선남자여, 지혜의 완성을 들려주는 대상에 대해 그대는 큰 스승처럼 생각하고 은혜를 갚을 줄 알아야 하니, 반드시 마음속으로 나에게 지혜의 완성을 들려준 대상은 곧 나의 선지식이며, 내가 이제 지혜의 완성을 들었으니 결코 최고의 바른 깨달음에서 물러나지 않고, 모든 부처님을 여의지 않고 석가모니가 없는 세상에는 태어나지 않으며, 모든 고난을 여읠 것이라고 생각해야 한다. 이와 같은 공덕과 이익을 생각하는 까닭에 법사에 대하여 큰 스승이라고 생각해야 한다.

선남자여, 세속의 이익을 염두에 두기 때문에 법사를 따라서는 안 되니, 반드시 존중하고 공경하는 마음 때문에 법사를 따라야 한다.

또 선남자여, 반드시 악마의 장난에 대비해야 하니, 혹시 악마가 법을 말하는 사람에 대해 온갖 인연을 꾸며서 아름답고 묘한 빛깔과 소리와 향기와 맛과 촉감을 받아들이도록 하면 법을 말하는 사람은 방편의 힘이 있는 까닭에 이 5욕락을 그대로 받아들이니 그대는 정작 이에 대해 청정하지 못하다는 생각을 품어서는 안 되며, 그 대신 마음속으로 나는 방편의 힘을 알지 못하며 스승께서는 어쩌면 중생으로 하여금 선근을 심어 이익을 얻도록 하기 위해 이 법을 그대로 받아들이는 것인지도 모르므로 다른 모든 보살은 아무런 장애도 없다고 생각해야 한다.

선남자여, 그대는 이때 반드시 모든 대상의 진실한 모양을 관찰해야 하니, 모든 대상의 진실한 모양이란 무엇일까? 부처님들은 어떤 대상에도 티끌이 없다고 말했다. 왜냐하면 모든 대상의 성품은 공하며, 모든 대상에는 나라고 할 만한 것도 없고, 중생이라는 견해도 없으며, 어떤 대상도 허깨비와 같고 꿈과 같고 메아리와 같고 그림자와 같고 불꽃과 같기 때문이다.

선남자여, 만약 그대가 법사를 따라 모든 대상의 진실된 모양을 이와 같이 관찰한다면 머지않아 반드시 지혜의 완성을 잘 알 수 있을 것이다.

선남자여, 다시금 악마의 장난에 대비해야 하니, 만약 법사가 지혜의 완성을 구하는 사람을 마음속으로 탐탁하지 않게 여기어 돌아보지 않더라도 그대는 아무런 걱정도 말고 오로지 가르침을 존중하고 공경하는 마음으로 법사를 따르되 행여나 싫어하는 마음을 내지 말아야 한다.'

수보리여, 살타파륜 보살은 공중으로부터 이와 같은 가르침을 받고 바로 동쪽을 향해 나아갔다네. 동쪽으로 간 지 얼마 되지 않아서 마음속으로 '나는 왜 공중으로부터 동쪽으로 멀리 가라는 소리를 듣고 아무 것도 묻지 않았을까? 누구로부터 지혜의 완성을 들을 수 있다는 말인가?' 하고 생각하면서 가던 길을 멈추고 큰소리로 통곡하기 시작하였다네. 그리고는 다시 '하루든 이틀이든, 나아가 7일 동안이라도 이곳에 그대로 있자. 피곤함도 생각하지 않고 졸음도 생각하지 않고 음식도 생각하지 않고 밤낮도 생각하지 않고 추위와 더위도 생각하지 않고 내가 누구로부터 지혜의 완성을 들을 것인지 반드시 알아낼 것이다'라고 생각하였다네.

　수보리여, 비유하자면 이것은 어떤 사람이 애지중지하던 외아들을 갑자기 잃은 슬픔으로 모든 것을 제쳐놓고 괴로워하기만 하는 것과 같다네.

　수보리여, 살타파륜 보살도 이와 마찬가지여서 모든 것을 제쳐놓고 오로지 자신이 지혜의 완성을 들을 수 있는 때는 언제일까만을 생각했다네.

　수보리여, 살타파륜 보살이 이와 같이 괴로워하고 통곡하고 있을 때 바로 앞에 부처님의 모습이 나타나 칭찬의 말씀을 하셨다네.

　'훌륭하고도 훌륭하다, 선남자여. 과거의 모든 부처님들께서 원래의 보살도를 행하실 때에도 지혜의 완성을 구하셨으니 지금의 그대 모습과 똑같았다.

　선남자여, 이러한 까닭에 그대는 부지런히 정진하고 가르침을 존중하고 기꺼워하는 마음으로 이제부터 동쪽으로 가되 500유순을 가면 중향이라는 성이 있을 것이다. 그 성은 7보로 이루어져 있고 일곱 겹으로 둘러싸여 있으며, 가로와 세로가 모두 12유순이다. 주위에는 7보로 이루어진 나무가 둘러서 있고 풍요롭고 평안하며 사람들이 모두 활기차며, 길거리와 항구는 마치 그림처럼 정연하고 다리와 나루는 마치 대지처럼 널찍하고 깨끗하다.

　일곱 겹의 성 위에는 모두 염부단금으로 만든 누각이 서있고, 각각의 누각에는 7보로 이루어진 나무가 온갖 열매를 매단 채 줄 서 있다. 누각과 누각은 차례로 보배로 만든 줄로 연결되어 있고, 거기에 매달린 보배 방울이 성 위에 그물처럼 드리워져 있어서 바람이 불면 마치 다섯 가지 악기가 아름다운 소리를 내는 것처럼 방울 소리가 조화를 이루니, 그 소리에 그곳의 중생들은 모두 즐거워한다.

성의 사방에는 못이 있고 맑은 물이 흐르며 차갑지도 뜨겁지도 않게 적당히 조절되어 있다. 그곳에는 7보로 장식된 배가 떠있다. 이곳의 모든 중생들은 전생에 쌓은 업으로 못 가운데에 피어있는 파랗고 노랗고 빨갛고 하얀 온갖 빛깔의 연꽃을 즐기며 논다. 향과 빛깔에 부족함이 없어서 그 위에 가득하며 삼천대천세계의 아름다운 꽃이 모두 갖추어져 있다.

성의 사방에는 500개의 정원이 있는데 모두 7보로 장식되어 있어서 아주 아름답고 볼 만하다. 각각의 정원에는 500개의 연못이 있으니 가로와 세로가 10리씩이고, 모두 7보와 온갖 색깔로 장식되어 있으며, 연못 안에는 모두 파랗고 노랗고 빨갛고 하얀색의 마차 바퀴만 한 연꽃이 물 위를 가득 덮고 있다. 파란 꽃은 파랗게 빛나고 노란 꽃은 노랗게 빛나고 빨간 꽃은 빨갛게 빛나고 하얀 꽃은 하얗게 빛난다. 또 모든 연못에는 오리와 기러기와 원앙새를 비롯한 온갖 종류의 새들이 있다. 이 모든 정원의 연못은 특별한 임자가 있지 않으니, 모두 이 중생들이 전생에 쌓은 업에 의한 과보이고, 오랜 세월 동안 깊은 법을 기꺼워하고 믿으며 지혜의 완성을 행한 복덕에 의한 것이다.

선남자여, 중향성 안에는 크고 높은 터가 있는데 그 위에 담무갈 보살의 궁전이 있다. 궁전의 가로와 세로는 50리씩이고 모두 7보와 온갖 색깔로 장식되어 있으며, 일곱 겹의 울타리도 모두 7보로 장식되어 있고, 그 주위에는 7보로 이루어진 나무가 줄지어 서있다.

궁의 사방에는 항상 즐거움을 주는 정원이 있으니, 첫째는 상희라고 일컫고, 둘째는 무우라고 일컫고, 셋째는 화식이라고 일컫고, 넷째는 향식이라고 일컫는다. 각각의 정원 안에는 여덟 개의 연못이 있으니, 첫째는 현이라고 일컫고, 둘째는 현상이라고 일컫고, 셋째는 환희라고 일컫고, 넷째는 희상이라고 일컫고, 다섯째는 안온이라고 일컫고, 여섯째는 다안온이라고 일컫고, 일곱째는 필정이라고 일컫고, 여덟째는 물러섬이 없는 경지라고 일컫는다. 각 연못 네 모서리는 황금과 백은과 유리와 파리 가운데 한 가지 보배로 두르고, 바닥은 붉은 옥이고 그 위에는 금모래가 깔려 있다. 각각의 연못 옆에는 여덟 개의 계단이 있는데 갖가지 보배로 층계를 만들고 층계와 층계 사이에는 염부단금을 깔고 파초를 심어 놓았다.

모든 연못 가운데는 파랗고 노랗고 빨갛고 하얀 연꽃이 있으며, 다시 그 위에는 오리와 기러기와 원앙새와 공작 등의 온갖 새들이 있어서 서로 우짖는 소리가 잘 어울려 아름답고 즐길 만하다. 모든 연못가에는 온갖 꽃나무와 향나무가 나 있고 바람이 불어 향기로운 꽃잎이 물 위에 떨어지면 그 연못은 여덟 가지 공덕을 성취하니, 마치 전단향과 같이 맛과 빛깔에 부족함이 없다.

담무갈 보살은 6만 8천의 궁녀들과 함께 5욕락을 마음껏 즐기며, 성 안의 남녀들도 상희 등의 정원과 현 등의 연못에 들어가 즐겁게 논다.

선남자여, 담무갈 보살은 궁녀들과 마음껏 놀고 난 뒤에 하루에 세 번씩 지혜의 완성을 말하니, 중향성 안의 남녀노소는 담무갈 보살이 법을 말할 수 있도록 성 안의 많은 사람들이 모이는 곳에 큰 법좌를 마련한다. 그 법좌는 다리가 넷이니, 하나는 황금이고 하나는 백은이고 하나는 유리이고 하나는 파리이다. 온갖 색깔로 물들인 자리를 밑에 깔고 그 위에 다시 가시에서 나는 흰색 모포를 펼쳐놓았다. 법좌의 높이는 5리인데 갖가지 수실을 드리웠으며, 법회 장소의 네 곳에는 다섯 가지 색깔의 꽃을 뿌려 놓고 온갖 이름의 향을 태워서 법을 공양하는 까닭에 담무갈 보살은 이 법좌 위에서 지혜의 완성을 말한다.

선남자여, 저 모든 사람들이 이와 같이 담무갈 보살을 공경하고 공양함으로써 지혜의 완성을 듣는 까닭에 이 법회에는 백천만의 천신들과 지상의 사람들이 모두 모이니, 그 중에는 듣는 이도 있고 받아들이는 이도 있고 지니는 이도 있고 독송하는 이도 있고, 베껴 쓰는 이도 있고 바로 관찰하는 이도 있고 들은 대로 행하는 이도 있어서 이 중생들이 모두 3악도를 면하고 최고의 바른 깨달음에서 물러나지 않는다.

선남자여, 그대가 이와 같이 동쪽으로 가면 반드시 담무갈 보살이 있는 곳에서 지혜의 완성을 들을 것이니, 담무갈 보살이야말로 세세생생 그대의 선지식이어서 그대에게 최고의 바른 깨달음을 보여주고 가르쳐주며 이익을 주고 기쁨을 줄 것이다.

선남자여, 담무갈 보살이 원래의 보살도를 행할 때에도 지혜의 완성을 구하였으니, 지금의 그대 모습과 똑같았다. 이제 그대는 동쪽을 가되 밤낮을 가리지 않는다면 머지않아 반드시 지혜의 완성을 얻을 것이다.'

살타파륜 보살의 마음은 기쁘기 그지없었다네. 비유하자면 이것은 어떤 사람이 독화살을 맞았을 때 모든 것을 제쳐놓고 오로지 훌륭한 의사가 화살을 뽑아내어 이 고통을 제거할 때만을 생각하는 것과 같다네. 살타파륜 보살도 이와 같아서 모든 것을 제쳐두고 오로지 '나는 언제나 담무갈 보살님이 나를 위해 지혜의 완성을 말해주는 것을 볼 수 있을까? 지혜의 완성을 듣는 대로 나는 모든 것이 있다는 견해를 끊으리라'는 생각뿐이었다네.

그때 살타파륜 보살은 바로 그 자리에서 어떤 대상도 확고한 모양이 없다고 알고 모든 삼매의 문으로 들어갔다네. 이른바 제법성관삼매와 제법불가득삼매와 파제법무명삼매와 제법불이삼매와 제법불괴삼매와 제법조명삼매와 제법이암삼매와 제법불상속삼매와 제법성불가득삼매와 산화삼매와 불수제신삼매와 이환삼매와 여경상삼매와 일체중생어언삼매와 일체중생환희삼매와 수일체선삼매와 종종어언자구장엄삼매와 무외삼매와 성상묵연삼매와 무애해탈삼매와 이진구삼매와 명자어언장엄삼매와 일체견삼매와 일체무애제삼매와 여허공삼매와 여금강삼매와 무부삼매와 득승삼매와 전안삼매와 필법성삼매와 득안온삼매와 사자후삼매와 승일체중생삼매와 이구삼매와 무구정삼매와 화장엄삼매와 수견실삼매와 출제법득력무외삼매와 통달제법삼매와 괴일체법인삼매와 무차별견삼매와 이일체견삼매와 이일체암삼매와 이일체상삼매와 이일체착삼매와 이일체해태삼매와 심법조명삼매와 선고삼매와 불가탈삼매와 파마삼매와 생광명삼매와 견제불삼매이니, 살타파륜 보살은 곧 이 모든 삼매 가운데에서 시방의 부처님들이 모든 보살들을 위해 지혜의 완성을 말씀하시는 모습을 보았다네.

모든 부처님들은 살타파륜 보살에게 다음과 같이 위로와 칭찬의 말을 설했다네.

　'훌륭하고도 훌륭하다, 선남자여. 우리들이 원래의 보살도를 행하여 지혜의 완성을 구할 때에도 지금 그대의 모습과 같았고 이 모든 삼매를 얻은 것도 지금 그대의 모습과 같았으니, 모든 삼매를 얻은 뒤에 비로소 지혜의 완성에 도달하여 물러섬이 없는 경지 보살의 지위에 올랐고, 모든 삼매를 얻은 까닭에 최고의 바른 깨달음을 얻을 수 있었다.

　선남자여, 이 지혜의 완성을 행한다는 것은 모든 대상이 실재한다고 생각하지 않는 것이며, 우리들도 모든 대상이 실재하지 않는다는 생각에 이와 같은 금색신과 32상과 커다란 광명과 불가사의한 지혜와 모든 부처님의 무상삼매와 무상지혜 등의 이루 헤아릴 수 없는 공덕을 얻을 수 있었다. 이 공덕은 아무리 많은 부처님이라도 오히려 모두 설할 수 없을 정도이니 하물며 성문과 벽지불이겠는가?

　선남자여, 이러한 까닭에 그대는 이 법을 더욱 공경하고 존중하며 청정한 마음을 내어야만 최고의 바른 깨달음을 얻을 수 있으며, 그렇지 않으면 어려움이 있을 것이다. 또 그대는 선지식을 깊이 공경하고 존중하며 기꺼이 믿어야 하니, 만약 선지식이 보살을 염두에 두고 보호한다면 그 보살은 신속히 최고의 바른 깨달음을 얻을 것이다.'

　살타파륜 보살이 부처님들에게 말했지.

　'어떤 사람이 저의 선지식입니까?'

부처님들이 말했네.

'선남자여, 담무갈 보살은 세세생생 그대를 가르쳐서 최고의 바른 깨달음을 성취하도록 하며 지금도 그대를 가르쳐서 지혜의 완성의 방편력을 얻게 하니 담무갈 보살이야말로 그대의 선지식이다. 그대는 반드시 은혜를 갚아야 한다.

선남자여, 그대가 설령 1겁, 아니 2겁, 아니 3겁, 더 나아가 100겁, 아니 100겁 이상의 오랜 세월 동안 공경하고 떠받들면서 온갖 귀한 물건으로 공양하거나 혹은 삼천대천세계의 온갖 아름답고 묘한 빛깔과 소리와 향기와 맛과 감촉을 통틀어 공양한다 해도 그분이 베푸신 눈 깜짝할 사이의 은혜조차 갚을 수가 없다. 왜냐하면 담무갈 보살은 정작 인연의 힘에 의해 그대로 하여금 이와 같은 모든 삼매를 얻게 하고 또 지혜의 완성의 방편을 듣도록 하기 때문이다.'

부처님들은 이와 같이 살타파륜 보살에게 가르치고 위로하고는 갑자기 사라졌다네. 살타파륜 보살은 문득 삼매에서 깨어났지. 하지만 조금 전까지 공중에 보이던 부처님의 모습은 보이지 않았다네. 살타파륜 보살은 마음속으로 '저 모든 부처님들은 어디로부터 와서 어디로 갔을까? 부처님들이 보이지 않으니 걱정스럽고 슬프구나'라고 탄식하고는, 다시 마음속으로 '담무갈 보살님은 이미 다라니와 온갖 신통력을 얻고 과거의 모든 부처님들을 공양하였으며 세세생생 나의 선지식이 되어 항상 이익을 주었으니, 담무갈 보살님에게 가서 저 모든 부처님들이 어디로부터 와서 어디로 갔는지 여쭙는 것이 마땅할 것이다'라고 생각하였다네.

그때 살타파륜 보살은 담무갈 보살을 더욱 존중하고 공경하며 기꺼이 믿으면서 마음속으로 '나는 지금 가난해서 꽃도 향도 장신구도 바르는 향도 옷가지도 깃발도 금은도 진주도 파리도 산호도 없으니, 어떤 물건으로도 담무갈 보살을 공양할 수가 없구나. 이제 내가 담무갈 보살에게 빈손으로 가는 것은 온당치 않으며, 만약 빈손으로 간다면 내 마음이 편치 않을 것이니 내 몸이라도 팔아 반드시 물건들을 구하여 지혜의 완성을 위해 담무갈 보살을 공양해야겠다. 왜냐하면 나는 지금까지 세세생생 육신을 잃었던 적은 무수히 많지만, 정작 시작을 알 수 없이 나고 죽는 것을 되풀이하는 가운데 욕심이 원인이 되어 지옥에서 한량없는 고통을 받은 일은 있어도 이 청정한 가르침을 위해 나고 죽는 일은 없었기 때문이다'라고 생각하였다네.

그때 살타파륜 보살은 도중에 어떤 큰 성의 시장 안으로 들어가 큰소리로 외쳤지.

'누구든 제 몸을 사가실 분 없습니까? 제 몸을 사가실 분 없습니까?'

그때 악마는 마음속으로 '살타파륜 보살은 법을 사랑하는 까닭에 자신을 팔아서 담무갈 보살을 공양하고 지혜의 완성의 방편을 들으려 하는구나. 어쨌든 보살이 지혜의 완성을 행하면 신속하게 최고의 바른 깨달음을 얻을 것이고 또 큰 바닷물과 같이 많은 것을 알 테니, 그때는 어떤 악마라도 그를 파괴할 수 없을 것이다. 또 모든 공덕을 빠짐없이 갖추어 이에 의해 한량없는 중생들을 이익 되게 하면 그들 모두 나의 손아귀에서 빠져나가 최고의 바른 깨달음을 얻을 것이니, 지금 당장 달려가서 깨달음을 구하려는 그의 마음을 파괴하리라'라고 생각했다네.

악마는 곧 살타파륜 보살을 숨겨 사람들 눈에 보이지 않게 하고 또 누구라도 보살의 외침 소리를 듣지 못하도록 하였다. 단 한 사람, 한 장자의 딸에게만은 악마도 마음대로 숨길 수가 없었다네.

살타파륜 보살은 자신의 몸을 팔려 해도 뜻대로 되지 않자, 한편으로 가서 울면서 혼자서 말했다네.

'내가 큰 죄를 지었기에 이 몸이라도 팔아 담무갈 보살님을 공양하고 지혜의 완성을 들으려고 했지만, 아무도 나를 사가려는 사람이 없구나.'

그때 석제환인이 마음속으로 '이제 이 선남자가 진정으로 법을 깊이 사랑하는 까닭에 육신을 버리고자 하는지를 시험해 보리라'라고 생각하고, 곧 바라문으로 모습을 바꾼 다음 살타파륜 보살에 가서 말했다네.

'선남자여, 그대는 지금 어떤 까닭으로 슬피 울고 있는가?'

살타파륜 보살이 말했네.

'저는 가난하여 아무런 재산이 없어 이 몸이라도 팔아 담무갈 보살님을 공양하고 지혜의 완성을 듣고자 하는데, 아무도 나를 사가는 사람이 없습니다.'

바라문이 말했네.

'선남자여, 나는 사람은 필요하지 않고 다만 하늘에 큰 제사를 드리는 데에 필요한 심장과 혈액과 골수만이 필요할 뿐이다. 나에게 줄 수 있겠는가?'

살타파륜 보살은 곧 '내가 큰 이익을 얻었구나. 바라문이 나의 심장과 혈액과 골수를 사고자 하니, 반드시 지혜의 완성의 방편을 들을 수 있겠구나'라고 생각하고 크게 기뻐하면서 바라문에게 말했다네.

'당신이 필요로 하는 것을 모두 드리겠습니다.'

바라문이 말했네.

'그래, 어느 정도의 돈이 필요한가?'

'당신이 주는 대로 받겠습니다.'

살타파륜 보살은 곧 칼을 집어 들고 자신의 오른쪽 팔을 찔러 피를 내었지. 그리고 다시 오른쪽 허벅지를 갈라 뼈를 부러뜨리고 막 골수를 내려고 할 때, 멀리 떨어진 누각 위에서 살타파륜 보살이 자신의 팔을 찔러 피를 내고 다시 오른쪽 허벅지를 갈라 뼈를 부러뜨리고 골수를 내려고 하는 모습을 지켜보고 있던 장자의 딸이 마음속으로 '저 선남자는 어떤 까닭에 자신의 몸을 저토록 고통스럽게 하는 것일까? 가서 알아보아야겠다'라고 생각하고 서둘러 누각에서 내려왔다네. 그리고 살타파륜 보살에게 가서 물었지.

'선남자시여, 어떤 까닭에 자신의 몸을 그토록 고통스럽게 합니까? 혈액과 골수는 어디에 쓰려는 겁니까?'

살타파륜 보살이 말했네.

'바라문에게 팔아서 지혜의 완성과 담무갈 보살님을 위해 공양을 올리려고 합니다.'

장자의 딸이 말했네.

'선남자시여, 혈액과 골수를 팔아서 공양하면 그 사람은 어떤 이익이 있습니까?'

살타파륜 보살이 말했지.

'그분은 나를 위해 지혜의 완성의 방편의 힘을 말씀해주실 것이고, 나는 그 가운데에서 배워 반드시 최고의 바른 깨달음과 금색신·32상·상광·무량광·대자·대비·대희·대사·10력·4무소외·4무애지·18불공법의 고유한 특징과 6신통과 불가사의하고 청정한 계품과 정품과 지혜품과 해탈품과 해탈지견품을 얻고, 또 부처님의 위없는 지혜와 위없는 법보를 얻어서 모든 중생들에게 베풀어 줄 것입니다.'

그때 장자의 딸이 살타파륜 보살에게 말했네.

'그대가 말한 것은 참으로 드문 일이고 미묘하기 그지없어서 이 하나하나의 법을 위해서라면 짐짓 갠지스 강의 모래알만큼 오랜 세월 동안이라도 이 몸을 버리고 또 버릴 수 있겠습니다.

선남자여, 그대가 필요로 하는 금은과 진주와 유리와 파리와 호박과 산호 등의 온갖 진기한 보배는 물론 꽃과 향과 장신구와 깃발과 옷가지도 모두 드릴 터이니, 담무갈 보살님에게 공양을 올리시고 스스로 육신을 괴롭히는 일은 그만두십시오. 저도 이제 그대를 따라 담무갈 보살님이 계신 곳으로 가서 온갖 선근을 심고자 하니 이와 같이 청정한 법을 얻기 위해서입니다.'

그때 석제환인은 원래의 모습을 드러내고 살타파륜 보살 앞에 서서 말했다네.

'훌륭하고도 훌륭합니다, 선남자시여. 그대는 마음에 아무런 흔들림도 없이 이토록 법을 사랑하시는군요. 과거의 모든 부처님들도 보살도를 행할 때는 지금 그대의 모습과 똑같이 지혜의 완성의 방편을 듣기를 구하고 최고의 바른 깨달음을 얻었습니다.

선남자시여, 사실 나는 사람의 심장과 혈액과 골수가 필요하지 않습니다. 다만 여기에 와서 그대를 시험해보고자 했을 뿐입니다. 그대가 원하는 것은 무엇입니까?'

살타파륜 보살이 말했네.

'저에게 최고의 바른 깨달음을 주십시오.'

석제환인이 말했네.

'나에게는 그러한 능력이 없고, 모든 부처님과 세존께서는 능히 그렇게 하실 수 있습니다. 다른 것을 원하면 드리겠습니다.'

살타파륜 보살이 말했네.

'그렇다면 나의 몸을 원래대로 되돌려 주십시오.'

살타파륜 보살의 육신은 곧 원래의 모습으로 되돌아가 아무런 상처도 남지 않았지. 그 순간 석제환인의 모습은 홀연히 사라졌다네.

그때 장자의 딸이 살타파륜 보살에게 말했네.

'담무갈 보살님에게 법을 듣고 공양을 올릴 보배는 저희 집으로 가서 저희 부모님께 부탁하는 것이 좋을 것입니다.'

살타파륜 보살은 장자의 딸과 함께 그 집으로 갔다네.

그리고 장자의 딸이 아버지에게 말했지.

'저에게 꽃과 향과 장신구와 여러 옷가지와 온갖 보배를 주십시오. 원컨대 앞서 저를 시중들도록 주셨던 500명의 시녀들도 살타파륜 보살님과 함께 가서 담무갈 보살님을 공양할 수 있도록 해주십시오. 담무갈 보살님은 반드시 저를 위해 법을 말씀해주실 것이고, 이로부터 저희들은 모든 부처님들의 가르침을 얻을 수 있을 것입니다.'

부모가 딸에게 말했네.

'살타파륜 보살은 지금 어디에 있느냐?'

딸이 말했네.

'지금 문밖에 있습니다. 그분은 최고의 바른 깨달음을 얻어 모든 중생들을 나고 죽는 고통에서 구하리라는 마음을 가지고 있습니다. 법을 사랑하는 까닭에 자신의 몸까지 팔려고 하였으나 사려는 사람이 없자 한 곳에서 슬피 울며 말하였습니다. 내가 몸을 팔고자 하나 아무도 사는 사람이 없구나.

그때 어떤 바라문이 나타나서 말했습니다. 그대는 무슨 까닭에 자신의 몸을 팔려고 하는가? 그분이 대답했습니다. 나는 법을 사랑하는 까닭에 담무갈 보살님을 공양하고 반드시 그로부터 불법을 얻을 것입니다. 바라문이 말했습니다. 나는 사람이 필요한 것이 아니고 큰 제사를 드리는 데에 필요한 그 심장과 혈액과 골수만이 필요할 뿐이다. 그러자 그분은 크게 기뻐하면서 예리한 칼을 집어든 다음 자신의 팔을 찔러 피를 내고 다시 오른쪽 허벅지를 갈라 뼈를 부러뜨리고 막 골수를 내려고 할 때, 누각 위에서 이를 바라보고 있던 저는 저 사람은 무슨 까닭에 자신의 육신을 저토록 고통스럽게 하는 걸까? 가서 알아보아야겠다고 생각했습니다.

제가 가서 묻자 그분이 말했습니다. 제가 가난하여 아무런 재산도 없기 때문에 저의 심장과 혈액과 골수를 저 바라문에게 팔려고 하는 겁니다. 제가 물었습니다. 선남자시여, 재물을 가지고 무엇을 하시렵니까? 그분이 말했습니다. 법을 사랑하는 까닭에 담무갈 보살님에게 공양을 올리려고 합니다. 제가 다시 물었습니다. 선남자시여, 그렇게 하면 어떤 이익이 있습니까?

그분이 말했습니다. 그렇게 하면 한량없고 불가사의한 공덕의 이익을 얻을 것입니다.

저는 한량없고 불가사의한 모든 부처님의 공덕을 얻는다는 말을 듣고 더없이 기뻐하면서, 이 선남자는 참으로 대단하구나. 이와 같은 고통을 스스로 자초하는 것을 보면 법을 위해 능히 육신을 버릴 수도 있을 것이니, 나라고 어찌 법을 공양하지 않을 수 있겠는가? 나에게는 지금 재물이 많으니 이 일에 대해 반드시 큰 원을 발하리라고 생각했습니다.

그때 제가 말했습니다. 선남자시여, 그대의 육신을 그만 괴롭히십시오. 제가 많은 재물을 드릴 테니 담무갈 보살님을 공양하십시오. 저도 역시 그대를 따라 담무갈 보살님에게 가서 몸소 공양을 올리고 위없는 불법을 얻고 싶습니다. 아버님 그리고 어머님, 제가 이제 이 선남자를 따라가는 것을 허락하시고 재물을 주시어 담무갈 보살님을 공양하도록 해주십시오.'

부모가 말했다네.

'네가 찬탄하여 말한 것은 참으로 흔치 않은 일이고 어려운 일이다. 이 사람은 마음속으로 오로지 법만을 생각하니 세상을 통틀어 가장 훌륭하고, 반드시 모든 중생들을 평안하게 할 것이며, 어려운 일을 능히 해낼 수 있을 것이다. 이제 네가 그 사람을 따라가는 것을 허락하겠다. 우리들도 역시 담무갈 보살님을 뵙고 싶구나.'

장자의 딸은 담무갈 보살에 대한 공양을 허락받고 부모님께 말했다네.

'저는 결코 사람들의 공덕이 헛되지 않도록 하겠습니다.'

장자의 딸은 곧 500대의 수레를 잘 꾸미고 500명의 시녀들을 단장시킨 다음, 온갖 빛깔의 꽃과 온갖 빛깔의 옷가지와 갖가지 잡향·가루향·바르는 향·금은보화와 온갖 모양의 아름다운 영락과 모든 맛있는 음식을 준비한 다음, 살타파륜 보살을 비롯한 모든 일행을 각기 한 대씩의 수레에 나누어 타도록 한 뒤 자신을 둘러싸고 공경하는 500명의 시녀들을 거느리고 조금씩 동쪽으로 나아갔다네.

멀리 중향성이 보였다네. 7보로 일곱 겹을 꾸며놓은 성의 모습은 보기 좋고 아름다웠지. 성의 둘레에는 일곱 겹의 도랑이 파져 있고 일곱 겹으로 나무가 심어져 있었으며, 성의 가로와 세로는 각각 12유순이나 되었다네. 물자는 풍성하고 환경은 즐겁고 평안하며 사람들은 활기찼지. 500곳의 길거리와 항구는 그림과 같이 정연하였고, 다리와 나루는 대지와 같이 널찍하고 깨끗하였다네.

마침내 성의 중앙에 있는 법좌 위에 앉아서 한량없는 백천만 중생들에 둘러싸여 법을 설하고 있는 담무갈 보살을 본 순간, 살타파륜 보살의 마음은 더없이 기뻤다네. 비유하자면 비구가 제3의 선정을 얻었을 때와 같았지. 살타파륜 보살은 마음속으로 '우리들이 수레에 탄 채로 담무갈 보살님에게 간다는 것은 온당하지 않다'라고 생각하고 곧 모두들 수레에서 내려 걷도록 하였지.

살타파륜 보살은 자신을 둘러싼 500명의 시녀들로부터 공경을 받으면서 온갖 보배를 가지고 담무갈 보살이 있는 곳으로 갔다네. 담무갈 보살이 있는 곳에는 7보로 만든 누각이 있었는데 붉은 전단향나무로 꾸몄고, 진주를 꿰어 만든 발과 보배로 장식한 종으로 문을 달았으며, 네 구석에는 빛을 내는 보석을 매달아 등불을 대신하였지. 그리고 백은으로 만든 네 개의 향로에는 침향을 태워 지혜의 완성을 공양하고 있었다네.

누각 안에는 7보로 만든 큰 상이 있었고, 그 위에는 네 가지 보배로 만든 상자가 놓여 있었다네. 그 안에는 지혜의 완성을 써넣은 황금 책이 모셔져 있었지. 누각의 네 모서리에는 깃발이 가득 드리워져 있었고.

살타파륜 보살과 500명의 시녀들이 멀리서 온갖 진기한 보배로 장식된 아름다운 누각을 바라보고 있을 때였네. 석제환인과 한량없는 백천만의 모든 천자들이 하늘나라의 만다라꽃과 금은꽃과 전단향나무의 꽃을 누각 위에 뿌리면서 공중에서 온갖 음악을 연주하는 장면이 눈에 보였네.

곧 살타파륜 보살이 석제환인에게 물었다네.

'석제환인 님, 어떤 이유에서 하늘나라의 모든 대중들과 함께 하늘나라의 만다라꽃과 금은꽃과 전단향나무의 꽃을 누각 위에 뿌리면서 공중에서 온갖 음악을 연주하는 겁니까?'

석제환인이 말했지.

'선남자여, 그대는 모르는가? 어떤 법이 있으니 이름하여 큰 지혜의 완성이라고 한다. 이것은 모든 보살의 어머니이니, 보살은 반드시 이 가운데에서 배워 모든 공덕과 불법을 성취하고 신속히 모든 것을 꿰뚫는 지혜를 얻는다.'

살타파륜 보살이 말했네.

'석제환인 님, 큰 지혜의 완성이 모든 보살의 어머니라면 도대체 그것은 어디에 있는지 지금 당장 보고 싶습니다.'

'선남자여, 그것은 저 7보로 만든 상자 안의 황금 책에 씌어 있다. 하지만 담무갈 보살님께서 7보로 만들어진 도장으로 이것을 봉인해 놓았기 때문에 내 마음대로 보여줄 수가 없다.'

그때 살타파륜 보살과 500명의 시녀들은 온갖 종류의 꽃과 향과 영락과 깃발과 해 가리개와 옷가지와 금은 등의 진기한 보배를 반으로 갈라 먼저 지혜의 완성을 공양하고, 나머지 반으로 담무갈 보살을 공양하였다네.

살타파륜 보살은 온갖 종류의 꽃과 향과 영락과 깃발과 해 가리개와 옷가지와 금은보화와 갖가지 음악으로 지혜의 완성을 공양한 다음, 담무갈 보살이 있는 곳으로 가서 법을 공양하기 위해 온갖 종류의 꽃과 향과 영락과 전단향 가루와 금은보화를 담무갈 보살의 머리 위에 뿌렸다네. 그러자 그것들은 곧 공중에서 보배로 꾸민 해 가리개가 되었고, 그 네 모서리에는 보배 깃발이 드리워졌다네.

살타파륜 보살과 500명의 시녀들은 이와 같은 신통력을 보고 마음속으로 크게 기뻐하면서 '담무갈 보살님의 이러한 신통력은 일찍이 없었던 일이다. 부처님이 되기 전인데도 이 정도의 신통력이라면 하물며 최고의 바른 깨달음을 얻은 다음이겠는가?' 하고 생각하였다네. 500명의 시녀들은 담무갈 보살님에 대한 존경심과 함께 최고의 바른 깨달음의 마음을 발하면서 '우리가 이로써 선근의 인연을 심고 미래 세상에 반드시 부처가 될 수 있기를, 보살의 길을 행할 때에도 이와 같은 공덕을 얻을 수 있기를, 지금의 담무갈 보살님과 같이 지혜의 완성을 공양하고 공경하고 존중하여 중생들을 위해 널리 설법하며 방편의 힘을 성취하는 것도 담무갈 보살님과 다름없기를'이라고 발원하였다네.

살타파륜 보살과 500명의 시녀들은 담무갈 보살의 발에 이마를 대어 예를 올리고 합장 공경하며 한편으로 물러나 앉았지.

그런 다음 살타파륜 보살이 담무갈 보살에게 말했다네.

'제가 전에 지혜의 완성을 구할 때 깊은 숲 위의 공중에서 소리가 들려왔습니다, 선남자여. 이곳에서 동쪽으로 가면 반드시 지혜의 완성을 들을 수 있을 것이라고 말입니다. 저는 곧 동쪽으로 갔습니다. 동쪽으로 간 지 얼마 되지 않아 문득 생각했습니다. 나는 왜 공중의 소리를 향해 한참 가야 되는지 조금만 가면 되는지, 누구에게 지혜의 완성을 들어야 하는지 묻지 않았을까?

슬픔과 고통 속에서 7일이 지났습니다. 먹고 마시는 일을 비롯한 세상의 자질구레한 일은 깡그리 잊고 오로지 지혜의 완성과 왜 공중의 소리에 대해 묻지 않았는지, 한참 가야 되는지 조금만 가면 되는지, 누구에게 지혜의 완성을 들어야 하는지 만을 생각했습니다. 그때 부처님의 모습이 눈앞에 나타났습니다. 그리고 저에게 말씀하셨습니다, 선남자여. 이로부터 동쪽으로 500유순을 가면 중향성이라는 성이 있다. 그곳에서 담무갈 보살이 모든 중생들을 위해 지혜의 완성을 말하고 있으니, 그대는 그곳에서 반드시 지혜의 완성을 들을 수 있을 것이라고 말입니다.

저는 이곳에서 어떤 대상에도 의지하지 않는 생각을 내었고 한량없는 삼매의 문을 얻었습니다. 저는 이 삼매의 문에 머무르는 동안 온 사방의 모든 부처님들이 모든 중생들을 위해 지혜의 완성을 말씀하시는 것을 보았습니다. 그리고 이 모든 부처님들은 저를 칭찬하여 말씀하셨습니다. 훌륭하고도 훌륭하다, 선남자여. 일찍이 우리들이 보살도를 행할 때에도 역시 이러한 삼매를 얻고 이러한 삼매에 머물러서 여러 부처님의 가르침을 성취할 수 있었다.

모든 부처님들께서는 저에게 위로와 가르침의 말씀을 주시고는 홀연히 모습이 사라졌습니다. 저는 삼매에서 깨어나 모든 부처님들은 어디로부터 와서 어디로 가셨는지 생각했습니다.

부처님들께서 나타났다가 사라진 까닭을 알 수 없었던 저는 다시 생각했습니다. 담무갈 보살님은 일찍이 과거의 모든 부처님들을 공양하여 깊은 선근을 심고 방편을 잘 배우셨으니, 이 모든 부처님들께서 어디로부터 와서 어디로 가셨는지 나에게 잘 말씀해주실 것이다. 그러니 보살님에게 이제 여쭙겠습니다. 위대하신 스승님이시여, 이제 이 모든 부처님들께서 어디로부터 와서 어디로 가셨는지 저에게 잘 일러주소서. 그리하여 부처님들을 보거든 한시라도 이를 여의지 않도록 하소서라고 말입니다.'"

28

담무갈품

"그때 담무갈 보살이 살타파륜 보살에게 말했다네.

'선남자여, 모든 부처님은 오는 곳도 없고 가는 곳도 없다. 왜냐하면 모든 것의 진실된 모양은 흔들림이 없으니 모든 것의 진실된 모양이란 곧 이 여래이기 때문이다.

선남자여, 생겨남이 없는 것은 오지도 않고 가지도 않으니 생겨남이 없는 이것이 곧 여래이다. 참된 실상은 오지도 않고 가지도 않으니 참된 실상이란 곧 이 여래이다. 공은 가지도 않고 오지도 않으니 공이란 곧 이 여래이다. 번뇌를 끊는 것은 가지도 않고 오지도 않으니 번뇌를 끊는 것이란 곧 이 여래이다. 여의는 것은 가지도 않고 오지도 않으니 여의는 것이란 곧 이 여래이다. 소멸하는 것은 가지도 않고 오지도 않으니 소멸하는 것이란 곧 이 여래이다. 허공의 성품은 가지도 않고 오지도 않으니 허공의 성품이란 곧 이 여래이다.

선남자여, 이 모든 대상을 여의고 여래란 있을 수 없으니 이 모든 대상이야말로 모든 여래의 진실된 모양이다. 이 모든 것은 하나와 같아서 둘도 없고 다름도 없다.

선남자여, 이 진실된 모양은 오직 하나일 뿐 둘도 아니고 셋도 아니고 이 모든 헤아림을 초월하니, 있는 것이라고는 없기 때문이다.

선남자여, 비유하자면 이것은 늦은 봄날 오후에 피어오르는 아지랑이를 보고 어떤 어리석은 사람이 물을 구하려는 것과 같으니, 그대 생각에 이 물은 동해에서 흘러오겠는가, 아니면 서해나 남해나 북해에서 흘러오겠는가?'

살타파륜 보살이 말했다네.

'아지랑이 속에는 물이 없습니다. 그런데 어찌 흘러오고 흘러가는 곳이 있겠습니까? 이 어리석은 사람은 지혜가 없기 때문에 정작 물이 없는데도 물이 있다는 생각을 낸 것이니 실제로 물이 있는 것은 아닙니다.'

'선남자여, 만약 어떤 사람이 여래의 모습과 음성에 집착하는 마음을 낸다면 이러한 사람은 모든 석가모니가 온다느니 간다느니 하면서 그 모습을 분별할 것이니, 이러한 사람은 마치 물이 없는데도 물이 있다고 생각하는 것처럼 어리석고 지혜롭지 못하다는 것을 알아야 한다. 왜냐하면 모든 부처님과 여래는 눈에 보이는 육신이 아니라 눈에 보이지 않는 진리의 몸으로 계시기 때문이다.

선남자여, 모든 법의 진실된 모양은 가지도 않고 오지도 않으니 모든 부처님과 여래도 이와 마찬가지이다.

선남자여, 비유하자면 이것은 요술쟁이가 요술로 만들어낸 코끼리를 탄 병사와 말을 탄 병사와 수레를 탄 병사와 보병이 가지도 않고 오지도 않는 것과 같으니, 모든 부처님도 이와 마찬가지로 오지도 않고 가지도 않는다는 것을 반드시 알아야 한다.

선남자여, 설령 어떤 사람이 꿈속에서 한 분, 아니 두 분, 아니 열 분, 아니 스무 분, 아니 쉰 분, 아니 백 분, 아니 그 이상의 여래를 보았더라도 깨고 나면 한 분도 보이지 않는 것과 같으니, 그대 생각에 이 모든 여래는 어디로부터 와서 어디로 가겠는가?'

　살타파륜 보살이 대사에게 말했네.

　'꿈속에서는 어떤 대상도 고정되어 있지 않고 모두가 허망할 뿐입니다.'

　'선남자여, 여래께서는 모든 대상이 꿈과 같이 허망하다고 말씀하셨으니, 만약 어떤 사람이 모든 대상이 꿈과 같이 허망한 줄을 모르고 눈에 보이는 육신과 이름과 말소리에 집착한다면 이러한 사람은 여래가 온다느니 간다느니 분별하기 마련이다. 모든 대상의 진실된 모양을 모르는 까닭에 여래가 온다느니 간다느니 분별하는 사람은 지혜가 없는 범부이며, 나고 죽음을 되풀이하면서 6도에 오고 가는 동안 지혜의 완성을 여의고 불법을 여읜다는 것을 반드시 알아야 한다.

　선남자여, 만약 모든 대상은 꿈과 같이 허망하다는 부처님의 말씀을 그대로 받아들인다면, 이러한 사람은 어떤 대상에 대해서도 온다느니 간다느니 생겨난다느니 소멸한다느니 분별하지 않으며, 만약에 이와 같이 분별하지 않는다면 이 사람은 모든 대상의 진실된 모양으로부터 여래를 보며, 만약에 모든 대상의 진실된 모양으로부터 여래를 본다면 이 사람은 여래가 온다느니 간다느니 분별하지 않으며, 만약 모든 대상의 진실된 모양을 이와 같이 안다면 이 사람은 곧 지혜의 완성을 행하는 것이고 최고의 바른 깨달음에 가까이 다가서는 것이니, 이를 일컬어 참된 불제자라고 한다. 이들은 다른 사람들의 믿음과 보시를 헛되이 받지 않고 세상의 복밭이 된다.

선남자여, 비유하자면 이것은 바다 속의 온갖 진기한 보배는 동쪽으로부터 온 것도 아니고 남쪽이나 북쪽이나 서쪽이나 사이에서 온 것도 아니고 위쪽이나 아래쪽에서 온 것도 아니고 정작 중생들의 복업으로 생겨나는 것이니, 이러한 인연이 없으면 생겨나지도 않고 소멸할 때에도 역시 정해진 곳으로 가지 않는 것과 같다. 온갖 인연이 모여서 생겨나고 인연이 소멸하면 없어지는 것이다.

선남자여, 모든 여래의 몸도 이와 마찬가지이니 고정된 대상이 아닌 까닭에 정해진 곳에서 오지 않으며, 또 인연이 없으면 생겨나지 않으니 본래의 훌륭한 수행이 인연이 되어 그 과보로 생긴 것이다. 온갖 인연이 모이면 생겨나고 인연이 소멸하면 없어지는 것이다.

선남자여, 비유하자면 이것은 공후의 소리와 같으니, 다른 곳에서 오는 것도 아니고 가는 곳도 없이 여러 인연이 어우러지되 줄이 있고 몸통이 있고 굄목이 있어서 이것을 사람이 손으로 뜯으면 여러 인연이 어우러져서 소리가 난다. 이 소리는 줄에서만 나는 것도 아니고 몸통에서만 나는 것도 아니고 굄목에서만 나는 것도 아니고 사람의 손에서만 나는 것도 아니며 이들 인연이 모두 어우러져서 소리가 나는 것이니, 정해진 곳에서 오지 않고 인연이 흩어지면 소멸하며 정해진 곳으로 가지도 않는다.

선남자여, 모든 여래의 몸도 이와 마찬가지이니 여러 인연이 어우러져야 한량없는 복덕을 성취하게 되며 한 인연으로부터 한 복덕이 생기는 것이 아니다. 또 인연이 없이 존재하는 것은 없으며 여러 인연이 어우러져야 생겨나며 다른 곳에서 오는 것도 아니고, 여러 인연이 흩어지면 소멸하여 가는 곳도 없다.

선남자여, 모든 여래의 가고 오는 모양은 반드시 이와 같이 관찰할 것이며, 모든 대상의 모양도 반드시 이와 같이 관찰할 일이다.

선남자여, 만약 그대가 모든 여래 및 모든 대상이 오지도 않고 가지도 않고 생겨나지도 않고 소멸하지도 않는다고 관찰한다면 반드시 최고의 바른 깨달음에 이를 것이며, 또 지혜의 완성의 방편을 낱낱이 얻을 것이다.'

담무갈 보살이 여래는 오지도 않고 가지도 않는다고 법을 말할 때 삼천대천세계의 땅이 흔들리고 하늘의 모든 궁전 역시 흔들렸으며 악마들의 궁전은 아예 모습이 사라졌다네. 삼천대천세계의 풀과 나무의 꽃들은 모두 담무갈 보살을 우러러 때 아니게 아름다운 꽃들을 피워 올렸지. 석제환인과 사천왕은 허공 중에서 담무갈 보살의 머리 위에 만다라꽃을 흩뿌리면서 살타파륜 보살에게 말했다네.

'오늘 저희들은 그대 덕분에 최상의 진리를 들었습니다. 이것은 어떤 세상에서도 만나기 힘들며 집착을 가지고 여래의 육신을 보려는 이는 도달할 수 없습니다.'

그때 살타파륜 보살이 담무갈 보살에게 말했다네.

'어떤 이유에서 땅이 크게 흔들리는 것입니까?'

담무갈 보살이 말했네.

'이 모든 여래는 오는 곳도 없고 가는 곳도 없는지요?'라는 그대의 물음에 내가 답했을 때 8천 명의 사람들이 무생법인을 얻고, 80 나유타의 많은 중생들이 최고의 바른 깨달음의 마음을 발하고, 8만 4천의 중생들이 번뇌를 여의고 모든 대상에 대해 법의 눈을 떴기 때문이다.'

살타파륜 보살은 곧 크게 기뻐하면서 마음속으로 생각하였다네.

'나는 지금 지혜의 완성 안에서는 오는 것도 없고 가는 것도 없다는 설법을 듣고 크고 훌륭한 이익을 얻었다. 한량없는 중생들도 이와 같은 이익을 얻도록 하였으니, 나는 이미 최고의 바른 깨달음에 대해 선근을 모두 성취하였다. 마음에 아무런 의심도 후회도 없으니 반드시 부처가 될 것이다.'

살타파륜 보살은 담무갈 보살의 설법을 듣고 크게 기뻐한 인연으로 곧 높디높은 다라수의 키보다 일곱 배나 높은 허공으로 치솟았다네. 그리고 마음속으로 이렇게 생각하였다네.

'이제 담무갈 보살님께 어떤 것이든 공양을 올려야겠다.'

이러한 생각을 알아챈 석제환인이 살타파륜 보살에게 하늘나라의 만다라꽃을 건네주면서 말했다네.

'그대는 이 꽃으로 담무갈 보살님을 공양하십시오. 선남자여, 우리들은 반드시 그대를 도울 것이니, 그대는 이러한 인연으로 한량없는 중생들을 이익 되게 할 것이기 때문입니다.

선남자여, 이와 같은 사람을 만난다는 것은 아주 어려운 일이니, 그는 모든 중생들을 위해서 한량없는 아승기 수의 세월 동안 삶과 죽음을 되풀이하기 때문입니다.'

그때 살타파륜 보살은 석제환인이 주는 만다라꽃을 받아서 담무갈 보살의 머리 위에 흩뿌린 다음 허공에서 내려와 그에게 예를 올리고 나서 말했다네.

'저는 이제부터 이 몸을 바쳐서 스승님을 받들어 모시겠습니다.'

말을 마친 뒤 합장을 하고 한편에 섰다네.

그때 장자의 딸과 500명의 시녀들도 살타파륜 보살에게 말했다네.

'저희들도 이제부터 온몸을 다해서 스승님을 받들어 모시겠습니다. 이와 같이 선근을 인연으로 삼아 반드시 이와 같이 훌륭한 가르침을 얻고 세세생생 언제나 모든 부처님을 공양하며 가까이 모시겠습니다.'

살타파륜 보살이 여인들의 말에 답하였다네.

'만약 그대들이 온몸을 다하여 진정으로 나를 따라 수행하고자 한다면 나는 그대들을 받아들일 것이다.'

모든 여인들이 말했다네.

'저희들은 온몸을 다하여 진정으로 스승님을 받들어 모실 것이며 반드시 가르침을 따르겠습니다.'

그때 살타파륜 보살은 500명의 여인들을 비롯하여 온갖 보배와 장엄구와 500대의 수레를 모두 담무갈 보살에게 바치면서 말했다네.

'스승님이시여, 이 500여인들이 스승님을 받들어 모실 것입니다. 500대의 수레도 뜻대로 사용하십시오.'

그때 석제환인이 살타파륜 보살을 찬탄하여 말했다네.

'훌륭하고도 훌륭합니다. 보살마하살은 반드시 모든 대상을 버리는 것을 이와 같이 배워야 합니다. 보살이 이와 같이 모든 대상을 버린다면 신속히 최고의 바른 깨달음을 얻을 수 있을 것입니다. 모든 보살은 지혜의 완성과 그 방편을 듣기 위해 반드시 지금의 그대와 마찬가지로 스승님을 공양해야 합니다. 과거의 모든 부처님들도 이전에 보살의 길을 행할 때 지금의 그대와 마찬가지로 모든 것을 버리고 지혜의 완성과 그 방편을 듣기 위해 스승님을 공양하였기 때문에 최고의 바른 깨달음을 얻었습니다.'

그때 담무갈 보살은 살타파륜 보살로 하여금 선근을 성취하도록 하기 위해 500명의 여인과 500대의 수레를 받아들인 다음, 다시 이를 살타파륜 보살에게 돌려주었다네. 그리고 해가 저물자 자리에서 일어나 궁궐 안으로 들어갔다네. 살타파륜 보살은 마음속으로 생각하였지.

'나는 가르침을 구하러 왔으니 결코 앉거나 누워서는 안 된다. 반드시 걷거나 선 채로 스승님께서 법을 말하기 위해 궁궐에서 나오실 때까지 기다려야 한다.'

그때 담무갈 보살은 7년 동안 보살의 한량없는 삼매와 한량없는 지혜의 완성과 방편에 들어 살타파륜 보살이 꼬박 7년 동안 걷거나 선 채로 잠을 멀리하고 모든 욕심을 잊고 맛있는 음식을 잊고 오로지 담무갈 보살이 언제인가 선정에서 깨어날 때를 대비하여 법을 설할 자리를 마련해 놓고 '담무갈 보살님은 반드시 여기에서 법을 말할 것이니 그 장소를 쓸고 깨끗이 한 다음 온갖 꽃을 뿌려 놓아야겠다'라고 생각하고 있음을 관찰하고, 또 장자의 딸과 500명의 시녀들도 7년 동안 한결같이 살타파륜 보살이 하는 그대로 따라하는 것을 관찰하였다네.

그때 살타파륜 보살은 다시 공중에서 들려오는 소리를 들었다네.

'선남자여, 담무갈 보살은 7일 뒤에 삼매에서 깨어나 성 안의 법좌 위에서 법을 말할 것이다.'

살타파륜 보살은 공중에서 들려오는 소리를 듣고 크게 기뻐하면서 500명의 시녀들과 함께 담무갈 보살을 위해 법좌를 마련하고자 하였지. 이때 모든 여인들은 각기 겉옷을 벗어 법좌를 마련하고 마음속으로 생각하였다네.

'담무갈 보살님은 반드시 이 자리에 앉아서 지혜의 완성과 그 방편을 말씀하실 것이다.'

살타파륜 보살은 법좌가 있는 장소를 깨끗이 하려고 했지만 물을 구할 수가 없었다네. 악마가 물이 보이지 않도록 감추어 놓았기 때문이었지. 악마는 마음속으로 '살타파륜 보살이 물을 구하지 못하면 혹시 후회하고 고민하면서 마음이 변할지도 모른다. 그렇게 되면 선근은 불어나지 않고 지혜는 빛나지 않을 것이다'라고 생각하였던 것이지.

살타파륜 보살은 물을 구할 수가 없자 마음속으로 곧 생각하였다네.

'내 몸을 찔러 피를 내서라도 이곳을 깨끗이 해야겠다. 왜냐하면 이곳의 먼지가 날아가 스승님을 더럽힐 것이기 때문이다. 이제 이 몸을 어디에다 쓰겠는가? 이 몸은 오래지 않아 반드시 허물어질 것이니 정작 내가 가르침을 위해 몸을 던진다면 결코 헛되이 죽는 것은 아닐 것이다. 지금까지 나는 5욕락이 인연이 되어 무수한 몸을 잃고 나고 죽음을 되풀이하였지만 정작 이와 같은 가르침은 아직

얻지 못했음이랴.'

살타파륜 보살은 곧 날카로운 칼로 자신의 몸을 찔러 피를 내어 땅을 깨끗이 하였다네. 500명의 여인들도 살타파륜 보살을 따라서 각기 자신의 몸을 찔러 피를 내어 땅을 깨끗이 하였지. 살타파륜 보살과 500명의 여인들은 나아가 한마음이 되어 다른 마음이 없었으며, 결국 악마는 그 선근을 무너뜨릴 수가 없었다네.

그때 석제환인이 마음속으로 생각하였다네.

'일찍이 없었던 일이다. 살타파륜 보살은 법을 깊이 사랑하여 위대한 서원으로 크게 꾸미고자 하며, 목숨을 아끼지 않고 마음속 깊이 최고의 바른 깨달음을 향해 나아가니 반드시 최고의 바른 깨달음을 얻어서 한량없는 중생들을 나고 죽는 고통으로부터 구해낼 것이다.'

그리고는 곧 신통력으로 땅을 깨끗이 하고 핏물은 하늘나라의 붉은 전단수로 변하게 하였으며, 법좌의 네 모서리는 100유순으로 늘리고 하늘나라의 전단향이 주위를 가득 맴돌게 하였다네. 그리고 석제환인이 살타파륜 보살을 찬탄하여 말했지.

'훌륭하고도 훌륭합니다, 선남자여. 그대가 정진하는 힘은 불가사의합니다. 가르침을 사랑하고 가르침을 구하는 것이 더없이 훌륭합니다.

선남자여, 과거의 부처님들도 모두 이와 같이 깊은 마음으로 가르침을 사랑하고 가르침을 구하였으며, 이와 같은 수행을 쌓아서 최고의 바른 깨달음을 이루었습니다.'

그때 살타파륜 보살이 마음속으로 생각했다네.

'나는 담무갈 보살님을 위해 법좌를 마련하고 물을 뿌리고 쓸어 내어 자리를 깨끗이 했다. 하지만 어디에 가서 아름다운 꽃을 구해 이곳을 장식하고 담무갈 보살님이 자리에 앉아서 설법할 때 공양 을 올린다는 말인가?'

석제환인이 마침 살타파륜 보살의 마음을 꿰뚫어보고 그 자리에 서 바로 산더미 같은 만다라꽃을 살타파륜 보살에게 건네주면서 이렇게 말했다네.

'선남자여, 이 만다라꽃을 가지고 이곳을 꾸미고 담무갈 보살님 에게 공양하십시오.'

살타파륜 보살은 꽃무더기를 받아서 절반은 땅 위에 뿌리고 나 머지 절반은 담무갈 보살에게 공양을 올리기로 했다네.

그때 담무갈 보살은 7일이 지나 드디어 삼매에서 깨어나 한량없 는 백천만의 중생들에게 둘러싸여 공경을 받으면서 법좌로 나아갔 지. 그리고 자리에 앉아서 지혜의 완성을 설하였다네. 살타파륜 보 살은 담무갈 보살을 보는 순간 마음이 크게 기쁘고 즐거웠지. 비유 하자면 비구가 제3의 선정에 들었을 때와 같았다네.

그때 살타파륜 보살은 500명의 여인들과 함께 꽃을 흩뿌려 담무 갈 보살에게 공양을 올리고는 다시 그 발에 이마를 대어 예를 올린 다음 한편으로 가서 앉았다네.

담무갈 보살은 살타파륜 보살을 인연으로 대중을 위해 법을 설 하기 시작했지.

'모든 대상은 평등하기 때문에 지혜의 완성도 평등하다. 모든 대상은 여의어 있기 때문에 지혜의 완성도 여의어 있다. 모든 대상은 흔들리지 않기 때문에 지혜의 완성도 흔들리지 않는다. 모든 대상은 생각이 없기 때문에 지혜의 완성도 생각이 없다. 모든 대상은 두려워하지 않기 때문에 지혜의 완성도 두려워하지 않는다. 모든 대상은 한결같은 맛이기 때문에 지혜의 완성도 한결같은 맛이다. 모든 대상은 가없기 때문에 지혜의 완성도 가없다. 모든 대상은 생겨남이 없기 때문에 지혜의 완성도 생겨남이 없다. 모든 대상은 멸함이 없기 때문에 지혜의 완성도 멸함이 없다.

허공이 가없는 것과 같이 지혜의 완성도 가없다. 큰 바다가 가없는 것과 같이 지혜의 완성도 가없다. 수미산이 한낱 실없는 장식품인 것처럼 지혜의 완성도 한낱 실없는 장식품이다. 허공이 분별하지 않는 것과 같이 지혜의 완성도 분별하지 않는다.

대상이 가없기 때문에 지혜의 완성도 가없다. 느낌·표상·의도·분별이 가없기 때문에 지혜의 완성도 가없다. 땅의 성질이 가없기 때문에 지혜의 완성도 가없다. 물의 성질과 불의 성질과 바람의 성질과 허공의 성질이 가없기 때문에 지혜의 완성도 가없다.

금강이 그러하듯이 지혜의 완성도 그러하며, 모든 대상이 무너지지 않듯이 지혜의 완성도 무너지지 않는다. 모든 대상의 성품을 잡을 수 없기 때문에 지혜의 완성의 성품도 잡을 수 없다. 모든 대상이 평등하지 않기 때문에 지혜의 완성도 평등하지 않다. 모든 대상이 지어내지 않기 때문에 지혜의 완성도 지어내지 않는다. 모든 대상이 불가사의하기 때문에 지혜의 완성도 불가사의하다.'

이때 살타파륜 보살은 바로 그 자리에서 제법등삼매·제법리삼매·제법부동삼매·제법무념삼매·제법무외삼매·제법일미삼매·제법무변삼매·제법무생삼매·제법무멸삼매·허공무변삼매·대해무변삼매·수미산장엄삼매·여허공무분별삼매·색무변삼매·수상행식무변삼매·지종무변삼매·수종화종풍종공종무변삼매·여금강등삼매·제법불괴삼매·제법성불가득삼매·제법무등삼매·제법무소작삼매·제법불가사의삼매 등을 비롯한 6백만 가지의 삼매를 얻었다네.”

29

촉루품

그때 석가모니가 수보리에게 말했다.

"살타파륜 보살은 이미 6백만 가지의 삼매문을 얻고 갠지스 강의 모래알만큼 많은 시방세계의 모든 부처님들께서 큰 비구들의 무리에 둘러싸여 공경을 받으면서 문자와 말로 지혜의 완성을 말씀하시는 모습을 보았다네. 그것은 마치 지금 내가 삼천대천세계에서 모든 대중들에 둘러싸여 공경을 받으면서 문자와 말로 지혜의 완성의 모양을 말하는 것과 같았지. 살타파륜 보살은 지금부터 많은 것을 들어서 마치 큰 바다와 같이 지혜가 불가사의할 것이며, 태어나는 곳마다 모든 부처님을 여의지 않고 태어나는 곳마다 항상 현재불이 그곳에 나며 모든 어려움이 끊어지리라.

수보리여, 이 지혜의 완성을 인연으로 보살의 길이 모두 성취된다는 것을 반드시 알아야 하네. 이러한 까닭에 만약 어떤 보살이 모든 지혜를 얻고자 한다면 반드시 지혜의 완성을 믿고 받아들여서 독송하고 바르게 생각하며 배운 대로 행하며 사람들에게 널리 말해주어야 한다네. 또 그것을 베껴 쓰고 공경하고 찬탄하며, 꽃과 향과 영락과 가루향과 바르는 향과 깃발과 해 가리개와 기악 등으로 공양해야 한다네. 이것이 나의 가르침이네."

그때 석가모니가 아난에게 말했다.

"그대 생각에 부처는 그대의 큰 스승이겠는가, 아니겠는가?"

"스승님은 저의 큰 스승이며 여래께서도 저의 큰 스승입니다."

석가모니가 아난에게 말했다.

"나는 그대의 큰 스승이고 그대는 나의 제자이네. 그대는 이제 몸과 입과 마음으로 나를 공양하고 공경하고 존중하니, 내가 열반에 든 뒤에도 반드시 그대는 이와 같이 지혜의 완성을 공양하고 공경하고 존중해야 할 것이네. 두 번 세 번 거듭 말하지만 그대에게 지혜의 완성을 당부하니 결코 잊어서는 안 되며, 끝내 부처님의 종자를 끊는 사람이 되지는 말게.

아난이여, 그러한 때에만 지혜의 완성은 세상에 있으며, 그러한 때에만 부처님이 세상에서 법을 편다는 것을 반드시 알아야 한다네.

아난이여, 만약 지혜의 완성을 베껴 쓰고 받아 지니고 독송하고, 바르게 생각하고 배운 대로 행하고 사람들에게 널리 말해주고, 공경하고 존중하고 찬탄하고 꽃과 향과 나아가 음악을 공양한다면, 이러한 사람은 부처님을 보는 것도 여의지 않고 법을 듣는 것도 여의지 않고 항상 부처님과 함께 있는 것이라네."

석가모니가 지혜의 완성을 설해 마치니, 미륵을 비롯한 모든 보살마하살과 사리불·수보리·목건련·마하가섭 등의 모든 성문과 천인과 아수라와 세상 사람들이 기뻐하면서 믿음으로 받아들였다.

박이오

1955년, 대전에서 태어났다. 오랫동안 불교 및 인문학에 관심을 가지고 천착해 왔으며, 이와 관련한 번역과 창작일을 하고 있다. 저서로는 「처음 만나는 불교」 시리즈인 『청년붓다, 대자유의 길을 찾아 떠나다』, 『스님, 한 마음 밝혀 온 세상 비추네』, 『절, 몸과 마음을 내려놓다』 등이, 역서로 『실리론』, 『한 걸음 또 한 걸음』, 『마조어록』, 『생명조류』, 『유마경』, 『마음으로 하는 다이어트』, 『가까운 일본 낯선 일본인』 등이 있다.

우리말 팔천송반야경

초판 1쇄 인쇄 2018년 1월 29일 | 초판 1쇄 발행 2018년 2월 6일
옮긴이 박이오 | 펴낸이 김시열
펴낸곳 도서출판 운주사

(02832) 서울시 성북구 동소문로 67-1 성심빌딩 3층

전화 (02) 926-8361 | 팩스 0505-115-8361

ISBN 978-89-5746-503-5 03220 값 17,000원

http://cafe.daum.net/unjubooks 〈다음카페: 도서출판 운주사〉